実務家のための
オプション取引入門

An Introduction to Options Trading
for Finance Professionals

基本理論と戦略

佐藤 茂
Shigeru Sato

ダイヤモンド社

まえがき

　2008年のいわゆる「リーマンショック」や2011年の東日本大震災、そしてリアルタイムで進行している欧州債務危機など、我々を取り巻く状況は今までにないほど不明瞭です。投資家は何を信じて何に投資すべきか確信を持てないでいますが、そのような状況にもっとも威力を発揮する金融商品こそオプションであると言えます。

　近年、東京証券取引所が株式オプション取引のインフラを整備し、投資家向けにセミナーを行うなど、国内における株式オプション取引の充実に尽力してきました。さらに、2013年1月1日の日本取引所グループの発足を機に、オプションを含めたデリバティブ取引のより一層の拡充が期待されます。また昨今、海外のオプションを取り扱うオンラインブローカーが登場し、多くの方がオプション取引に興味・意欲を持ち始めています。

　しかしながら、日本国内におけるオプション取引の現状はまだまだ寂しい状況にあると言わざるをえません。その最大の理由が、オプションという商品の難解さにあると言えます。国内のファンドがオプション取引に失敗し巨額の損失を出した例をよく耳にします。また、証券会社や投資銀行でオプションのトレードをされている方と話をすることがあるのですが、しばしば誤った理解をされていることに驚かされます。プロとされる人間も実はオプションを完全には理解していないのです。

　そのような中、オプションに興味のある方や仕事でオプションを取り扱う方がオプションを学ぼうとしても、オプションに関する書籍はほとんどないのが現状です。わずかにある日本語で書かれたオプションに関する書籍やインターネット上の情報は、「こうすれば勝てる」などといった詐欺に近いものや、正しいのだけれども断片に触れただけのものばかりです。

オプションは決して簡単なものではありません。正しく理解するには体系的に学習する必要があります。そして、オプションの学習においては「理論と実践」の両輪が大切となります。これらは全く別のものです。

　世の中には、ブラックショールズの公式やその背後にある確率積分、測度変換などについて詳しく説明した数理ファイナンスの書籍は数多くあります。これらはオプションの「理論」の一部であり、それを理解することは大切ですが、それをもってオプションを満足にトレードできるわけではありません。例えば、ブラックショールズの公式とは、いくつもの仮定・条件を課した上で得られるある方程式の解にすぎません。それを理解することと、現実の世界でオプショントレードから利益をあげることはまったく別のことです。

　また反対に、オプション取引の「実践」を謳った書籍のほとんどは、論ずるに値しないものや、そうでなくともオプションを理解する上で欠かしてはならない「理論」の部分をないがしろにしたものがほとんどです。

　この本は、読者の方がオプションをトレードする上で理解しておくべき最低限の「理論」を押さえた上で、「実践」への準備ができるように書かれています。私も、英語も満足にできず、オプションのオの字も分からないときに、取引所で日々ブローカーやシニアトレーダーから罵声を浴びせられながら苦労して学びました。この本は、私が日々のトレードの現場から学んだことや、若いころにシニアトレーダーから授かった理論・実践の両面に関するレクチャーを元に記しています。「こうすれば儲かる」というような投資指南本でもなければ、数学的厳密性を求めたオプション理論に関する学術書でもありません。日々オプション取引に従事するトレーダーが記した、オプションの教科書です。私がオプショントレーダーとして働き始めたとき、「このような本があったらなあ」と思っていたものをそのまま具現化したつもりです。

先ほど述べたように、オプションを完全に理解するにはどうしても高度な数学が必要となります。本書でもやむをえず数式が登場します。しかし、数学に捕われることはあまりお勧めしません。もっとも大切なのは、その背後にあるコンセプトを把握し、感覚的な理解を築き上げることです。本書の執筆にあたる際も、何よりもその点を心がけたつもりです。

　また本書は、オプションの中でも特に株式オプションに的を絞って解説しています。株式オプションがあらゆるオプションの基本となるからです。それは株式オプションが簡単だということを意味するわけではありません。むしろ反対に、最も多くのことを考えなければならないオプションだと言えます。株式指数や債券為替のオプションを考える場合には、それぞれ固有の事情を考慮する必要がありますが、ひとたび株式オプションを理解すれば、いくつかの点を微調整するだけでこれらに応用するのは比較的容易です。

　オプションは日本国内ではこれから発展していく商品です。これからオプション取引を始めようと考えられている投資家の方、またすでにトレードをされているプロの方、あるいは直接トレードすることはなくとも、仕組債のようなオプションを組み込んだプロダクトの組成・セールスやリスクマネジメントなど、仕事でオプションに触れる方からファイナンスを学ぶ学生まで、すべての人にとって、この本がオプションの理解を深める一助となることを願っております。

目　次

まえがき　　　　i

1章　オプションとは　　001

1.1.	オプションとは何か	001
1.2.	オプション取引の仕方	005
1.3.	オプションに関する用語	007
1.4.	オプションの持つ価値	009
1.5.	なぜオプションをトレードするのか	010
1.6.	フォワードと裁定取引	012
1.7.	オプションマーケットの構造	014

- 1章のまとめ　　016
- 章末問題　　017

Column 1　オプション先進国アメリカ　　018

2章　プットコールパリティ　　023

2.1.	プットコールパリティ（金利と配当のない場合）	023
2.2.	単利と複利	027
2.3.	無リスク金利	030
2.4.	プレゼントバリュー（現在価値）とディスカウントレート（割引率）	031
2.5.	プットコールパリティ（一般形）	033
2.6.	アメリカン型オプションにおけるプットコールパリティ	036

- 2章のまとめ　　037
- 章末問題　　039

Column 2　リターンに惑わされるな　　040

3章　オプション価格の決定要因　　045

- 3.1. 原資産価格　　046
- 3.2. 行使価格　　046
- 3.3. 満期までの時間　　047
- 3.4. ボラティリティ　　047
- 3.5. 配当　　066
- 3.6. 金利　　067
- ●3章のまとめ　　069
- ●章末問題　　070

Column 3　投資銀行、証券会社の収益源―金利差収入　　072

4章　オプション価格計算モデル　　075

- 4.1. ワンステップ二項分布モデル　　076
  - 4.1.1 無裁定議論　　076
  - 4.1.2 リスクニュートラルバリュエーション　　081
- 4.2. マルチステップ二項分布モデル　　086
- 4.3. 二項分布モデルにおけるオプションの早期行使　　089
- 4.4. ボラティリティの導入　　092
- 4.5. ブラックショールズモデル　　097
  - 4.5.1 ブラックショールズモデルのコンセプト　　097
  - 4.5.2 二項分布モデルのブラックショールズモデルへの収束　　102
  - 4.5.3 ブラックショールズモデルの仮定　　103
- 4.6. モンテカルロシミュレーション　　105
- ●4章のまとめ　　114
- ●章末問題　　116

Column 4　ブラック、ショールズ、マートンの「真の」功績　　117

5章 ボラティリティとは 119

- 5.1. ヒストリカルボラティリティ 120
- 5.2. ボラティリティの感覚的理解 125
- 5.3. インプライドボラティリティ 127
  - 5.3.1 インプライドボラティリティとは 127
  - 5.3.2 インプライドボラティリティのあやうさ 128
- ● 5章のまとめ 132
- ● 章末問題 133

Column 5　ノーベル賞受賞者のヘッジファンド LTCM 134

6章 ボラティリティサーフィス 137

- 6.1. ボラティリティスマイル 138
  - 6.1.1 スキュー（歪度） 138
  - 6.1.2 カートシス（尖度） 139
  - 6.1.3 ボラティリティスマイル 141
  - 6.1.4 ボラティリティスマイルの理由 144
- 6.2. タームストラクチャ 146
- 6.3. ボラティリティサーフィス 147
- ● 6章のまとめ 148
- ● 章末問題 149

Column 6　ならず者のオプション取引 151

7章 スプレッド 153

- 7.1. ストラドル 153
- 7.2. ストラングル 157

7.3.	コールスプレッド	158
7.4.	プットスプレッド	159
7.5.	バタフライ	160
7.6.	バイライト	166
7.7.	マリードプット	168
7.8.	リスクリバーサル	169
7.9.	コンボ	170
7.10.	リバーサル・コンバージョン	170
7.11.	ボックス	172
7.12.	コールカレンダー / プットカレンダー / ストラドルスワップ	173
7.13.	ジェリーロール	174
●7章のまとめ		175
●章末問題		176
Column 7	熟練オプショントレーダーの頭の中	177

8章　グリーク　179

8.1.	デルタ	181
8.2.	ガンマ	187
8.3.	セータ	208
8.4.	ベガ	215
8.5.	ロー	218
8.6.	配当リスク	219
8.7.	グリークによる損益計算	220
8.8.	グリークの規格化	221
8.9.	デルタヘッジの実際	224
●8章のまとめ		229
●章末問題		232
Column 8	シナリオシミュレーション	234

9章　グリークの視点からのスプレッド　　237

9.1.　ストラドル　　237
9.2.　バタフライ　　239
9.3.　カレンダースプレッド　　242
● 9章のまとめ　　246
● 章末問題　　246

Column 9　ボックスによる資金調達　　247

10章　コールとプットの等価性　　249

10.1.　プットコールパリティの体感　　250
10.2.　一般のポートフォリオに見るプットコールパリティ　　253
● 10章のまとめ　　259
● 章末問題　　259

Column 10　世界最大のオプションマーケット　　262

11章　オプションアービトラージ　　265

11.1.　スクリーン上に存在するアービトラージ　　265
11.2.　スプレッドと組み合わせたアービトラージ　その1　　269
11.3.　スプレッドと組み合わせたアービトラージ　その2　　276
● 11章のまとめ　　282
● 章末問題　　283

Column 11　デルタをめぐる争い　　285

12章　アメリカン型オプションの早期行使　289

12.1. コールの早期行使　289
12.2. プットの早期行使　292
12.3. 配当スプレッド　294
12.4. 金利スプレッド　298
● 12章のまとめ　301
● 章末問題　303

Column 12　配当スプレッドに対する批判とメリルリンチの失敗　305

13章　トレーダーの視点　309

13.1. フォワードボラティリティ　309
13.2. イベントボラティリティ　313
13.3. ボラティリティサーフィスの比較　316
13.4. リアライズドボラティリティと
　　　インプライドボラティリティの比較　317
● 13章のまとめ　318
● 章末問題　319

Column 13　インタラクティブブローカーズの誤算　320

14章　VIXとは　327

14.1. ボラティリティ商品としてのオプションの欠陥　327
14.2. バリアンスストリップ　331
14.3. VIXとは　340

14.4. その他のボラティリティデリバティブ　344
● 14章のまとめ　346
● 章末問題　347

Column 14　VIX をマニピュレートせよ　348

あとがき　353

付録1　正規分布表　355
付録2　用語集　358
索　引　369

オプションとは

1

そもそもオプションとはどういう商品なのでしょうか。オプション取引にはどのようなメリットがあるのでしょう。また、オプションはどのようにして取引できるのでしょうか。この章ではまず、このようなオプションに関する基本的な事柄を見ていきましょう。

1.1. オプションとは何か

オプションとは「特定の原資産を決められた価格で、一定の期間内で売買する権利」のことを言います。そしてそのオプションは、下記のような項目によって規定されます。

1. 原資産

その権利行使の対象となる資産のことで、株式、コモディティ、為替、債券やそれらの指数、先物などが原資産となります。

2. コール・プット

原資産を買う権利をコール（Call）、売る権利のことをプット（Put）と呼びます。

3. 満期日

権利を行使できる期限です。

4. タイプ

オプションには、大きく分けてアメリカン型とヨーロピアン型の2つのタイプがあります[*1]。アメリカン型は、満期日までならばいつでも権利を行使できます。ヨーロピアン型は、満期日のみに権利が行使できるオプションです。これらの通常のオプションを総称して、バニラオプション（Vanilla Option）と呼びます。バニラとは、「普通の、ありふれた」といった意味です。また本書では解説しませんが、デジタルオプション（Digital Option）やルックバックオプション（Look-back Option）などの特殊なオプションも存在します。これらはバニラオプションに対してエキゾチックオプション（Exotic Option）と呼ばれます。エキゾチックとは、「一風変わった」という意味です。

ほとんどのマーケットにおいて、株式オプションはアメリカン型ですが、いくつか例外もあります。実は東京証券取引所で上場されている株式オプションはその例外の一つで、ヨーロピアン型です。

5. 行使価格

権利を行使し、売買を執り行う価格のことです。

6. 決済タイプ

現物決済と差金決済に分けることができます。通常、株式オプションは現物決済であり、権利の行使は株式の売買を伴います[*2]。日経225のような指数オプションの場合は、満期日における決済価格と行使価格の差額に相当する現金の授受が行われます。このようなものを差金決済と言います。

[*1] 他にバミューダ型（Bermudan Type）があります。これは、アメリカン型とヨーロピアン型の中間のタイプで、満期までの指定された日に権利行使が可能です。
[*2] 例えば、インドの株式オプションはヨーロピアン型で差金決済です。つまり株式の売買はともないません。

7. コントラクトサイズ（Contract Size）

　オプション1つに対して、権利の及ぶ対象原資産の数量のことをコントラクトサイズと言います。シェアズパーコントラクト（Shares per Contract）とも言います。

　例えば、アメリカの証券取引所でトレードされている株式オプションのコントラクトサイズは通常100です。すなわちコールを1つ買う場合、それは株式100株を買う権利を購入することになります。東証の株式オプションは、銘柄ごとにコントラクトサイズが異なるので注意が必要です。例えばトヨタ株（7203 JP）は100、ドコモ株（9437 JP）は1となっています。これらは株式の売買単位と等しく設定されています。

8. マルティプライア（Multiplier）

　オプション1つに対して、権利の及ぶ対象原資産が100株であれば、支払うキャッシュも100株分でなくてはなりません。

　例えば、コールを1つ買った場合、それは株式100株を買う権利を購入したのですから、実際にはオプションの取引価格に100を掛けた額を支払わなくてはなりません。これをマルティプライアと言います。当然、マルティプライアとコントラクトサイズは等しく、この場合は100となります。

　例えば、行使価格が90ドルのコールを1つ3ドルで買った場合、それは正確に言えば

　　（行使価格）×（マルティプライア）：$90 \times 100 = 9{,}000$ ドル

を支払って100（コントラクトサイズ）の株式を得る権利を

　　（取引価格）×（マルティプライア）：$3 \times 100 = 300$ ドル

のキャッシュを支払って購入したことになります*3。

　先ほど述べたように、マルティプライアとコントラクトサイズは通常等しいのですが、本来は全く異なる概念です。実際、株価の変動を伴う株式の分割や合併などの企業のコーポレートアクション（Corporate Action）が実施され、既存オプションの内容が変更される場合、コントラクトサイズとマルティプライアは異なる値をとることがあります。しかし、そのような場合を除き、コントラクトサイズとマルティプライアはほぼ同義のように用いられます。

　通常、オプションを指定するときに上記すべての項目を口に出して言うことはありません。トレーダーは慣例的に「原資産、満期日の月（限月）、行使価格、コール・プット」の形式でオプションを指定します。例えば、「Google Mar（3月）750コール」と言うと、それはどのようなオプションのことでしょうか。アメリカの証券取引所で取引されている株式オプションは、通常アメリカン型でコントラクトサイズは100であり、毎月第3金曜日に満期日を迎えます*4。

　つまり上記のオプションは3月の第3金曜日までにGoogle株を1株750ドルで100株購入する権利のことを指します。本書でも、これ以降はこの慣例に従ってオプションを呼ぶことにします。

　なお、特に指定しない場合、コントラクトサイズおよびマルティプライアは100であるとします。また、オプションに限らず、ある資産・契約に買いのポジションをとることを「ロング」、売りのポジションをと

---

*3　ここで、(行使価格)×(マルティプライア)を特にコンシダレーション（Consideration）と言い、代わりに得る資産をデリバラブル（Deliverable）と言います。この場合は100株がデリバラブルとなります。広義には、オプションはコンシダレーションとデリバラブルを交換する権利だと言ってもよいでしょう。

*4　正確には第3金曜日の次の土曜日が満期です。しかし、ほとんどの場合、金曜日の取引終了後にブローカーに行使の指示をしなければならないため、金曜日が実質上の満期であるというのがアメリカのオプショントレーダーの共通の認識です。ただし、ブローカーに少なからぬお金を支払うことで、実際に満期の土曜日にオプションを行使することは可能です。
　なお、2015年2月より、金曜日が正式な満期日となる予定です。
　また、通常のオプションに加えて、近年では「Weeklys」と呼ばれる、第3金曜日以外の金曜日に満期を迎えるオプションの取引も活発になってきています。

ることを「ショート」と言います。先ほどのオプションを10個買えば、それは「Google Mar（3月）750コール」を10個「ロング」したことになります。

1.2. オプション取引の仕方

　通常、個人投資家がオプションを取引するためには、オプションを取り扱っている証券会社やオンラインブローカーに口座を開設する必要があります。国内の証券会社はたいていどこも日経225の指数オプションを取り扱っていますし、東証で上場されている国内の株式オプションを取り扱っているところもあるようです。また、海外のオンラインブローカーに口座を開けば、国外の個別株や指数オプション、為替や金などのコモディティのオプションも取引できます。

　図1.1はオプションの取引画面の一例です。Google株のオプションマーケットの一部が表示されています。

　通常オプション取引のスクリーンは、中央に行使価格（Strike）、左にコールのマーケット、右にプットのマーケットが表示されます。マーケットとは、提示されているビッド（Bid）とアスク（Ask）およびそれぞれの数量のことです。ビッドとは、誰かがこの価格で買いたがっていることを表し、誰かがこの価格で売りたがっているというのがアスクです。アスクのことをオファーとも言います。したがってオプションを買う場合は、オファーの価格で買わなければなりませんし、オプションを売りたい場合はビッドの価格で売らなければなりません。このオプションの価格のことをプレミアムと言います。オプションを買うときは、プレミアムを支払い、オプションを売るときはプレミアムを受け取ることになるわけです。

　例えば図1.1はGoogle Feb（2月）のオプションのスクリーンですが、750プットのマーケットは

図 1.1. オプション取引のスクリーン

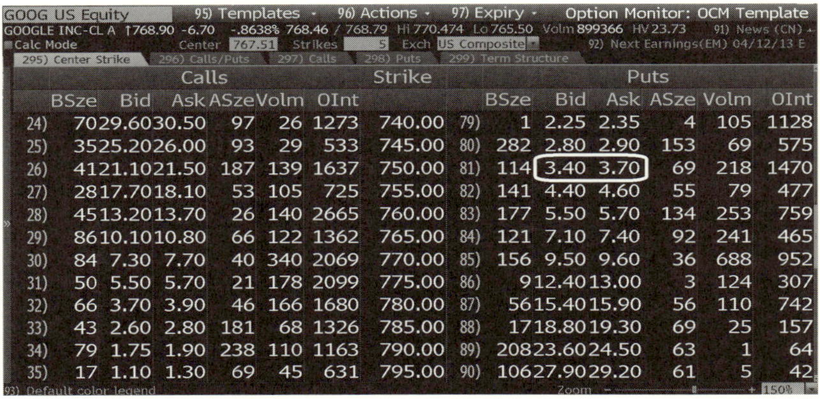

$$3.40\ (\text{Bid}) - 3.70\ (\text{Ask})$$

です。このオプションを1つ買うには、マルティプライアが100ですから

$$3.7 \times 100 = 370\ \text{ドル}$$

のキャッシュをを支払う必要があります。こうして、口座内のキャッシュが370ドル減るとともに、Google株を1株750ドルで100株売る権利を買うことができるわけです。もしもGoogle株が下落して750ドル以下になった場合、その権利を行使して利益を上げることができます。

　反対に、売る場合は3.4ドルで売らなくてはなりません。このプットを3.4ドルで1つ売れば

$$3.4 \times 100 = 340\ \text{ドル}$$

のキャッシュを口座に受け取り、Google株を1株750ドルで100株売る権利をショートしたことになります。

ところが、オプションを売った場合、それほど単純ではありません。2章以降で詳しく説明しますが、オプションを売った場合、原資産が好ましくない方向に動いた場合、大きな損失につながります。例えば、750プットを売ったあとにGoogle株が一気に700ドルに下がれば、ショートした750プットの価値は急騰し、大きな損失を出すことになります。

また、この場合プットの買い手は確実に権利を行使するでしょう。するとあなたは700ドルの株を1株750ドルで買わなくてはならないわけです。オプションの買い手が権利を行使した場合、売り手はその要求に応える義務があります。行使に対してこれを「割り当て」と言います。オプションの売りにはリスクがともなうのです。そのため、口座を開いた会社は、オプションのショートに対して一定の証拠金を口座内に差し出すことを要求します。証拠金のことをマージン（Margin）とも言います。最近では、ほとんどの会社がSPAN（Standard Portfolio Analysis of Risk）という方法を用いて必要な証拠金を計算しています。大雑把に言えば、起こりうると想定される値動きやボラティリティの変化に対して、原資産とオプションから成るポートフォリオがどの程度の損失を出しうるかを元に証拠金を計算します。ボラティリティについては後の章で詳しく説明します。必要な証拠金が口座内にない場合は、さらにキャッシュを差し出すことが求められます（マージンコール）。あるいは強制的にポジションが決済されることもありますので、注意が必要です。

1.3. オプションに関する用語

これからオプションを学習する上で、オプションを表現するいくつかの用語を知っておく必要がありますので、ここで押さえておきましょう。オプションは、その行使価格と原資産価格との関係によって以下のように言い表されます。

● アウトオブザマネー（Out of the Money）

　行使価格が現時点の株価よりも高いコールや、行使価格が現時点の株価よりも低いプットのことをアウトオブザマネーのオプションと呼びます。もしも、今が満期であったら価値を持たないオプションのことです。特に、行使価格が現時点の株価と大きく離れて、ほとんど価値のないオプションをファーアウトオブザマネー（Far Out of the Money）と言います。

● インザマネー（In the Money）

　行使価格が現時点の株価よりも低いコールや、行使価格が現時点の株価よりも高いプットのことをインザマネーのオプションと呼びます。もしも今が満期であったら、行使の対象となるオプションのことです。特に、行使価格が現時点の株価と大きく離れて、大きな価値を持つオプションをディープインザマネー（Deep in the Money）と言います。

● アトザマネー（At the Money）

　行使価格が現時点の株価と等しいオプションのことをアトザマネーと言います。実際には、現時点の株価ともっとも近い行使価格のオプションのことをアトザマネーと呼びます。

　例えば、現在の株価が100ドルだとします。するとオプションはその行使価格によって表1.1のように分類されます。

表1.1. 株価が100ドルのときの各オプションの分類

コール	行使価格	プット
インザマネー	〜100ドル	アウトオブザマネー
アトザマネー	100	アトザマネー
アウトオブザマネー	100ドル〜	インザマネー

1.4. オプションの持つ価値

　例えば、株価が100ドルのときに90コールはインザマネーですし、90プットはアウトオブザマネーとなります。それでは、アウトオブザマネーのオプションに価値はないでしょうか。満期の時点で株が100ドルで取引されていれば、90プットに価値はありません。しかし満期までにまだたっぷりと時間がある場合、株価が下落して90ドル以下となるかもしれませんから、90プットは無価値ではありません。このとき、90プットの持つ価値を時間的価値（Time Value）あるいはオプショナリティ（Optionality）と呼びます。これに加えて、インザマネーのオプションは本質的価値（Intrinsic Value）も持ちます。本質的価値をパリティ（Parity）と言うこともあります。90コールは、株価が100ドルのとき10ドル分インザマネーの状態にありますから、このオプションの本質的価値は10ドルです。満期までにまだ時間がある場合、当然時間的価値も持っていますから、このオプションの価値は本質的価値に時間的価値を加えたものとなります。一般に、オプションの価値は

$$（オプションの価値）=（本質的価値）+（時間的価値） \tag{1.1}$$

と表現できます。アウトオブザマネーのオプションの場合、本質的価値は0となります。

　したがって、プレミアムもまた

$$（オプションプレミアム）\\ =（本質的価値に支払うプレミアム）+（時間的価値に支払うプレミアム） \tag{1.2}$$

と分解して考えることができます。（時間的価値に支払うプレミアム）とは、株価が将来に大きく動くかもしれないことに対して支払う期待料

のようなものです。

1.5. なぜオプションをトレードするのか

　それでは、オプションをトレードする利点とは何でしょうか。オプションをトレードする理由は人それぞれですが、大きく言って以下のようなものが挙げられます。

● 高レバレッジ
　アウトオブザマネーのコールやプットは、株を直接買ったり売ったりするよりも安い価格で買うことができ、非常に大きなリターンを上げられる可能性があります。もしもあなたが、A株が今後大きく値上がりすると思ったとしましょう。そして全財産をはたいてA株に投資するとします。その場合、A株を買うよりもA株のアウトオブザマネーのコールをありったけ買ったほうが儲かるのです[*5]。このように、高レバレッジの投資を可能にするのがオプションの魅力の一つです。

● 保険
　株を保有している人は、アウトオブザマネーのプットを購入することで株価の値下がりから被る損失を限定することができます。

● プレミアムの獲得
　株価がこれ以上は下がらない、あるいは上がらないと信じれば、アウトオブザマネーのオプションを売ることでプレミアムを稼ぐことができます。例えば、株が100ドルで取引されているときに80プットを売り、

[*5]　どの程度アウトオブザマネーのオプションを買うべきかというのはなかなか簡単な問題ではありません。それを解くには、これ以降出てくるボラティリティやマーケットのスキュー、値上がりの確率分布などを考慮する必要があります。その上で、株価の上がるスピードが遅ければ、コールを買うよりも株を買ったほうが良い場合もあります。

その後満期まで何もしなかったとします。もしも満期に株が80ドル以上で取引されていれば、売った80プットはアウトオブザマネーで無価値に終わりますから、売ったときに得たプレミアムを稼いだことになります[*6]。

株を保有している人は、しばしば保有している株のアウトオブザマネーのコールを売ることで、リスクを抑えつつオプションのプレミアムを稼ごうとします[*7]。

● 投資戦略の多様性

オプションは、コールやプットそれのみで取引されるのはもちろんですが、あらゆるオプションの売買を組み合わせることで、非常に多種多様な投資戦略を実現することが可能となります。このような、種々のオプションの売買を組み合わせたものを総称してスプレッドと呼びます。たとえば、アウトオブザマネーのプットとコールのどちらか一方を買い、もう一方を売ることをリスクリバーサル(Risk Reversal)と言います。こうしたスプレッドは、それ自体が一つのパッケージとして取引されます。

● ボラティリティのトレード

詳しくは後で説明しますが、実はオプションは、コールであれプットであれ、株価の上昇・下落に関係なく利益を上げることのできる金融商品です。株価が不安定で大きく動くような状況[*8]でこそオプションは

[*6] 通常、オプション取引にともなうキャッシュの授受は直ちに発生します。オプションの買い手は直ちにプレミアムの支払いが求められますし、オプションを売った場合は直ちにプレミアムを口座に獲得することができます。ただし、海外の指数オプションの中には、先物やFXのような証拠金取引の形で行われるものがあります。この場合は、オプション取引にともなうキャッシュの授受は取引時には発生しません。ポジションをクローズするか満期を迎えたときに、売買価格に基づいた損益が口座内のキャッシュの増減として反映されます。

[*7] これをバイライト(Buy-Write)と言います。

[*8] このような状況をボラティリティの高い状況と言います。

最大の威力を発揮します。逆に、株価が安定している場合にはオプションを売ることで利益を上げることが可能です。このように、オプションを通して、値動きの方向には関係しない「株価の不安定性（ボラティリティ）」を取引することができるのです。

1.6. フォワードと裁定取引

　オプションを理解するにあたって、フォワード（Forward）という概念を押さえておきましょう。フォワード契約とは、二者の間で、将来のある時点にあらかじめ決められた価格で対象となる資産を売買する契約のことを言います。日本語では、先渡契約と訳されます。契約ですから、履行する「義務」が生じます。オプションは、満期までにあらかじめ決められた価格で対象となる資産を売買する「権利」のことですから、まったく別物なのですが、より複雑なオプションを理解する上での第一歩として、フォワード契約の価格を計算してみましょう。

　例として、1年後にA株を1株売買するというフォワード契約を考えてみます。A株は現在100ドルで取引されており、配当は支払わないものとします。また、金利は5%だとしましょう。このフォワードの価格はいくらでしょうか。これは、裁定取引という考えを利用すると求めることができます。裁定取引とは、似通った商品間における価格の乖離を利用して利益を上げる取引のことです。アービトラージ（Arbitrage）とも言います。どういうことか、実際に見てみましょう。今、このフォワードが現在の株価よりも10％高い110ドルだったとします。すると、以下のような裁定取引によって無リスクで利益を上げることができてしまいます。

● 現在
・現時点で銀行から100ドルを借りてA株を購入する。
・1年後に110ドルでA株を売るように、フォワードをショート（売りのポジションをとること）する。

● 1年後
・契約に従って、A株を110ドルで売る。
・金利をつけて105ドルを銀行に返済する。

つまり、1年後に110 − 105 = 5ドルの利益を無リスクで上げることができたわけです。逆に、このフォワードが90ドルだったとしたらどうでしょう。

● 現在
・現時点でA株をショートして100ドルを受け取り、その100ドルを5%の金利で運用する。
・1年後に90ドルでA株を買うように、フォワードをロング（買いのポジションをとること）する。

● 1年後
・金利がついた105ドルを受け取る。
・契約に従って、A株を90ドルで買ってA株のショートポジションを手仕舞いする。

この場合は、105 − 90 = 15ドルの利益を無リスクで上げることができました。以上の議論から、フォワードをロングする側、ショートする側の双方にとって公正な価格は、裁定取引が存在しないような105ドルで

あるべきです。これがこのフォワードの公正価格です。株価が将来何ドルになるかは一切関係ないことに注意してください。この、「裁定機会が存在しない」という仮定のもとでフォワードの公正価格を求めるという考え方はとても大切ですから、ぜひマスターしておきましょう。オプションの公正価格を求める上でも、根幹を成す考え方です。また、行使価格がフォワードと等しいオプションのことをアトザフォワード（At the Forward）と言います。上の例では、1年後に満期を迎える行使価格100のオプションはアトザマネー、行使価格105のオプションはアトザフォワードとなるわけです。

1.7. オプションマーケットの構造

先ほどフォワードは二者の間で交わされる相対取引と言いました。これにはカウンターパーティリスク（Counterparty Risk）がともないます。カウンターパーティリスクとは取引相手が契約を履行しないリスクのことです。

例えば上の例で、あなたがBさんからA株のフォワードを90ドルでロングしたとします。先ほどで見たように、あなたは無リスクで1年後に15ドルを手にすることができます。しかし、Bさんが1年以内に自分の取引のミスに気づき、契約を一方的に破棄するかもしれません。当然、このようなことは本来許されないのですが、これがカウンターパーティリスクです。フォワードと似た取引に先物（Futures）取引がありますが、先物は内容が標準化されており、取引所に上場された契約です。したがって、フォワードのように、取引を誰としたかを気にする必要はなく、カウンターパーティリスクはありません。証券取引所が契約を保証してくれるわけです。

オプション取引も同様です。ほとんどの場合、証券取引所に上場された契約としてオプションを取引することになります。オプション口座を開設しオーダーを発注すると、口座を開いた証券会社やブローカーが取

次ぎ役となって証券取引所にオーダーが届けられるわけです*9。

アメリカでは、すべてのオプション取引はOCC（Option Clearing Corporation）と呼ばれる準政府機関を通して決済されます。またオプションの行使・割り当てもOCCを通して行われます。例えば、あなたがGoogle株Mar750コール（これは、3月の第3金曜日に満期を迎える行使価格750ドルのコールです）を10個だけロングしていて、これを行使するとします。その指示は証券会社を通してOCCへ届けられます。このとき、あなたの他にマーケット全体でトータル100のロングポジションがあったとしましょう。誰かがロングしていれば誰かがショートしているわけですから、当然100のショートポジションが存在します。この、マーケット全体に存在するポジションをオープンインタレスト（Open Interest）と言います。あなたの行使の指示を受け取ったOCCは、100のショートポジションの中からランダムに10のポジションを選び、割り当てます。そして750コールを割り当てられた人は、Google株を1株750ドルで売らなくてはなりません。

オープンインタレストは、トレードをする上でとても重要な情報です。これを日々アップデートして公開するのもOCCの役割です。また、株式分割やライツイシュー*10といった、株価に影響を与える企業のコーポレートアクションが実施されたときに、既存オプションの行使価格、コントラクトサイズやマルティプライアの調整を行うのもOCCの重要な役割です。日本では、こういった調整は東京証券取引所が実施します。

---

* 9 　中には、口座を開いた証券会社やブローカーと相対の形で取引がなされる場合もあります。そのような場合はカウンターパーティリスクが発生します。また、プロや機関投資家は証券取引所を経由せずに直接トレードをすることもあります。これも当然カウンターパーティリスクをともないます。
* 10 　ライツイシューは、既存の株主に大幅なディカウントで新株を購入できる権利（ライツ）を与えるもので、欧米や日本を除くアジアでは非常に一般的な資金調達の手段です。詳しくは12章の章末問題を参照してください。ライツイシューが実施される場合、株価は配当を支払うかのように振舞います。OCCはライツイシューの実施が発表された場合、事例を精査した上でオプションの調整を行うか否かを判断します。

アメリカでは、実に10以上もの証券取引所でオプションが取引されています[*11]。国や取引所ごとに採用している取引制度が異なりますし、それらは変更されることがありますので注意が必要です。例えば、大阪証券取引所で取引されている日経225の指数オプションは、以前は「同時呼値ルール」と言って、取引数量はオーダーのサイズに従って比例分配されていましたが、現在は時間優先のルールとなっています。

1章のまとめ

この章では、そもそもオプションとはどのような商品なのか、なぜオプションを取引するのかといった基本的な事項を学びました。

オプションとは「特定の原資産を決められた価格で、一定の期間内で売買する権利」のことです。

1. 原資産
2. コール・プット
3. 満期日
4. タイプ（いつ行使可能か）
5. 行使価格
6. 決済タイプ
7. コントラクトサイズ
8. マルティプライア

などの項目を属性に持ちます。

[*11] BATS、BOX、CBOE、C2、CMEグループ、ISE、NASDAQ、NYSE-Arca、NYSE-Amex、PHLXなど。近年、取引所の経営統合が急速に進みました。ARCAとAMEXはNYSEに経営統合し、PHLXはNASDAQ OMXグループに属します。CMEグループも、細かく見ればCME、CBOT、NYMEXと分かれています。

オプションは、もしも今満期を迎えたら行使の対象となるものをインザマネー、そうでないものをアウトオブザマネーと呼び、現在の株価と行使価格が等しいものをアトザマネーと呼びます。

また、オプションの価値は本質的価値（イントリンジックバリュー）と時間的価値（オプショナリティ）の2つに分けて考えることができ、インザマネーのオプションは、本質的価値と時間的価値の両方を備えています。

オプションをトレードする理由は人それぞれですが、代表的な理由に

1. 高レバレッジ
2. 保険
3. プレミアムの獲得
4. 投資戦略の多様性
5. ボラティリティのトレード

などが挙げられます。

次に、フォワードの計算方法を見ました。フォワードとは、特定の資産を将来に決められた価格で売買する二者の間で交わされる契約のことを言います。その価格は、「裁定機会が存在しない」という考え方を用いることで求めることができました。また、行使価格がフォワードに等しいオプションのことを特にアトザフォワードと言います。

Q 章末問題

国債先物のオプションは一風変わった指定の仕方をします。日本国債先物オプション（JGB Futures Options）にて、例えば「1月限140プット」はどのようなオプションか（原資産、満期日、タイプ、マルティプライアなど）調べてみましょう。

Column 1

オプション先進国アメリカ

　日本におけるオプション取引と言えば、日経225の指数オプションが有名です。現状では、個人投資家も気軽に参加できる国内唯一のオプションマーケットと言ってもよいでしょう。株式オプションに関して言えば、日本はまだまだこれからといったところです。一方、オプション先進国のアメリカでは、実に3,000以上の銘柄についてオプションのマーケットが存在します。CBOE（Chicago Board Options Exchange）というオプション専門の取引所もあるくらいです。

　オプションマーケットの流動性を確保するために、アメリカではマーケットメイカー（Market Maker）制度と呼ばれるシステムが採用されています。マーケットメイカーとは、指定された銘柄について、取引時間中ほぼ常にオプションの買値と売値およびその数量を提示する義務を負った証券取引所に登録されたトレーダーのことを言います。通常は各銘柄に対して複数のマーケットメイカーが存在します。マーケットメイカーは、各自が求めたオプションの理論値より低い買値と高い売値を提示し、取引を行うことで利益を上げようとします。また、電子的なマーケットメイキングと並行して、NYSE-AmexやCBOEなどの一部の証券取引所では、オープンアウトクライ（Open Outcry）と呼ばれる伝統的な立会いによるオプション取引も行われています。取引したい数量が大きい場合や、電子的に提示されたマーケットより少しでも良い値で取引を行いたいと考える投資家は、注文の取次ぎを行うブローカーを経由して、その銘柄を扱うマーケットメイカーたちに直接価格を聞くことができます。

　立会場は、扱う銘柄ごとにいくつものブースに分かれており、各ブースに複数のマーケットメイカーたちが存在するという構造になっています。そしてブローカーが頻繁にブースに出入りして、顧客である投資家のためにマーケットメイカーたちに値を聞き、納得いく価格であれば取引を行うわけです。

その取引のさまは実に原始的です。典型的なオープンアウトクライは以下のような感じです。

　ブローカーが、ある投資家のオーダーを受けて

「Google Feb 750/770/790 Put Butterfly, What's the market！」

と叫びながらやってきます。Butterfly（バタフライ）というのは異なるオプションを組み合わせて売買するスプレッドの一つです。これについては7章で詳しく見ていきます。マーケットを聞かれたマーケットメイカーたちは例えば

「7.80 at 9.00, 200 up! (seven eighty at nine, two hundred up!)」

と返します。これは、ビッドが7ドル80セント、オファーが9ドルで、200個までトレードするよという意味です。最初に提示するマーケットは言わば様子見の意味合いが強く、本音よりも広めかつ少なめのマーケットを提示するのが普通です。

　ブローカーは、投資家と連絡をとり

「1,000 at 8.55! (one thousand at eight double!)」

と叫びます。これは、1,000個を8ドル55セントで売りたいという意味です。55のことをdouble（ダブル）と言います。業界用語の一つです。逆に、8ドル55セントで1,000個買いたい場合は

「8.55 for 1,000! (eight double for one thousand!)」

と言います。
　買いたい場合は「価格 for 数量」で、売りたい場合は「数量 at 価格」の形で表現します。これは全トレーダー共通の言い回しです。

ブローカーのオーダーの数量と方向をつかんだマーケットメイカーたちは少しアグレッシブになります。

「8.10 for 1,000!（eight ten for one thousand!）」

と叫んで、8ドル10セントなら1,000個買ってもよいと意思表示をします。別のマーケットメイカーは8ドル20セントのビッドを提示するかもしれません。
　再び投資家と連絡をとったブローカーは

「1,000 at 8.25!（one thousand at eight and a quarter!）」

と、オファーを下げてきました。
　ここなら買ってもよいと思ったマーケットメイカーは

「Buy'em!（バイゼム！）」

と叫びます。すると、少しでも早く叫んだものが取引を実行できるのです。
　逆に、買いのオーダーに対して売りたい場合は

「Sold!（ソルド！）」

と叫びます。
　ただし、このように叫んだ者はすべての数量を売買しなければならないので注意が必要です。例えば、1,000個ではなく500個だけ買いたい場合は「Buy five hundred!」と叫ばなくてはなりません。「Buy'em」と叫んだら、その時点のオファーすべての数量を買うことを意味します。
　逆に500個だけ売りたければ、「Sell five hundred!」と叫ぶ必要があり、「Sold!」と言えばその時点のビッドの数量すべてに対して売りを浴びせることを意味します。
　基本的には早く叫んだ者勝ちなのですが、実際にはマーケットメイカー同士の仲が険悪にならないように取り分を配慮します。立会場は、ブローカーやマ

ーケットメイカーが少しでも良い値で多くの取引を実行しようと叫び声が飛び交い、時には殺気にあふれた空間となります。

　取引所を古くから知る人によれば、それこそ一昔前の取引所のトレーダーたちは「animal」だったそうです。つまり、動物のように攻撃的でワイルドだったという意味です。

　以前は数量の大きな注文のほとんどは取引所におけるオープンアウトクライで取引されていましたが、最近は電子取引の発達や、オフィスに居ながらブローカーの持つ大きな取引に参加することが容易になったため、こうしたオープンアウトクライ取引は減少傾向にあります。

プットコールパリティ

2

　前章で、オプションとは何か、またオプショントレードのメリットを述べました。この章ではまず、オプションを理解する上で大切な式、プットコールパリティ（Put-Call Parity）を学びましょう。プットコールパリティとは、同じ限月、同じ行使価格のヨーロピアン型のコールとプットの価値の間に成り立つ関係式のことを言います。これは、オプショントレーダーがまず最初に頭に叩き込まれる、オプションを理解する上で間違いなく何よりも重要な式です。ありとあらゆる概念や関係式が、このプットコールパリティを元に導かれます。この先、オプションを学ぶ上で何度も何度も繰り返し登場します。この章で、ぜひプットコールパリティをマスターしましょう。

2.1. プットコールパリティ（金利と配当のない場合）

　今、原資産の株価を S、行使価格 K のヨーロピアン型コールの価値を C、ヨーロピアン型プットの価値を P とし、簡単のため金利はゼロで株は配当を支払わないとしましょう。また、コントラクトサイズ、マルティプライアは1とします。このとき、以下の2つのポートフォリオを考えてください。

　ポートフォリオAは行使価格 K のコール1つと K ドルのキャッシュから成ります。

　ポートフォリオBは行使価格 K のプット1つと1株から成ります。

> ポートフォリオA：コールとKのキャッシュ
> ポートフォリオB：プットと株

　そしてこれらのポートフォリオの満期における価値を計算してみます。

(1) 株価Sが行使価格Kを上回ったとき（$S \geq K$）

　ポートフォリオA.

　この場合、コールはインザマネーとなり$(S-K)$の価値を持ちます。キャッシュKの価値はKですから、この場合ポートフォリオAの価値は$(S-K)+K=S$となります。

　ポートフォリオB.

　この場合、プットはアウトオブザマネーに終わり無価値ですから、ポートフォリオBの価値は株価に等しくSとなります。つまりポートフォリオAと同じ価値を持ちます。

(2) 株価Sが行使価格Kを下回ったとき（$S < K$）

　ポートフォリオA.

　この場合、コールはアウトオブザマネーに終わり無価値ですから、ポートフォリオAの価値はKとなります。

　ポートフォリオB.

この場合、プットはインザマネーとなり、$(K-S)$ の価値を持ちます。よってポートフォリオBの価値はこれに株価Sを加えて $(K-S)+S=K$ となります。つまりこの場合もポートフォリオAと同じ価値となります。

つまり、株価がどうなろうと、ポートフォリオAとBは同じ価値を持つ運命なのです。したがって

$$C + K = P + S \qquad (2.1)$$

という関係式が成り立つことが分かります。これが金利・配当がゼロの場合におけるプットコールパリティと呼ばれる関係式です。今度は、図を用いてプットコールパリティを導出してみましょう。

先ほどと同様、コールとプットの満期における価値を考えてみます。コールは、行使価格Kで株を買う権利ですから、満期において株価SがKを下回れば価値はゼロです。逆に株価SがKを上回れば、その分だけ価値を持ちますから、横軸に株価S、縦軸にコールの価値をとると、満期におけるロングコール（コールの買いのポジション）の価値は図2.1の(a)、またショートコール（コールの売りポジション）の価値は図2.1の(b)のようになります。プットの場合、満期時に株価Sが行使価格Kを下回れば、その分だけ本質的価値を持ちます。逆に株価SがKを上回れば無価値となりますから、ロングプットの価値は図2.2の(c)、ショートプットの価値は図2.2の(d)となります。

それでは、ポートフォリオBの満期における価値を考えてみましょう。ポートフォリオBはプットと株をロングしたものですから、この価値は、プットをロングした図と株をロングした図を足し合わせて、図2.3のようになります。これはまさに図2.1のロングコールの図をKだけ上にシフトしたものに他なりません。つまり、これはコールとキャッシュKから成るポートフォリオAの満期における価値でもあるのです。いかがでしょう、これはまさしく先ほど導出したプットコールパリティの

図 2.1. コールの満期における価値

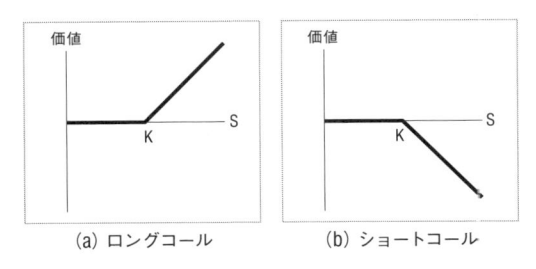

(a) ロングコール　　(b) ショートコール

図 2.2. コールの満期における価値

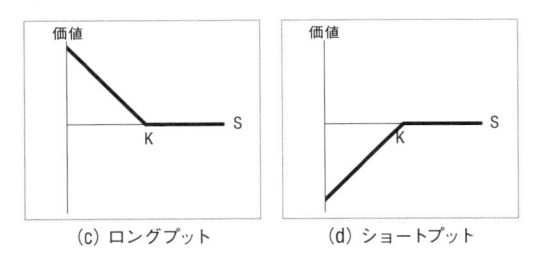

(c) ロングプット　　(d) ショートプット

図 2.3. プットと株の満期における価値の和

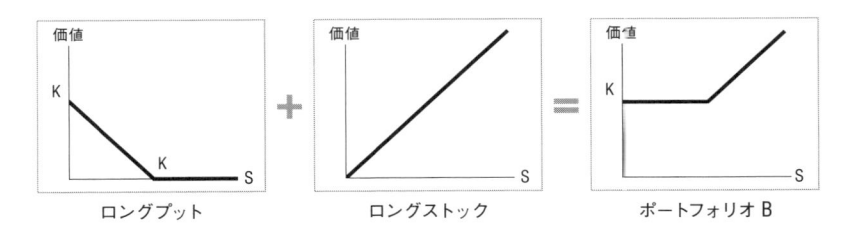

ロングプット ＋ ロングストック ＝ ポートフォリオ B

式 (2.1) を表現しています。

このプットコールパリティの式 (2.1) は、オプションのもっとも大切な性質を数学的に表現したものになっています。それはつまり、「コールとプットの等価性」です。キャッシュの部分 K を除くと、コールはプットと株を買うのと本質的に同じであり、プットはコールを買って株

を売るのと同じだと主張しているのです。私がオプショントレーディングを学び始めたころ、シニアトレーダーに「Buying a call is a buying a put, Selling a call is a selling a put（コールの買いはプットの買い、コールの売りはプットの売りだ）」とよく言われました。

1章で、コールは原資産を買う権利、プットは原資産を売る権利のことだと説明しました。この説明を聞けば、コールとプットはまったく逆の性質を持ったもののように思えます。しかしながら、一部の振舞いを除くと、コールとプットは実はまったく同じ性質を持った商品なのです。まだ、狐につままれた感じがするかもしれませんが、これから先の章でオプションを学んでいくにつれ、「コールの買いはプットの買い、コールの売りはプットの売り」という考えが、感覚的に理解できるようになるでしょう。

2.2. 単利と複利

次に、金利と配当のある、より一般のプットコールパリティを導出するのですが、その前に、「金利」というものを今一度考察してみましょう。金利や株のリターンを表現するとき、2つの表し方があります。「単利表示」と「複利表示」です。通常「年利が10％である」と言った場合、それは1年後に元本が10％増えることを意味します。この場合の金利は、「単利表示」されています。たとえば、年利が10％であれば、100万円の元本は1年後に

$$100 \times (1 + 0.1) = 110 万円$$

になり、10年後には

$$100 \times (1 + 0.1 \times 10) = 200 万円$$

になります。一般に、年間の単利をRとすれば、期間中に再投資を行わなかった場合、元本AはT年後に

$$A(1+RT) \tag{2.2}$$

になります。これが「単利」です。

それでは、年に1回増えたお金を再投資に回し、複利運用したらどうなるでしょう。年利が10％であれば、100万円の元本は1年後に110万円になります。増えたお金を全額再投資すれば、そのまた1年後には

$$110 \times (1+0.1) = 121 \text{万円}$$

になります。このように全額再投資することを10年続ければ、10年後には

$$100 \times (1+0.1)^{10} = 259.37 \text{万円}$$

になるでしょう。再投資を行わない場合は200万でしたが、増えたお金を再投資に回すことで、当然リターンが大きくなります。年間の単利をRとすれば、1年後に元本Aが$A(1+R)$となり、全額再投資に回すことをT年続ければ、T年後には

$$A(1+R)^T \tag{2.3}$$

となるわけです。次に、年の途中でも再投資することができるとしましょう。例えば、年1回ではなく、半年ごとに年に2回の複利投資ができるとします。先ほどの例で言えば、100万円の元本は半年後に

$$100 \times \left(1 + \frac{0.1}{2}\right) = 105 \text{万円}$$

になりますから、これを全額再投資すれば、そのまた半年後（すなわち1年後）には

$$105 \times \left(1 + \frac{0.1}{2}\right) = 110.25\,万円$$

になります。これを10年続ければ

$$100 \times \left(1 + \frac{0.1}{2}\right)^{20} = 265.33\,万円$$

になるわけです。再投資の頻度が増えたことで、年1回しか再投資できない場合よりもリターンが大きくなっているのが分かります。より一般に、単利Rの投資を年間N回再投資すれば、元本AはT年後に

$$A\left(1 + \frac{R}{N}\right)^{NT} \tag{2.4}$$

となります。先ほど見たように、再投資頻度Nを大きくすればするほどこの値は増えていきます。ここで、Nを無限大、すなわち常に連続的に再投資するとすれば、この値は

$$A\left(1 + \frac{R}{N}\right)^{NT} \to Ae^{RT} \tag{2.5}$$

となります。これを「連続複利」と言います。日々の再投資（$N = 365$）の場合は、連続複利式

$$Ae^{RT} \tag{2.6}$$

を用いて非常によい近似で簡単に計算することができます。先ほどの例を用いれば、年利10％で毎日再投資を行えば、10年後には元本はおよそ

$$100 \times e^{0.1 \times 10} = 271.83 万円$$

となることが分かります[*1]。ファイナンスの理論は一般に「連続複利」で金利を考えます。そうすることで数式を解析的に解くことが可能となるのです。また現実の世界では通常、金利は1日おきに証券口座に入金されます。このような場合連続複利式はとてもよい近似として用いることができます。

2.3. 無リスク金利

　オプションに限らず、デリバティブの世界で「金利」と言った場合、それは通常「無リスク金利」（Risk Free Interest Rate）のことを指します。理論的にリスクがほぼ無視できるような資産を運用した場合に得られるリターンのことで、無リスク資産と見なされるものとしてはよく国債が挙げられます。

　今、ある無リスク資産Aが存在するとしましょう。そしてそれを運用することで年間10％のリターンを得ることができるとします。すると、1章で出てきた「裁定機会が存在しない」という仮定を用いると、ありとあらゆるその他の無リスク資産も年間10％のリターンを稼ぐことになります。

　たとえば、ある無リスク資産Bが年間9％のリターンしか実現しないとします。その場合、資産Bを100万円分ショートして、得たお金で資産Aを100万円分購入するとどうでしょう。1年後に110万円の価値を持った資産Aを売却して、109万円の価値を持った資産Bのショートポジションを手仕舞いすることで、無一文から1年後に1万円の利益を手にすることができます。逆に、資産Bが年間11％のリターンを実現するとすれば、資産Aを通して年利10％でお金を借りて資産Bに投資するこ

[*1]　e は自然対数の底、あるいはネイピア数と呼ばれ、$e = 2.71828...$ となる無理数です。

とで1万円の利益を生み出せてしまいます。ともに無リスクなのだったら、金利の安い方で借りて、高い方を運用して利益を上げようとするのは当然です。しかし、このような裁定取引の機会が存在しないと仮定すると、無リスク資産Bのリターンは A と同じく 10% でなくてはなりません。つまり、「裁定機会が存在しない」と仮定すると、ありとあらゆる無リスク資産はある一つの無リスクリターンを実現することになるわけです。

注意してほしいのは、もしも資産Bが無リスクでない場合は話が違ってくるということです。通常、リスクの高い資産は、リスクを負っている分、高いリターンを生み出すことが期待されます。ここで述べたのはあくまでも、「裁定機会が存在しないと仮定すると、ありとあらゆる無リスク資産は無リスク金利を実現する」ということです。この考え方は、後でオプションの理論価格を求める際にも用います。

2.4. プレゼントバリュー（現在価値）とディスカウントレート（割引率）

再び、先ほどの例を考えてみましょう。無リスク金利が 10% だとすると、無リスク資産を連続複利で運用した場合、10年後には元本が 2.7183 倍に増えました。このような世界では、誰でも無リスクで 100 万円を 271.83 万円にできるわけです。逆に言えば、無リスク金利が 10% の世界では、「10年後の 271.83 万円の価値が現在の 100 万円の価値に等しい」ことになります。それでは、10年後の 100 万円の現在価値（プレゼントバリュー）はいくらでしょうか。先ほどの連続複利の計算式を思い出してください。Ae^{RT} でした。そこで

$$Ae^{0.1 \times 10} = 100$$

となる A を求めればよいわけですから

$$A = 100 \times e^{-0.1 \times 10} = 36.79$$

　つまり、「10年後の100万円が現在の36.79万円に等しい」ことになります。今行ったことをファイナンスの言葉で表現するならば、「10年後の100万円のプレゼントバリュー（現在価値）を無リスク金利でディスカウント（割引）して求めた」ことになります。この、将来の資産価値をディスカウントしてその現在価値を求めるという考え方はとても重要です。そしてその際に用いる割引率のことをディスカウントレートと言います。無リスク資産の現在価値を求める際に用いるディスカウントレートが無リスク金利なのです。後の章でオプションの理論価格を計算しますが、まさにこの考え方を使って求めることができます。

　さて、それでは無リスクではない資産の現在価値を求める際には、どの程度のディスカウントレートを用いればよいでしょうか。これは非常に難しい問題です。例えば友人のA君が、10年後に100万円にして返すから、今お金を貸して欲しいと頼んできたとします。いったい今いくらお金を貸してあげるべきでしょうか。この「10年後にA君から100万円を受け取る権利」が無リスク資産だとすれば、無リスク金利が10％の世界では現在価値は36.79万円ですから、36.79万円貸してあげればよいでしょう。しかしながらこの資産は無リスクではありません。10年以内にA君が破産してお金を払えなくなってしまうかもしれませんし、どこかへ行ってしまうかもしれません。したがってこの資産の現在価値を求めるためには、無リスク金利よりも大きなディスカウントレートを用いる必要があります。例えば、15％のディスカウントレートを用いたならば

$$A = 100 \times e^{-0.15 \times 10} = 22.31$$

ですから、22.31万円ならばA君に貸してあげてもよいと思うでしょう。また、別の友人B君が同じ頼みごとをしてきたとします。しかし、B君

はA君よりも信用できず、「10年後にB君から100万円を受け取る権利」はよりリスクの高い資産だと考えれば、より高いレートでディスカウントする必要があります。このように、金融資産の現在価値を求めるには、その資産のリスクを正しく評価し、適切なディスカウントレートを用いる必要があります。資産のリスクが高いほど、高いディスカウントレートを用い、得られるリターンも高くなければなりません。投資家が、高リスクの資産に対して無リスク金利に追加して求める期待リターンをリスクプレミアムと言います。

2.5. プットコールパリティ（一般形）

さて、再びプットコールパリティに戻って、金利と配当を含む一般形を考えてみましょう。

まず、無リスク金利rがある場合、ポートフォリオAのキャッシュの部分を修正してあげる必要があります。満期までの時間をT年とすると、T年後の満期にKとなる現在のキャッシュは

$$Ke^{-rT} \tag{2.7}$$

です。したがって、金利を考慮したプットコールパリティは

$$C + Ke^{-rT} = P + S \tag{2.8}$$

となります。次に、配当を考慮しましょう。株を保持しているポートフォリオBは配当としてキャッシュを受け取りますから、等号を成立させるためにこの分をポートフォリオAに加えてあげる必要があります。支払日に受け取る配当額の現在値は、配当額を現在から支払日までの期間分だけ金利でディスカウントした値ですから、i番目の配当額をD_i、支払日までの期間をT_iとすると

$$D = \sum_i D_i e^{-rT_i} \tag{2.9}$$

という D をポートフォリオAに加えてあげる必要があります。したがって、金利と配当を考慮した一般のプットコールパリティは

$$C + Ke^{-rT} + D = P + S \tag{2.10}$$

となります。先ほど述べたように、このプットコールパリティはコールとプットの等価性を述べた非常に重要な関係式なのですが、その他にもいくつかの重要なコンセプトを導き出すことができます。この (2.10) 式を変形すると

$$C - P = S + K(1 - e^{-rT}) - D - K \tag{2.11}$$

と表すことができます。このように変形したのには理由があります。ここに現れる

$$K(1 - e^{-rT}) - D$$

を「リバーサル・コンバージョン」と言い、略して r/c と書きます。r/c を用いると、プットコールパリティは

$$C - P = S + r/c - K \tag{2.12}$$

となります。

$$r/c = K(1 - e^{-rT}) - D \tag{2.13}$$

ですから、これは満期に K となるキャッシュが満期までに稼ぐ金利から

配当の現在価値を引いたものになっています。

これはいったい何でしょうか。

(2.12) 式の左辺は、行使価格Kのコールを買ってプットを売るのにかかる費用です。実際にそのようなポジションをとった場合、満期における株価が行使価格Kを下回ればコールは無価値となり、ショートしたプットが割り当てられますから、行使価格Kで株を買うことになります。また満期における株価が行使価格Kを上回った場合、コールを行使し、行使価格Kで株を買うことになります。つまり、いずれにせよ (2.12) 式の左辺で示されるポジションをとった場合、満期にKのキャッシュを支払って株を得ることになります。つまり満期で$S-K$の損益をとります。

これは、現時点でキャッシュKを支払って株を得るのとは何が違うでしょうか。まず、現時点でキャッシュKを支払わなくてもよいので、満期までにその分金利を稼ぐことができます。ただし、現時点で株を持っているわけではありませんから、配当を受け取ることはできません。したがって、(2.12) 式の左辺で示されるポジションの価格は、満期にとる損益$S-K$に（金利）-（配当）分を足したものでなくてはなりません。それが (2.12) 式およびr/cの意味するところです。

言わば、r/cは、現物株を保有するコスト（コストオブキャリー）と解釈することができます。

もしもコストオブキャリーの値がプラスであれば、先物を買うためには、現物を保有しない代わりにその分のコストを上乗せしなければなりません。

コールを買ってプットを売るのは、株の先物をロングするのにとても似ています[*2]。そして現物株を保有しない代わりに支払わなければならないコストがr/cなのです。その意味において、現在の株価Sにr/cを加

---

*2　このように、同じ限月、同じ行使価格のコールを買い、プットを売ることをコンボ (Combo) と言います。ロングコンボは、株の先物をロングするのと同じことです。

えた値

$$S + r/c = S + K(1 - e^{-rT}) - D \tag{2.14}$$

こそが、株を所有するコストを考慮に入れた「真の」株価であるとも言えます。プットコールパリティ（2.12）を金利と配当がない場合の（2.1）と比べてください。金利と配当がある場合、$S + r/c$ が、行使価格 K のオプションにとっての実質的な株価なのです。

2.6. アメリカン型オプションにおけるプットコールパリティ

プットコールパリティはヨーロピアン型オプションに成り立つ関係式で、一般にアメリカン型オプションには成り立ちません。しかしながら、証明は省略しますが、アメリカン型オプションに対しては

$$S - D - K \leq C_A - P_A \leq S - Ke^{-rT} \tag{2.15}$$

という不等号を含んだ関係式が成立します。C_A はアメリカン型コールの価値、P_A はアメリカン型プットの価値です。

ここで、配当がなく、金利が無視できるとしましょう。すると（2.15）式は

$$S - K \leq C_A - P_A \leq S - K \tag{2.16}$$

となります。つまり

$$S - K = C_A - P_A$$

です。これはとりも直さず

$$C_A + K = P_A + S$$

という金利と配当がない場合のヨーロピアン型オプションに成り立つプットコールパリティ（2.1）に帰結します。

　実は、11章で詳しく説明しますが、配当がない場合、たとえアメリカン型であってもコールを満期以前に早期行使すべき理由は何もありません。したがってこの場合アメリカン型コールとヨーロピアン型コールの価値は一致し

$$\text{配当がない場合：} C = C_A \tag{2.17}$$

となります。同様に、金利が無視できる場合、プットを早期に行使すべきではありません。この場合アメリカン型プットとヨーロピアン型プットの価値は一致し

$$\text{金利がない場合：} P = P_A \tag{2.18}$$

となります。

　したがって金利と配当がない場合、アメリカン型オプションとヨーロピアン型オプションの価値に違いはなく、プットコールパリティ(2.1)が成り立つのです。

2章のまとめ

　この章では、オプションを理解する上で何よりも重要で基本的な公式プットコールパリティを学びました。

　これは同じ限月、同じ行使価格のヨーロピアン型のコールとプットの価格の間に成り立つ式で、金利と配当がない場合

$$C + K = P + S$$

と表されます。これはコールとプットの満期における価値を表した図から感覚的に理解できます。

　次に、金利と配当がある場合の一般のプットコールパリティを導出するための準備として、金利の表現方法に単利と複利があることを見ました。デリバティブの世界では、金利は「連続複利」で増えていくと考えます。また、通常「金利」と言った場合、それは「無リスク金利」のことを表します。

　次に、将来の資産価値をディスカウントしてその現在価値を求めるという考え方を学びました。その際に用いる割引率のことをディスカウントレートと言います。無リスク資産の現在価値を求める際に用いるディスカウントレートが無リスク金利です。しかし、無リスクではない一般の資産の現在価値を求める際に、どの程度のディスカウントレートを用いるべきかというのは容易には分かりません。その資産のリスクを適切に評価する必要があるからです。

　そして、金利と配当を含む一般のプットコールパリティ

$$C - P = S + r/c - K$$

を導出しました。ここに登場する r/c をリバーサル・コンバージョンと言い、

$$r/c = K(1 - e^{-rT}) - D$$

と表されます。D は株が満期までに支払う配当額の現在値です。現在の株価 S に r/c を加えた値 $S + r/c$ が、行使価格 K のオプションにとっての「実質的な株価」であると考えることができます。

　プットコールパリティはヨーロピアン型オプションに成り立つ関係式であり、一般にアメリカン型オプションには成り立ちません。アメリカ

ン型オプションに対しては、

$$S - D - K \leq C_A - P_A \leq S - Ke^{-rT}$$

という、不等号を含んだ関係式が成り立ちます。

　11章で詳しく説明しますが、金利と配当がない場合、アメリカン型オプションとヨーロピアン型オプションの価値に違いはなく、このときアメリカン型オプションであってもプットコールパリティ

$$C + K = P + S$$

が成り立ちます。

Q 章末問題

　金利と配当がある場合に、アメリカン型のコールとプットの価値の間に成り立つ式

$$S - D - K \leq C_A - P_A \leq S - Ke^{-rT} \tag{2.15}$$

を導出してみましょう。

Column 2
リターンに惑わされるな

　これまで見てきたように、年利が同じでも再投資をしない場合と、頻繁に再投資をする場合とではリターンが大きく異なります。再投資をしない場合は、T年後に元本Aが

$$A(1+RT)$$

となるのに対して、連続複利で運用すれば

$$Ae^{RT}$$

となり、大きなリターンが得られます。逆に言えば、「実現されたあるリターンを表現するとき、単利表示の方が連続複利表示より大きくなる」ことになります。たとえば、現在100ドルで取引されている株が2年後に120ドルになったとしましょう。このリターンはどのように表現されうるでしょうか。「単利表示」では、$A=100$、$T=2$を$A(1+RT)$に当てはめて

$$100\times(1+2R)=120$$

から、$R=0.1$と求まります。つまり、年間10%のリターンとなります。しかしながら「連続複利表示」では、Ae^{RT}を用いて

$$100\times e^{2r}=120$$

$$e^{2r}=1.2$$

図 2.4. 単利表示リターンと連続複利表示リターン

あるリターンを表現したとき、単利表示は常に連続複利表示より大きな値をとる。

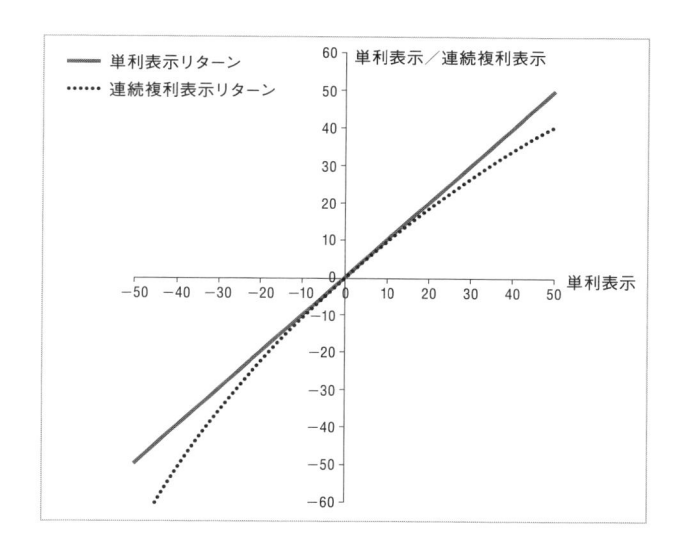

$$2r = \ln(1.2)$$

$$r = \frac{\ln(1.2)}{2} = 0.091$$

ですから、年間 $r = 9.1\%$ 程度にしかなりません[*3]。これは当然のことです。実現したリターンを単利表示すれば、連続複利表示よりも必ず大きくなるわけですから。図2.4は、リターンの単利表示と連続複利表示を表したものです。横軸は、単利表示した際のリターンです。これを見ると、例えば単利表示の－30％は連続複利表示では－35％程度、単利表示の＋30％は連続複利表示では＋25％程度に相当することが分かります。図のように、単利表示は必ず連

[*3] このように、リターンを連続複利表示することは、その対数をとることに他なりません。したがって、連続複利表示リターンのことを対数リターンと呼ぶこともあります。

続複利表示を上回ります。

　数学的には、これは正の実数 x に対して常に

$$x - 1 \geq \ln(x)$$

が成り立つことに対応します。

　先ほどの例で言えば、「100ドルが２年後に120ドルになった」という事実は一つですが、それをどのように表現するかによって見かけのリターンは異なるのです。

　皆さんがもし、「過去２年の収益は年平均でプラス２％です」と謳った投資信託やヘッジファンドに投資をしようと考える場合、それが何を意味するのか真剣に吟味してください。例えば、もしもそれが「１年ごとに計算した単利表示リターンの平均」という意味だったら、１年目に－20％、２年目に＋24％のリターンを実現した場合、確かに平均は＋２％ですが、実際に100万円を預けていたら、１年目の終わりには

$$100 \times (1 - 0.2) = 80$$

となり、２年目の終わりには

$$80 \times (1 + 0.24) = 99.2$$

ですから、預けた100万円は２年後には99.2万円となり、実際にはお金を失っていることになるのです。

$$0.8 \times 1.24 = 0.992$$

で、１より小さいですから当然です。逆に「１年ごとに計算した連続複利表示リターンの平均」がプラスであれば、通算では必ずプラスの利益を上げていることになります。例えば、連続複利表示で、１年目のリターンが

$$\ln(R_1) = -0.2$$

2年目のリターンが

$$\ln(R_2) = +0.24$$

であったとすれば、その平均は

$$\frac{\ln(R_1) + \ln(R_2)}{2} = +0.02$$

で、プラス2%です。この場合、対数の性質を用いて左辺を変形すると

$$\ln(R_1 R_2)^{\frac{1}{2}} = +0.02$$

となります。したがって

$$R_1 R_2 = e^{0.02 \times 2} = 1.0408$$

で1より大きいですから、プラスの利益となります。この場合、預けた100万円は2年後に104.08万円となっているでしょう。連続複利表示リターンの平均がプラスであるということは、「相乗平均」が1より大きいことを意味します。昔中学校で

$$（相加平均）\geq（相乗平均）$$

というのを習ったことと思います。
　この例で投資家にとって大切なのは、「相乗平均」が1よりも大きいことです。0.8と1.24の「相加平均」は1より大きいですが、残念ながらそれは「相乗平均」が1より大きいことを意味するわけではありません。

オプション価格決定要因

3

　1章にて、オプションとはそもそもどういうものなのかを見ました。そして2章では、オプションを理解する上でもっとも基本的で重要な式プットコールパリティを学習しました。次の我々の目標は、オプションの価格を計算することです。

　例えば、Google株が現在750ドルで取引されているとします。3ヶ月以内にこのGoogle株を1株760ドルで買う権利（760コール）の価格はいくらであるべきでしょうか。これはなかなか難しい問題です。しかし、オプションをトレードするのであれば、そもそもこれを理解しておかなくてはどうしようもありません。

　オプション取引の口座を開設すれば、あらゆる銘柄に対して、各限月、各行使価格のオプションの買値（ビッド）と売値（アスク）が提示されています。マーケットメイカーたちはどのようにしてこの値を求めているのでしょうか。3章と4章を通して、どのようにしてオプションの理論価格を計算できるのかを学習しましょう。目標は、それらしいオプションの価格を自分で計算できるようになることです。

　そのために、3章ではまず、どのような要素がオプションの価格を決めるのかを見ていきましょう。結論から先に言ってしまいますと、オプションの価格を決定する要因には以下の6つがあります。

1. 行使価格
2. 原資産価格

3. 満期までの時間
4. ボラティリティ
5. 配当
6. 金利

　この章では、各要素がオプションの価格に与える影響を定性的に見ていきます。

　この中でもっとも大切な要素が「ボラティリティ」と呼ばれるものです。実際のオプショントレーディングの現場において、ほとんどの場合トレードの意思決定においてもっとも重要な目安となるのが、このボラティリティです。したがって当然のことながら、今後何度も繰り返しこの概念が出てきます。この章を読んだだけでボラティリティを理解できなくてもかまいません。5章ではボラティリティを感覚的に理解できるようにさらに詳しく説明をします。先を読み進んでいってボラティリティが出てきたときに、再びこの章や5章に立ち戻ってみてください。それを繰り返すうちにボラティリティとは何なのか、自然と理解できるようになっていることでしょう。

3.1. 原資産価格

　コールは、原資産をあらかじめ決められた価格で買う権利のことでした。したがって、原資産の価格が高くなれば高くなるほど、コールの価値は上がります。反対にプットは、原資産の価格が下がると価値が上がることになります。

3.2. 行使価格

　コールは原資産を買う権利ですから、安く買える権利の方が価値があることになります。つまり行使価格の低いコールほど高い価値を持ちま

す。プットの場合は反対に、行使価格の高いものほど価値が高くなります。

3.3. 満期までの時間

アメリカン型の場合、満期までならいつでもオプションを行使することができます。したがって、満期までの時間が長ければ長いほどコールもプットも高い価値を持つことになります。権利の及ぶ期間が長い方が価値があるわけです。

ヨーロピアン型の場合も、通常は満期までの期間の長いオプションの方が価値があるのですが、常にそうだとも言えません。権利を行使できるのが満期時だけだからです。

例えば、30日後に満期を迎えるコールと50日後に満期を迎えるコールを比べてみましょう。40日後に大きな配当を支払うことが分かっていたとします。その場合、後で説明する「配当落ち」という現象によって株価は下落することが予想されるので、その分コールの価値は下がります。したがって、配当落ち前の30日後に満期を迎えるコールの方が高い価値を持つこともありえるのです。

3.4. ボラティリティ

おおまかに言ってボラティリティとは「原資産の値動きの激しさを数値化したもの」と言うことができます。ボラティリティが高い株とは、将来に株価が大きく上がったり下がったりする確率の高い株であると言ってもよいでしょう。これはオプションの価値にどのような影響を及ぼしそうでしょうか。初めに述べたように、オプションとは「将来のある時刻までに決められた価格で原資産を売買する権利」のことでした。今、あなたがコールを持っているとしましょう。原資産価格が大きく上がればコールを行使することで大きな利益を上げることができます。逆

に原資産価格が大きく下がった場合はどうでしょうか。その場合は単に権利を放棄すればよいわけで、コールに支払ったプレミアム分だけ損をするだけです。プットを持っていた場合、原資産価格が大きく下がれば大きな利益を上げられるとともに、逆に大きく上がったとしても支払ったプレミアムだけ損をするだけです。つまりオプションをロングしているあなたからすれば、ボラティリティが高ければ高いほど、損失を限定した上で大きな利益を上げられる可能性が高まることになります。したがって、原資産のボラティリティが高ければ高いほどオプションの価値は上がることになります。

さて、オプションが「将来のある時刻までに決められた価格で原資産を売買する権利」である限り、オプションの価格を求めるためには、株価が将来どのように振舞うのかを考える必要がありそうです。そこでまず、株価の値動きに関するもっともらしいモデルを構築することから始めましょう。

株価を考えるとき、その真に正しい公正な価格、つまりフェアバリュー（Fair Value）はどうすれば分かるでしょうか。例えばGoogle株が1株750ドルでトレードされているとしましょう。それは高すぎるでしょうか。安すぎるでしょうか。正直に申し上げて、私には見当がつきません。「きっとそのあたりが妥当な価格なのだろうな」としか言えません。おそらくほとんどの人にとってそうでしょう。そこで、オプションの価格を求める上で、株の価格はそれ自体常に公正であると見なします。これは、マーケットが効率的であるという仮説（Efficient Market Hypothesis）に基づいています。この仮説は、大雑把に言えば「株に関するあらゆる情報はすでに株価に織り込まれている」とする考え方のことです。何か新しい情報が明らかになると、その情報は即座に株価に反映され、株価はいつも公正であると言っているわけです。ある情報はその株にとって良いもので、株価を押し上げることもあるでしょうし、また別の情報は反対に株価を下げてしまうこともあるでしょう。ほとんどの情報は株価にさほど影響を与えないようなものでしょうが、ときには株価

を大きく動かすような非常に重要なニュースがやってくることもあります。またニュースの大小にかかわらず、良いニュースと悪いニュースは同じ確率でやってくると考えるのが妥当でしょう[*1]。つまり、株は常に公正な値を保っており、どの瞬間においても株価は上下等しい確率でランダムに動くしかない、というわけです。ここで大事なのは、こういった情報は株価の絶対値ではなくリターン(変化率)に影響を及ぼすということです。

例えば、ともに石油採掘をビジネスとしている非常に似通ったA社株とB社株がそれぞれ100ドルと10ドルでトレードされていたとします。あるとき、OPECが石油生産量を制限するというニュースがやってきて、原油先物価格とともにA社株とB社株も上昇したとしましょう。A社株が110ドルになったとすれば、B社株も同様におよそ+10%の11ドル程度になると考えるのが自然でしょう。

それでは、「どの瞬間においても株のリターンはランダムである」とはどういうことでしょうか。それを理解するために次のような実験をしてみましょう。

今、1秒に1回サイコロを投げることをイメージしてください。1回サイコロを投げると1〜6までの目がランダムに出現します。そのサイコロを何度も投げて、100秒後と200秒後と400秒後に出た目の合計がいくつになるかを考えてみましょう。

サイコロを1回投げたときに出る目の期待値をE_1とすると

$$E_1 = \frac{1+2+3+4+5+6}{6} = 3.5$$

ですから、100秒後の合計値は

[*1] 実は、これは正しくありません。現実には、株のリターンの確率分布は歪度(スキュー)を持つことが知られています。通常、株価は大きく上がる場合よりも大きく下がる場合の方が多いのです。これについては6章で詳しく述べます。

$$E_{100} = E_1 \times 100 = 350$$

ぐらいになりそうです。しかし実際に100秒後の合計が必ず350になるかと言えばそうはなりません。349になるかもしれませんし、5や6の目がたくさん出たら400になるかもしれません。たまたま350になることもあるでしょう。同様に、200秒後の合計がいつも700になるとは限りません。それではこの、サイコロを100回、200回、および400回投げるという試行を何度も何度も繰り返した場合、100秒後、200秒後、400秒後の合計値はどのような出現頻度をとるでしょうか。図3.1～図3.3は、この試行をそれぞれ10,000回繰り返した場合の、100秒後、200秒後、400秒後の各合計値に対する出現頻度をヒストグラムにしたものです。

図3.1を見ると、350付近の値が多く出現することが分かりますが、ごく稀に、300や400に近い値が出ることもあるようです。しかし300以下や400以上の値が出ることはほとんどないと言ってよいでしょう。ここで出現した釣鐘上の分布図は正規分布と呼ばれ、理論上は図3.4～図3.6のような滑らかな曲線でフィッティングされます。

そしてこの正規分布は、2つのパラメタだけで一意に規定されます。期待値と標準偏差（分布の広がり具合）です。つまり、期待値と標準偏差さえ決めてしまえば、正規分布の形が決まるのです。

それでは、100秒後の目の合計の期待値と標準偏差はいくつになるでしょうか。まず、サイコロを1回投げた場合の期待値、分散、標準偏差を求めましょう。標準偏差は、分散の平方根であることを思い出してください。

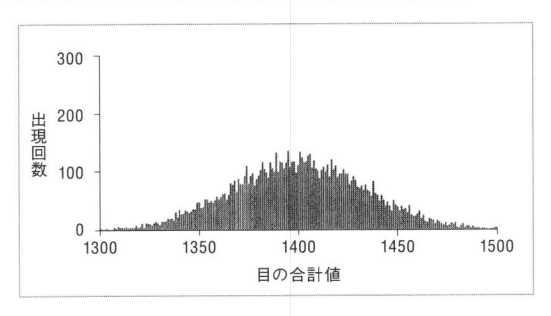

図 3.1. 100 秒後の目の合計の出現頻度（10,000 回試行）

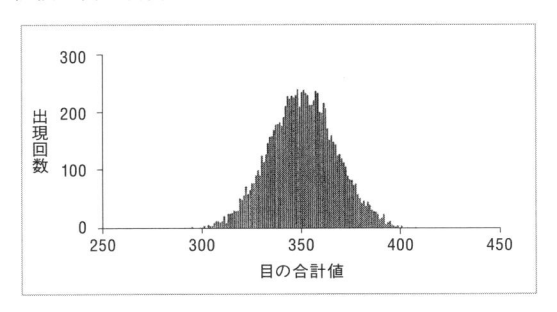

図 3.2. 200 秒後の目の合計の出現頻度（10,000 回試行）

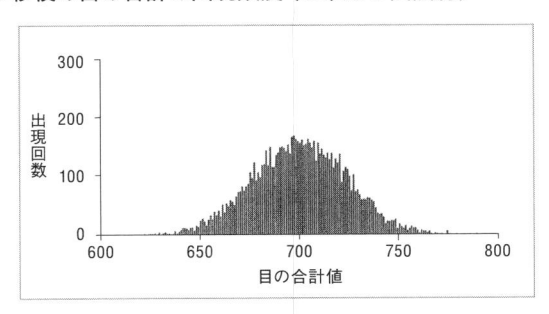

図 3.3. 400 秒後の目の合計の出現頻度（10,000 回試行）

図 3.4. 100 秒後の目の合計の出現頻度を表す正規分布

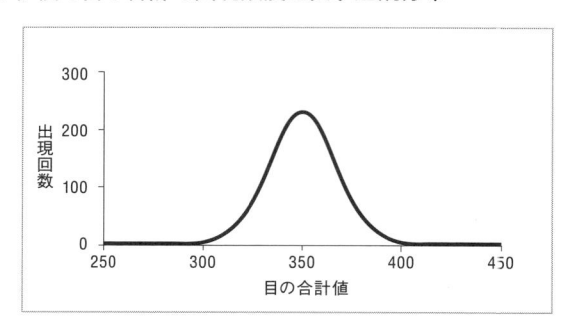

図 3.5. 200 秒後の目の合計の出現頻度を表す正規分布

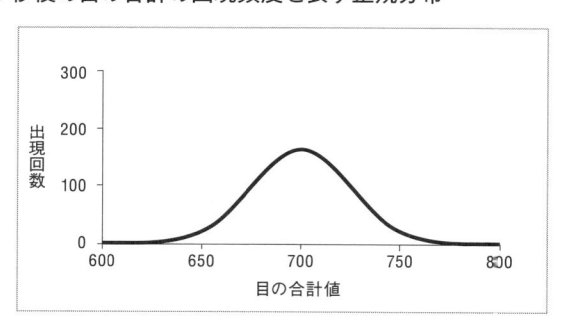

図 3.6. 400 秒後の目の合計の出現頻度を表す正規分布

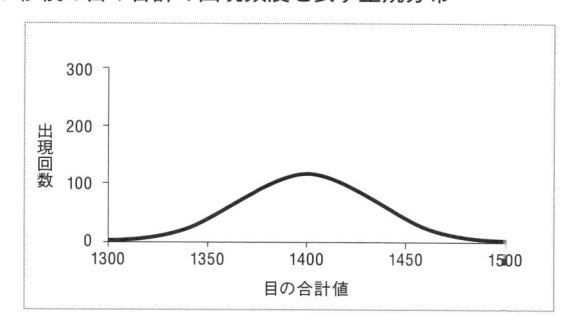

● 1秒後（サイコロを1回投げた場合）：

期待値　　　$E_1 = \dfrac{1+2+3+4+5+6}{6} = 3.5$

分散　　　　$V_1 = \dfrac{(1-3.5)^2 + \cdots + (6-3.5)^2}{6} = 2.9167$

標準偏差　　$\sigma_1 = \sqrt{V_1} = 1.7078$

となります。サイコロを投げるという行為は1回1回独立な試行です。この場合分散は加算的、つまり足し算ができますから

● 100秒後：

期待値　　　$E_{100} = E_1 \times 100 = 350$

分散　　　　$V_{100} = V_1 \times 100 = 291.67$

標準偏差　　$\sigma_{100} = \sqrt{V_{100}} = \sqrt{V_1} \times \sqrt{100} = \sigma_1 \times 10 = 17.08$

となります。つまり100秒後の図3.4は、「期待値350、標準偏差17.08の正規分布」なのです。同様にして

● 200秒後：

期待値　　　$E_{200} = E_1 \times 200 = 700$

分散　　　　$V_{200} = V_1 \times 200 = 583.33$

標準偏差　　$\sigma_{200} = \sqrt{V_{200}} = \sqrt{V_1} \times \sqrt{200} = \sigma_1 \times 14.1421 = 24.15$

● 400秒後：

期待値 　　　$E_{400} = E_1 \times 400 = 1400$

分散 　　　　$V_{400} = V_1 \times 400 = 1166.67$

標準偏差 　　$\sigma_{400} = \sqrt{V_{400}} = \sqrt{V_1} \times \sqrt{400} = \sigma_1 \times 20 = 34.65$

となります。図3.4〜図3.6を一つにまとめたものが図3.7です。期待値は時間に比例して大きくなりますが、その標準偏差（分布の広がり）は時間の平方根に比例することが分かるでしょう。

　期待値E、標準偏差σの正規分布を$N(E, \sigma)$と書くとすれば[*2]、100秒後の図3.4は

$$N(350, 17.08)$$

200秒後の図3.5は

$$N(700, 24.15)$$

400秒後の図3.6は

$$N(1400, 34.65)$$

となります。一般に、T秒後の分布は、1秒後の期待値

[*2] 通常の慣例では、正規分布を表現するとき、$N(E, \sigma^2)$の形で表します。つまり、$N($期待値$,$分散$)$です。ただし本書では、「確率分布の標準偏差（広がり）が時間の平方根に比例する」ということを直接的に意識してもらうために、この形にしました。

図 3.7. 100、200、400 秒後の目の合計値を表す正規分布

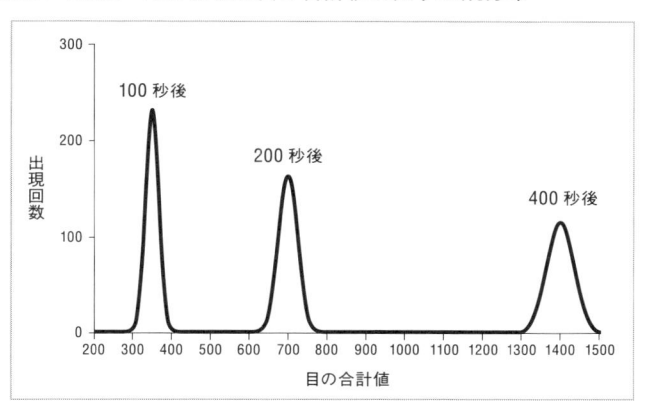

$$E_1 = 3.5$$

および標準偏差

$$\sigma_1 = 1.7078$$

を用いて

$$N(E_1 T, \sigma_1 \sqrt{T})$$

と書けることになります。

さて、図3.4〜図3.6を見ると、だいたい2/3程度の確率で

$$(E - \sigma) \sim (E + \sigma)$$

の範囲に入りそうだと分かります。例えば図3.4では、$E = 350$、$\sigma = 17.078$ですから、およそ2/3の確率で 332.92 〜 367.08 の間に入りそうで

す。これを1σ（1シグマ）範囲と言います。実は正規分布に従う変数は、その形にかかわらず68.26％の確率で1シグマ内に入ることが知られています。詳しくは付録の正規分布表を参照してください。また、3シグマ外のイベントが起こる確率は0.27％で、ほとんどないことも知られています。先ほど100秒後に300以下や400以上になることはほとんどなさそうだと言いましたが

$$E_{100} - 3 \times \sigma_{100} = 350 - 3 \times 17.078 \simeq 300$$

$$E_{100} + 3 \times \sigma_{100} = 350 + 3 \times 17.078 \simeq 400$$

ですから、実はこれは3シグマ外のイベントであり、ほとんど起こりえないことも納得できるでしょう。400秒後の例で言えば、およそ1,300〜1,500が3シグマに対応しますから、1,300以下や1,500以上になることはほとんどありません。

さて、これまでは1秒に1回のペースでサイコロを投げましたが、投げるペースを0.01秒に1回とすれば、1秒後、2秒後および4秒後の分布が図3.4〜図3.6に従うことになります。そこで、投げるペースを無限小秒に1回とすれば、言わば「次の瞬間」には出たEの合計が正規分布

図 3.8. 正規分布における1シグマ範囲

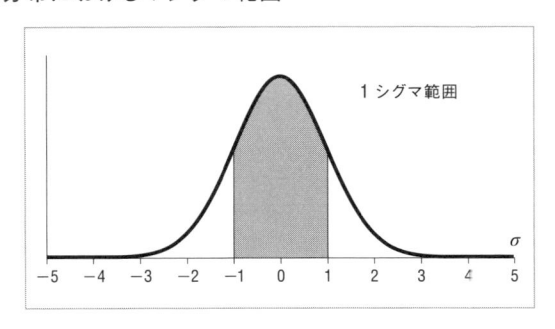

となっているわけです。

　これをそのまま株価のリターンにあてはめてください。無限小秒に1回サイコロの目が加わるように、常に連続的にランダムなリターンの変動が積み重なれば、現時点から「次の瞬間」までのリターンが正規分布に従うことが分かるでしょう。これをやや数学的に記述すれば、株価Sの次の瞬間（微小時間dt後）までの変化dSは、単位時間あたりのリターンの期待値μ、その分布の標準偏差σを用いて

$$\text{微小時間後の単利表示リターン}\quad \frac{dS}{S} \sim N(\mu dt, \sigma\sqrt{dt}) \qquad (3.1)$$

と書けることになります。〜の記号は、株価のリターン$\frac{dS}{S}$が右の正規分布に従うことを意味します。単位時間とは、時間軸の尺度のことで、1秒でも1日としてもかまいません。単位時間を1秒とした場合、1時間あたりのリターンは$3{,}600\mu$となりますし、単位時間を1日とした場合の1時間あたりのリターンは$\mu/24$と表されます。要は時間を表現する際のものさしとなる長さのことです。先ほど述べたように、期待値は時間に比例し、標準偏差は時間の平方根に比例します。この（3.1）式が、我々の株価のモデルであるわけです[*3]。

[*3] 上のように記述されるものを幾何ブラウン運動と呼びます。つまり我々は、株価Sが幾何ブラウン運動をすると仮定したことに他なりません。

図 3.9. 我々の株価モデル

S_0 から S_1、S_1 から S_2 のように、ある任意の時刻における株価 S と、その「次の瞬間」（微小時間 dt 後）における株価 $S + dS$ を比べると、その単利表示リターン $\frac{dS}{S}$ は常に、期待値 μdt、標準偏差 $\sigma\sqrt{dt}$ の正規分布に従う。

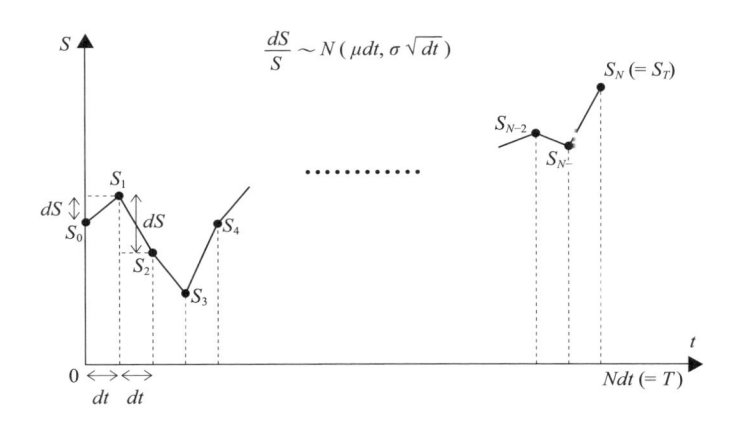

$$\frac{dS}{S} \sim N(\mu dt, \sigma\sqrt{dt})$$

それでは次に、μ と σ の意味について考えてみましょう。

μ は単位時間あたりのリターンの期待値であると言いました。ここでは後の都合上、1年を単位にとって考えましょう。

これまで作り上げてきた我々のモデルでは、株価は上下等しい確率でランダムに動くため、例えばGoogle株が今日750ドルで取引されていれば、1年後の株価が750ドルよりも高い、あるいは低いと信じるべき理由は何もありません。言い換えれば、将来の株価の期待値は現在の株価に等しいわけです。即ち $\mu = 0$ となります。しかしこれは本当に正しいでしょうか？もしもそうだとすれば、なぜ世の中の人はわざわざ株を買ったりするのでしょう。実は、現実には株のリターンは長期的な経済全体の成長率を反映した正の期待値を持つとされています。それでは、現実世界における株のリターンの適切な期待値とは何でしょうか？　これは非常に難しい問題です。なぜなら、2章で述べたように、「正しいリ

ターンを求めるためには、リスクを適切に評価する必要がある」からです。一般に、投資対象となる資産のリスクが高いほど、期待すべきリターンも高くあるべきです。

しかしながら、株のリターンが簡単に分かる場合があります。それは世の中が「リスクニュートラル（Risk Neutral）」である場合です。言い換えれば、世の中の人々はリスクに無関心で、あらゆる投資をリターンの期待値のみで判断するということです。例えば、次のような2つの投資話があったとしましょう。1つ目は、確実に10％のリターンを実現する投資。そして2つ目は50％の確率で何も増えないけれど、50％の確率で20％のリターンを実現する投資だとします。どちらもリターンの期待値は10％と等しいですが、リスクを好まない人は確実に10％増える1つ目の投資を選択するでしょうし、逆にリスクをとってもかまわない人は、20％増えるかもしれない2つ目の投資を選択するでしょう。そしてリスクに無関心な人は、あらゆる投資を期待リターンだけで判断するため、どちらの選択肢でもかまわないことになります[*4]。

リスクニュートラルの世界においては、すべての人がどちらの選択肢でも意に介さないわけです。するとこのような世界では、あらゆる資産の期待リターンが無リスク資産のリターン、すなわち無リスク金利に等しくなります。

例えば、もしもGoogle株の期待リターンがその他の資産の期待リターンよりも低ければ、投資家は期待リターンのみに着目しますから、Google株を売って、その他の資産を買おうとします。すると、Googleの株価は下がり、結果的にGoogle株の期待リターンは上昇することになります。逆にGoogle株の期待リターンが高ければ投資家はGoogle株を買おうとするため、株価は上昇し結果的にリターンは下がることにな

[*4] 現実には、このような選択を目の前にしたとき、ほとんどの人は確実に10％増える1つ目の投資を選択すると言われています。このような性質を「リスクアバース（Risk Averse）」と言います。したがって、2つ目の選択肢を選ばせるためには、より高い期待リターンを設定する必要があります。例えば、50％の確率で30％増えるように変更すれば、期待リターンは15％となります。この場合のリスクプレミアムは5％となります。

ります。このように、すべての人が期待リターンのみに着目するリスクニュートラルの世界では、ありとあらゆる資産の期待リターンは等しくなるはずです。すると、株の期待リターンμは無リスク資産のリターンである無リスク金利rとも一致しなければならないというわけです。つまり、リスクニュートラルの世界ではあらゆる株のリターンは無リスク金利となるのです。

ただし、先ほど言ったように、一般に現実の世界においては$\mu = r$は成り立ちません。

さて、次に、σはどのように理解すればよいでしょう。ここで、証明はこの本の範囲を超えますので省略しますが、微小時間後の単利表示リターンが（3.1）式のように記述される場合、連続複利表示されたリターンが

$$\text{連続複利表示リターン} \quad \ln\left(\frac{S_T}{S}\right) \sim N\left[\left(\mu - \frac{\sigma^2}{2}\right)T, \sigma\sqrt{T}\right] \quad (3.2)$$

に従うことを示すことができます[*5]。ここで、Sは現在の株価、S_Tは時間T後の株価を表します。単位時間を1年にとると、これはT年後の株価となります。すなわち、現在からT年後までに実現した株価のリターンを連続複利表示した場合$\left(\ln\left(\frac{S_T}{S}\right)\right)$、その分布もまた期待値$(\mu - \frac{\sigma^2}{2})T$、標準偏差$\sigma\sqrt{T}$の正規分布に従うわけです。期待値が時間$T$に比例し、その不確定さ（標準偏差）が時間の平方根に比例することが分かるでしょう。長くなりましたが、この1年あたりの連続複利表示リターンの標準偏差σを「ボラティリティ」と言うのです。この値が大きい株ほど、大きな値動きを示す可能性が高いことになります。したがって、この値が大きければ大きいほどオプションの価値は高くなることになります。言葉で説明してもなかなか理解しにくいものだと思います。ボラティリテ

[*5] この式の導出には、「伊藤の補題」を用います。

図 3.10. 現在から T 年後にかけての連続複利表示リターンの確率分布
中心は $(\mu - \frac{\sigma^2}{2})T$、横軸の一目盛りは $\sigma\sqrt{T}$

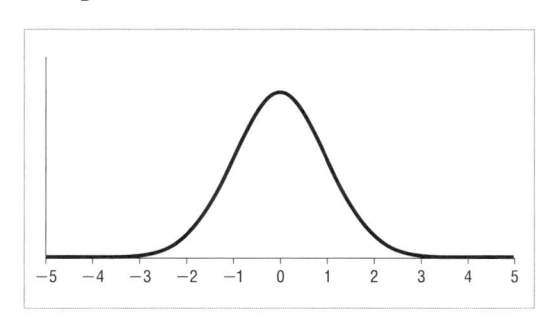

図 3.11. 1 年後の株価の確率分布（現在の株価＝100 ドル）

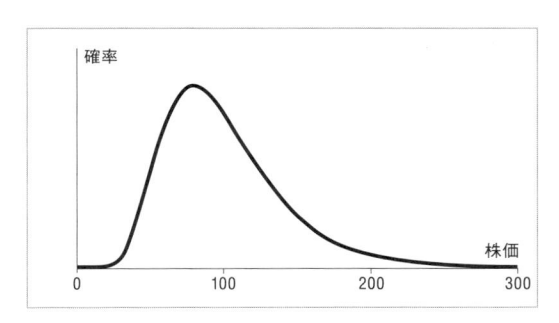

ィについては、より感覚的に理解できるように、5章で再び詳しく見ていくことにしましょう。

　図3.10は、現在の株価とT年後の株価を比較して得た連続複利表示リターンの確率分布です。横軸は1シグマ＝ $\sigma\sqrt{T}$ を1単位としています。我々のモデルでは、株の連続複利表示リターンがこのような正規分布に従うというものだったわけです。そして、株の連続複利表示リターンが図3.10のような正規分布に従うとき、実際の株価の確率分布は図3.11のような形となります。図3.11は、現在の株価を100ドルとしたときの、

1年後の株価の確率分布を表しています。ここに現れた分布を対数正規分布と言います。言い換えれば、我々がこれまで作ってきたモデルは、とりも直さず将来の株価が図3.11のような対数正規分布に従うというものだったわけです。

それでは、以下では、対数正規分布の性質について見ていきましょう。対数正規分布とは、ある確率変数 X の対数をとったものが正規分布 $N(\mu, \sigma)$ に従うとき、つまり

$$\ln X \sim N(\mu, \sigma)$$

であるとき、元の確率変数 X が従う分布です。我々のモデルでは現在の株価 S から T 年後の株価 S_T への連続複利表示リターンが

$$\text{連続複利表示リターン} \quad \ln\left(\frac{S_T}{S}\right) \sim N\left[\left(\mu - \frac{\sigma^2}{2}\right)T, \sigma\sqrt{T}\right] \tag{3.2}$$

という正規分布に従うと言いました。これは

$$\ln S_T \sim N\left[\left(\mu - \frac{\sigma^2}{2}\right)T + \ln S, \sigma\sqrt{T}\right]$$

と変形できますから、S_T の対数が正規分布に従い、したがって将来の株価 S_T の確率分布が図3.11のような対数正規分布となることが分かるでしょう。

さて、ここからは少々ややこしくなってしまうのですが、(3.2)式を見ると、「現在の株価から将来の株価への連続複利表示リターンの期待値」は

$$E\left(\ln\left(\frac{S_T}{S}\right)\right) = \left(\mu - \frac{\sigma^2}{2}\right)T$$

となっていることが分かります。

我々が導いた(3.1)式は、図3.9に示すように、任意の時刻から「次の瞬間」（微小時間dt後）にかけての株価の単利表示リターンの期待値がμdtであると主張するものでした。すると、T年後の株価S_Tの期待値は

$$E(S_T) = E\left(S_0 \times \frac{S_1}{S_0} \times \frac{S_2}{S_1} \times \frac{S_3}{S_2} \times \cdots \times \frac{S_T}{S_{N-1}}\right)$$

$$= E(S_0) \times E\left(\frac{S_1}{S_0}\right) \times E\left(\frac{S_2}{S_1}\right) \times E\left(\frac{S_3}{S_2}\right) \times \cdots \times E\left(\frac{S_T}{S_{N-1}}\right)$$

$$= S_0 \times (1 + \mu dt) \times (1 + \mu dt) \times (1 + \mu dt) \times \cdots \times (1 + \mu dt)$$

$$= S_0 (1 + \mu dt)^{\frac{T}{dt}}$$

と計算できます。ここで微小時間dtを限りなくゼロに近づければ

$$S_0 (1 + \mu dt)^{\frac{T}{dt}} \to S_0 e^{\mu T} \quad (dt \to 0)$$

となります。つまり、T年後の株価S_Tの期待値は

$$S_0 e^{\mu T}$$

です。これは2章で議論した連続複利の式と一致します。したがって、「現在の株価から将来の株価の期待値への連続複利表示リターン」は

$$\ln\left(E\left(\frac{S_T}{S_0}\right)\right) = \mu T$$

となります。しかしながら、この値はさきほど見た(3.2)式の示す「現

在の株価から将来の株価への連続複利表示リターンの期待値」$\left(\mu - \frac{\sigma^2}{2}\right)$ Tとは異なります。つまり、「現在の株価から将来の株価の期待値への連続複利表示リターン」と「現在の株価から将来の株価への連続複利表示リターンの期待値」は異なるのです。

　これは、2章のコラムに登場した（相加平均）≧（相乗平均）に由来します。仮に

$$\frac{S_T}{S_0}$$

のサンプルをn回採ったとして、それをR_i ($i = 1 \cdots n$)としましょう。すると、（相加平均）≧（相乗平均）から一般に

$$\frac{1}{n}\sum_{i=1}^{n} R_i \geq \left(\prod_{i=1}^{n} R_i\right)^{\frac{1}{n}}$$

が成り立ちます。$\ln$は単調増加関数なので、両辺の対数をとれば

$$\ln\left(\frac{1}{n}\sum_{i=1}^{n} R_i\right) \geq \ln\left(\prod_{i=1}^{n} R_i\right)^{\frac{1}{n}}$$

となります。左辺はまさに「現在の株価から将来の株価の期待値への連続複利表示リターン」$\ln\left(E\left(\frac{S_T}{S_0}\right)\right)$に他なりません。右辺は

$$\ln\left(\prod_{i=1}^{n} R_i\right)^{\frac{1}{n}} = \frac{1}{n}\ln\left(\prod_{i=1}^{n} R_i\right) = \frac{1}{n}\sum_{i=1}^{n} \ln R_i$$

ですから、これは「現在の株価から将来の株価への連続複利表示リターンの期待値」$E\left(\ln\left(\frac{S_T}{S_0}\right)\right)$を表しています。すなわち

$$\ln\left(E\left(\frac{S_T}{S_0}\right)\right) \geq E\left(\ln\left(\frac{S_T}{S_0}\right)\right)$$

が成り立ちます。「対数の期待値は期待値の対数より小さい」のです。「現在の株価から将来の株価への連続複利表示リターンの期待値」$\left(\mu - \frac{\sigma^2}{2}\right)T$ が「現在の株価から将来の株価の期待値への連続複利表示リターン」μT よりも小さくなるのはそのためです。そして、等号はボラティリティがゼロのときにのみ成り立ちます。

なぜこのようなややこしい話をしたのかというと、これが対数正規分布の興味深い性質と密接に関係しているからです。

先ほど述べたように、将来の株価 S_T の従う確率分布は期待値（平均）が

$$S_0 e^{\mu T}$$

の対数正規分布となります。すると、「将来の株価は半分の確率で $S_0 e^{\mu T}$ 以下となり、半分の確率で $S_0 e^{\mu T}$ 以上となる」と考えてしまいそうですが、実はそうはなりません。

ある値以下となる確率とある値以上となる確率が等しくなる値のことを中央値（メディアン：Median）と呼びますが、対数正規分布において、中央値は常に期待値以下となります。また、最も高い確率でとる値を最頻値（モード：Mode）と呼びますが、対数正規分布においては、最頻値はさらに中央値以下となることが知られています。

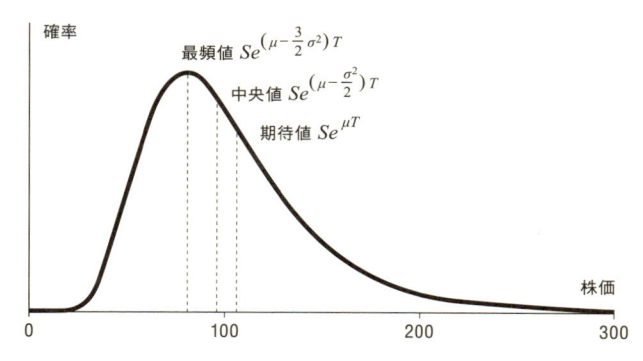

図 3.12. 対数正規分布における期待値、中央値、最頻値

株価が（3.2）式に従う時、各値は下のようになる。

確率

最頻値 $Se^{(\mu-\frac{3}{2}\sigma^2)T}$
中央値 $Se^{(\mu-\frac{\sigma^2}{2})T}$
期待値 $Se^{\mu T}$

株価

0　　　　100　　　200　　　300

つまり、「我々のモデルでは、株価は常に期待リターンを下回る確率が高い」のです。そしてその度合いは、その株のボラティリティが高ければ高いほど顕著となります。

これはそのまま株投資をする投資家の損益の分布につながります。テレビや雑誌などで、株でたくさん儲けたという人が登場することがありますが、こういった人は対数正規分布の右端に位置します。こういった人になれる確率はとても低いのですが、しかし世の中には確実に存在することになります。そして、こうした少数の人たちが平均をぐっと押し上げます。ところが、多くの人は平均を下回ってしまうのです。これはごく自然なことです。各世帯の所得も対数正規分布に近いとされています。ごく一部が富を独占し、多くが平均を下回ってしまう「不公平」な状況というのは、実は資本主義ではやむをえないことだったわけです。

3.5. 配当

株が配当を支払うとき、「配当落ち」という現象が発生します。配当は、企業がその資本の一部を株主に還元することですから、配当の支払いを通して理論上は株価が配当分下落することになります。

企業は、配当基準日に株主として登録されている人に対して配当の支払いを行います。日本やアメリカでは株式の決済プロセスに3営業日要するため、配当を受け取るためには配当基準日の3営業日前に株を購入する必要があります。逆に言えば、基準日の2営業日前は株が配当を受け取る権利を伴わずに売買される最初の日であり、この日に株価は配当分下落して取引されると考えられます。この日を「配当落ち日」あるいは「配当の権利落ち日」と言います。

　つまり、企業が配当を支払う場合、「配当落ち日」に株価が配当分下がることが予想されるのです。これが配当落ちです。

　したがって、満期までに支払う配当額が大きければ大きいほど、コールの価値は減少し、プットの価値は上昇します。

3.6. 金利

　「金利」と一言で言いましたが、実は2つの意味があります。「原資産価格にかかる金利」と「オプションプレミアムにかかる金利」です。

● 原資産にかかる金利

　金利が上がる（下がる）と将来の原資産の期待価格は上がる（下がる）ことになります。議論を簡単にするため、世界がリスクニュートラルだと仮定します。そして無リスク金利が1％だとしましょう。すると現在の株価が100ドルであるA株の1年後の株価の期待値は

$$100 \times e^{0.01} \simeq 101$$

　ですから、約101ドルになります。現在の100ドルの価値が1年後の101ドルに等しいわけです。無リスク金利が2％であれば、1年後の株価の期待値は約102ドルとなります。このように、一般に金利が上がれば将来の株価の期待値は上がることになります。したがって、将来のある

時点までにその株を買う権利であるコールの価格は上がり、プットの価格は下がることになります。

● オプションプレミアムにかかる金利

　無リスク金利が1％の世界では、「1年後の101ドルの価値が現在の100ドルの価値に等しい」わけですが、当然ながらこれはオプションのプレミアムに対してもあてはまります。例えば、1年後に満期を迎える行使価格100ドルのコールを持っていたとしましょう。1年後に原資産の株が110ドルであれば、コールを行使して得た株を売ることで10ドルのキャッシュを得られるわけですから、1年後にそのコールは10ドルの価値を持つことになります。しかしその価値を無リスク金利でディスカウントして現在価値に直すと

$$10 \times e^{-0.01} \simeq 9.9$$

ですから、それは現在の9.9ドルに等しいことになります。後の章で詳しく説明しますが、オプションのプレミアムは、将来の株価の分布を予想して、その上で得られた将来のオプションの価値をディスカウントすることで得られます。

　したがってこの意味においては、コールもプットも関係なく、金利が上がれば現在のオプションの価格は下がることになります。

　今見てきたように、「金利」が変わると、2つの意味でオプションの価格に影響を及ぼすことになります。しかしながら通常、後者の影響は前者に比べて小さいので、金利が上がればコールの価格は上がり、プットの価格は下がると考えておいて差し支えないでしょう。

3章のまとめ

この章では、オプションの価格を決定する以下の6つの要因について、それぞれが定性的にオプション価格にどのような影響を与えるのかを見ました。それをまとめたものが以下の表です。

各要因が上昇したときに、コールとプットの価格が上昇（＋）するか下落（－）するかを表しています。

表 3.1. 各要素の上昇がオプション価格に及ぼす影響

	コール	プット
行使価格	－	＋
原資産価格	＋	－
満期までの時間	＋ [*6]	＋ [*7]
ボラティリティ	＋	＋
配当	－	＋
金利	＋	－

そして、ボラティリティとはいったい何なのかを詳しく見ました。

株価のリターンがランダムな変動の積み重なりだと考えると、「次の瞬間」（微小時間後）には株価のリターンは正規分布に従います。これを数式で表すと

$$\frac{dS}{S} \sim N(\mu dt, \sigma\sqrt{dt})$$

[*6] ヨーロピアン型のコールにおいて、満期までに配当が含まれるようになると、長期のコールの価格は減少することがあります。
[*7] ヨーロピアン型のプットにおいて、金利が高い場合、長期のプットの価格は減少することがあります（8章脚注4参照）。

となります。ただし dt は微小時間を表します。すると、現在から T 年後までの株価の連続複利表示リターンは

$$\ln\left(\frac{S_T}{S}\right) \sim N\left[\left(\mu - \frac{\sigma^2}{2}\right)T,\, \sigma\sqrt{T}\right]$$

と表すことができます。ここに現れる σ をボラティリティと言います。これを言葉で表現するならば、「ボラティリティとは、1年あたりの連続複利表示リターンの標準偏差である」と言うことができます。ボラティリティについてはさらに詳しく5章で見ていきます。

ここで私たちが仮定した株価のモデルは、幾何ブラウン運動と呼ばれ、将来の株価の確率分布は対数正規分布となります[*8]。

Q 章末問題

1日1回コインを投げて、表が出たら＋1ポイント、裏が出たら−1ポイント獲得することにします。表が出るか裏が出るかは完全にランダムです。コインを1回投げたときの期待値および標準偏差は

[*8] 本章では省略しましたが、(3.2) 式

連続複利表示リターン　　$\ln\left(\frac{S_T}{S}\right) \sim N\left[\left(\mu - \frac{\sigma^2}{2}\right)T,\, \sigma\sqrt{T}\right]$ 　　(3.2)

にたどり着くためには、「伊藤の補題（Ito's Lemma）」という確率過程における計算方法を用いる必要があります。
「伊藤の補題」は「伊藤過程（Ito's Process）」と呼ばれる確率過程に対して用いることができます。
「伊藤過程」とは「ウィーナー過程（Wiener Process）」を一般化したもので、本章で登場した幾何ブラウン運動もその一つです。
「ウィーナー過程」の重要な性質の一つとして「マルコフ性（Markov Property）」が挙げられます。
「マルコフ性」とは、将来の確率分布が現在の値のみに依存し、過去にたどった値とは無関係であるという確率過程の性質を指します。我々は、株価がこのような性質を持った確率変数だと仮定したわけです。

期待値　　　$E_1 = 0$

分散　　　　$V_1 = \dfrac{(1-0)^2 + (-1-0)^2}{2} = 1$

標準偏差　　$\sigma_1 = \sqrt{V_1} = 1$

です。

　すると、100日後の獲得ポイントの確率分布は、どのような正規分布に従うでしょうか。また、-20ポイントは何シグマに対応し、-20ポイント以上となる確率は何％程度でしょうか。そして、獲得ポイントが-5～+15ポイントの範囲となる確率は何％程度でしょうか。付録の正規分布表を用いて求めてみましょう。

Column 3

投資銀行、証券会社の収益源
――金利差収入

　リスクニュートラルの世界では、あらゆる資産のリターンが無リスク金利に一致すると言いました。もう一度その理由を考察してみましょう。例えば、無リスク金利が2%の場合にGoogle株の期待リターンが1%であれば、投資家はGoogle株を売って無リスク資産に投資しようとするため、Googleの株価は裁定機会が消える期待リターンが2%となるところまで下がります。またGoogle株の期待リターンが3%であれば、投資家はGoogle株を買おうとするため、期待リターンが2%となるところまで株価が値上がりするわけです。

　実は、仮に世界がリスクニュートラルだとしても、これは厳密には正しくありません。

　「Google株を売って別の無リスク資産に投資する」と言ったとき、それは正確には以下のプロセスのことを指します。

1. Google株を借りる（もしくはすでにロングしている）。
2. Google株を売ることでキャッシュを得る。
3. 得たキャッシュから無リスク金利を得る。

　現実の世界では、株の売買は投資銀行や証券会社に開いた口座で行われます[*9]。もしもあなたが株をロングしていない場合、株を証券会社から借りてショートすることになります。証券会社が他の客（通常は大きな機関投資家）から株を借りて、その株をあなたに貸しているのです。実は、そうして株を売って得た口座内のキャッシュは、無リスク金利よりも低い金利でしか増えません。

[*9] このような、投資銀行や証券会社が行う株の決済をクリアリングと言います。我々は、投資銀行や証券会社を、クリアリングを行ってくれる会社、つまりクリアリングファームとして使っているわけです。

このときに適用される金利のことをショートレートと言います。無リスク金利とショートレートの差は、株を貸していることに対するサービス料として証券会社の収入源となります。借りることが難しい株を貸し出す場合、証券会社はより高い料金を要求します。この場合、ショートレートはマイナス（ネガティブレート）となることもあります。つまり、株をショートして得たキャッシュに金利がつくどころか、そのショートポジションを維持するために、日々お金を支払い続けなければならないわけです。

　また、株を買う場合、額面の金額が口座内になくても、一定額の証拠金を口座に納めることで株を買える場合があります。この場合は、証券会社からキャッシュを借りることになります。そしてその借りたキャッシュには無リスク金利よりも高い金利が適用されます。これをロングレートと言います。

　このように株の売買に際して異なる金利を適用することで、投資銀行や証券会社はその差を稼ぐことができるのです。

　これは株の売買にともなう金利差ですが、一般に低金利でお金を借り、高金利で貸し出すのが銀行のビジネスです。商業銀行色の強いJPモルガンやウェルズファーゴなどは、収益の大半が金利差収入と手数料収入で占められています。

　これとは対照的に、収益の多くが自己勘定トレードからというゴールドマンサックスのような銀行もあります。

オプション価格計算モデル

4

　前章では、オプション価格を決定する6つの要因について見ました。次に私たちがほしいものは、これら6つをインプットしたときに実際にプレミアムを計算してくれるプライシングツール（モデル）です。

図 4.1. オプションのプレミアム計算の概念図

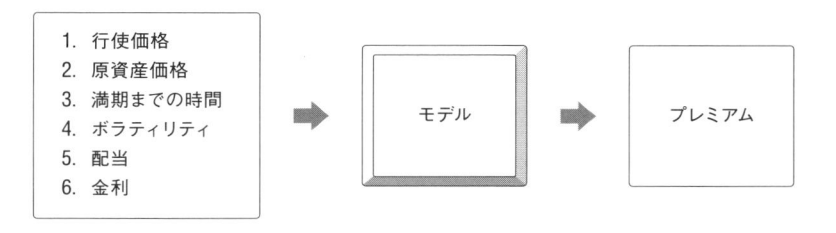

```
1. 行使価格
2. 原資産価格
3. 満期までの時間    ⇒   モデル   ⇒   プレミアム
4. ボラティリティ
5. 配当
6. 金利
```

　そのもっとも有名なものが、ノーベル経済学賞を受賞する功績となったブラックショールズモデルです。残念ながら、このモデルを100％理解するには少々難解な数学の話をしなければなりません。この章では、そういった込み入った話に立ち入ることはせず、できるだけ分かりやすくブラックショールズモデルとは何なのかを説明したいと思います。

　そのためにまず、二項分布モデルという非常に簡単なモデルを立て、どのようにオプションの価格が計算されるのか、その考え方を見ていきます。そこで必要とされる仮定は「裁定機会が存在しないこと」ただ一つです。そしてその結果、「リスクニュートラルバリュエーション（Risk

Neutral Valuation）」と呼ばれる、オプションに限らず、あらゆるデリバティブにとって、非常に重要な原理にたどり着くことができます。

そして次に、ブラックショールズモデルは二項分布モデルと全く同じコンセプトで導かれ、二項分布モデルの極限がブラックショールズモデルであるにすぎないのだということを説明します。

歴史的には、ここで説明する二項分布モデルはブラックショールズモデルの後に、その離散モデルとして登場します。しかしながら、オプションの価格がどのように計算されるかを理解するには、二項分布モデルから始めた方が分かりやすいのです。

最後に、二項分布モデルやブラックショールズモデルとは異なるオプションのプライシングモデルとして、モンテカルロシミュレーションを説明します。モンテカルロシミュレーションは、ランダムに変数を発生させ、現在から満期までの株価のたどる道筋（パス）をシミュレーションすることでプレミアムを求める手法です。

この章では、多くの数式が出てきます。細かい数式は必ずしも気にする必要はありません。例えば、ブラックショールズの公式自体は本やインターネットで簡単に見つけることができます。本当に大切なのは、どのようにしてオプションの理論価格が計算されるのか、そのコンセプトを理解することです。

4.1. ワンステップ二項分布モデル

4.1.1 無裁定議論

今、ある株Aが100ドルで取引されているとしましょう。そして、1年後の株価が、20％上がって120ドルになるか、20％下がって80ドルになるかのどちらかだとします。無リスク金利が5％だとすると、1年後に満期を迎える100コールはいくらでしょうか？

このオプションの価格を計算するには、株価が120ドルになる確率と80ドルになる確率を知る必要があると思うかもしれません。その会社

図 4.2. ワンステップ二項分布モデル

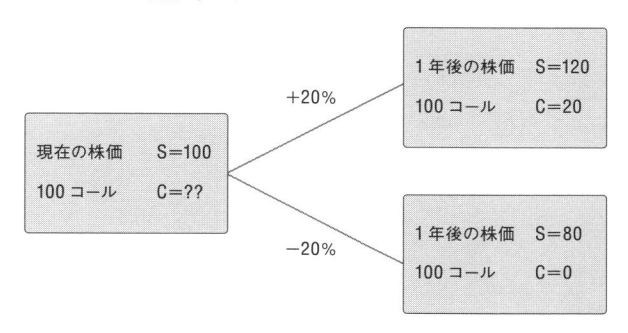

```
                                        ┌─────────────────────────┐
                                        │ 1年後の株価   S=120    │
                                   +20% │ 100コール    C=20     │
                                        └─────────────────────────┘
┌─────────────────────────┐
│ 現在の株価   S=100    │
│ 100コール    C=??     │
└─────────────────────────┘
                                        ┌─────────────────────────┐
                                   −20% │ 1年後の株価   S=80     │
                                        │ 100コール    C=0      │
                                        └─────────────────────────┘
```

のビジネスモデルやビジョンを知る必要もあると思うかもしれません。しかしながら、驚くべきことに、これらの情報はオプションの価格を計算する上で一切必要ありません。「裁定機会が存在しない」というたった一つの仮定を設定することで、オプションの価格を計算することができるのです。

もしも株価が120ドルになった場合、100コールは20ドルの本質的価値を持ちます。そして、株価が80ドルになった場合、100コールの価値は0となります。

今、このコールを株でヘッジすることを考えてみましょう。つまり、コールに加えて株をトレードすることで、将来の株の値動きに限らず等しい価値を持つポートフォリオを構成するのです。すなわち、無リスクのポートフォリオです。

たとえば、コールを1つショートし、株をS個ロングしたポートフォリオは、株が120ドルに上昇した場合、満期に

$$120S - 20$$

の価値を持ち、株が80ドルに下落した場合、満期に

$$80S$$

の価値を持ちます。したがって、株の値動きに限らずポートフォリオの価値が等しくあるためには

$$120S - 20 = 80S$$

$$S = 0.5$$

ですから、0.5株の株を購入する必要があります。その場合満期にて

$$120S - 20 = 80S = 40$$

となり、このポートフォリオは、1年後の満期時点でいずれの場合も40ドルの価値を持つことになります。

さて、2.3節で述べたように、このような無リスクのポートフォリオは、「裁定機会が存在しない」という仮定のもとでは無リスク金利を実現しなければなりませんでした。無リスク金利が5%で、1年後の価値は40ドルですから、このポートフォリオの現在価値は、40ドルを無リスク金利でディスカウントすることで

$$40 \times e^{-0.05 \times 1} = 38.049...$$

と求まります。1年後の40ドルの価値が現在の38.049ドルの価値に等しいわけです。我々のポートフォリオは、現在100ドルの株0.5個とコールのショートポジション1つから構成されていますから、コールの価格は

$$100 \times 0.5 - C = 38.049$$

$$C = 11.95$$

と求まります。将来に株がとりうる価格（120ドルか80ドル）を設定しただけで、オプション価格が求まったわけです。

いかがでしょう、これは驚くべきほどシンプルです。

ここでオプションの価格を求めるのに用いたモデルは二項分布モデルと言われるものです。我々がしたことは

1. 株が満期時にとりうる価格を設定（上昇か下落）
2. オプションと株の無リスクポートフォリオを構築
3. 満期における無リスクポートフォリオの価値を無リスク金利でディスカウントしてポートフォリオの現在価値を算出

という簡単なものです。「裁定機会が存在しない」ことを仮定しただけでオプションの価格が求まったのです。このプロセスをもう少し定式化してみましょう。

S：現在の株価（先の例では$S = 100$）
T：満期までの時間（先の例では$T = 1$）
u：株価の上昇時の比率（先の例では$u = 1.2$）
d：株価の下落時の比率（先の例では$d = 0.8$）
r：無リスク金利（先の例では$r = 0.05$）
f_u：上昇時の満期におけるコールの価値（先の例では$f_u = 20$）
f_d：下落時の満期におけるコールの価値（先の例では$f_d = 0$）
f：コールのプレミアム
Δ：ポートフォリオに含まれる株数

とすると、上昇・下落にかかわらずポートフォリオの価値が等しいと設定することで

$$Su\Delta - f_u = Sd\Delta - f_d$$

ですから

$$\Delta = \frac{f_u - f_d}{Su - Sd} \qquad (4.1)$$

と、ポートフォリオに含まれる株数 Δ が求まります。さらに、満期時のポートフォリオの価値を現在価値に直すと

$$S\Delta - f = (Su\Delta - f_u)\,e^{-rT}$$

ですから、オプションのプレミアム f が

$$f = S\Delta - (Su\Delta - f_u)\,e^{-rT} \qquad (4.2)$$

と求まります。ここで (4.1) 式の Δ を代入することで、プレミアム f は以下のように書き表されます。

$$f = (pf_u + (1-p)f_d)\,e^{-rT} \qquad (4.3)$$

ただし

$$p = \frac{e^{rT} - d}{u - d} \qquad (4.4)$$

です。実際にそのように表されることを確認してみましょう。

上の例ですと

$u = 1.2$
$d = 0.8$

$r = 0.05$
$T = 1$

ですから、(4.4) 式より

$$p = \frac{e^{0.05 \times 1} - 0.8}{1.2 - 0.8} = 0.628 \tag{4.5}$$

となり、これと (4.3) 式から

$$f = (0.628 \times 20 + (1 - 0.628) \times 0) \times e^{-0.05 \times 1} = 11.95 \tag{4.6}$$

と求まるわけです。当然、先ほど出した答えと一致します。何度も言いますが、ここまで用いた仮定は、「裁定機会が存在しない」ことただ一つです。株価が、何％の確率で上昇し、何％の確率で下落するかなど、一切考えなくてもプレミアムが求まりました。

4.1.2　リスクニュートラルバリュエーション

　上で述べた二項分布モデルを用いたオプションのプライシングに関して、一つ疑問に思うことがあるかもしれません。もしも、実は株が80ドルに下がるよりも、120ドルに上がる方がより確からしい思ったらどうでしょう。例えば、実は120ドルに上がる確率は90％で、80ドルに下がる確率は10％だと分かっていたとしましょう。その場合、コールの価格は上で計算した値よりも大きくなりそうではありませんか？
　そこで、先ほどの方法とは違うアプローチでコールの価格を求めてみましょう。120ドルに上がる確率は90％で、80ドルに下がる確率は10％だと分かっていた場合、満期における株価の期待値は

$$0.9 \times 120 + (1 - 0.9) \times 80 = 116$$

となります。現在の株価が100ドルですから、これは

$$100 \times e^{\mu \times 1} = 116$$

となるμを求めれば

$$\mu = 0.148...$$

ですから、この株の期待リターンは14.8％であることが分かります。120ドルに上がる確率は90％で80ドルに下がる確率は10％であると設定するということは、A株の期待リターンが14.8％であるという世界を設定したことに他なりません。無リスク金利が5％ですから、この場合のA株のリスクプレミアムは9.8％というわけです。さて、この場合満期におけるコールの価値の期待値は、90％の確率で20ドル、10％の確率でゼロとなりますから

$$0.9 \times 20 + (1 - 0.9) \times 0 = 18$$

となります。

　満期におけるコールの価値が18ドルですから、これを適切なディスカウントレートを用いて現在価値に直せばよいことになります。しかし、このコールに用いるべき適切なディスカウントレートとはいったい何でしょうか。1章で述べたように、このコールのリスクを適切に評価することなしにディスカウントレートは知りえません。困ってしまいました。この方法はうまくいかなそうです。

　しかし、3章で述べたように、ある一つの仮定をすることでこの問題を簡単に解決することができます。世界がリスクニュートラルであると仮定するのです。

　すると、ありとあらゆる資産は無リスク金利を実現し、それによって

得られた将来の資産価値を無リスク金利でディスカウントすれば、求める現在価値が得られました。

そこで、世界はリスクニュートラルだと仮定しましょう。すると、その仮定のもとではもはや120ドルに上がる確率は90%で、80ドルに下がる確率は10%であるという設定は矛盾することになります。

現在の株価が100ドルで世界がリスクニュートラルであるならば、A株の期待リターンも無リスク金利の5%に等しくなくてはなりませんから、1年後のA株の期待値は必ず

$$100 \times e^{+0.05 \times 1} = 105.127...$$

でなくてはならないことになります。

そうであるならば、何%の確率で120ドルになり、何%の確率で80ドルになるかは自ずと決まるはずです。120ドルになる確率をpとすれば

$$p \times 120 + (1 - p) \times 80 = 105.127...$$

が成り立たなくてはなりませんから

$$p = \frac{105.127 - 80}{120 - 80} = 0.628... \tag{4.7}$$

と求まります。

つまり、現在の株価が100ドルで1年後に株価が120ドルか80ドルになるとき、無リスク金利が5%のリスクニュートラルの世界では、120ドルに上昇する確率は0.628で、80ドルに下落する確率は0.372でなくてはならないのです。

世界がリスクニュートラルだと仮定することで、我々は何%の確率で120ドルになって何%の確率で80ドルになるかなどということはわざわざ考えなくてもよくなったわけです。むしろ、考えてはいけなくなった

と言うべきでしょう。

さて、リスクニュートラルの世界においてはプレミアムは簡単に求められます。満期におけるコールの期待値を無リスク金利でディスカウントすればよいだけです。したがって、求めたかったプレミアムfは

$$f = (0.628 \times 20 + (1 - 0.628) \times 0) \times e^{-0.05 \times 1} = 11.95 \qquad (4.8)$$

となります。

この結果を見てください。先ほど、「裁定機会が存在しない」という仮定のもとで得た値と一致します。今回用いた仮定は「世界がリスクニュートラルである」というものです。つまり、異なるコンセプトでプレミアムを求めたことになります。しかし得られた結果は同じです。これは偶然でしょうか。実は、これは当然の結果です。

「裁定機会がない」という仮定のもとで用いた式を思い出してください。このときは、(4.3)および(4.4)式に、数値を代入して

$$p = \frac{e^{0.05 \times 1} - 0.8}{1.2 - 0.8} = 0.628 \qquad (4.5)$$

$$f = (0.628 \times 20 + (1 - 0.628) \times 0) \times e^{-0.05 \times 1} = 11.95 \qquad (4.6)$$

によって、11.95というプレミアムを得ました。

そして今回、「世界がリスクニュートラルである」という仮定のもとで用いた式は

$$p = \frac{105.127 - 80}{120 - 80} = 0.628 \qquad (4.7)$$

$$f = (0.628 \times 20 + (1 - 0.628) \times 0) \times e^{-0.05 \times 1} = 11.95 \qquad (4.8)$$

でした。(4.5)(4.6) 式と (4.7)(4.8) 式を比べてください。完全に同じ式です。結果が同じになるのは当然なのです。

「裁定機会が存在しない」という仮定のもとで計算することと、「世界はリスクニュートラルである」という仮定のもとで計算することがまったく同じであることには理由があります。

先ほど、A株の上昇確率を90％、下落確率を10％にとり、A株の期待リターンが14.8％であるという世界を設定した場合、コールに用いるべきディスカウントレートが分からないために、プレミアムを求められないという困った状況に陥ってしまいました。

しかし思い出してください。「裁定機会が存在しない」という仮定のもとでプレミアムを求めたときに、株の期待リターンが議論に出てきたでしょうか。リスクプレミアムが議論に出てきたでしょうか。出てきていません。つまり、オプションの価格を求める上で、株の期待リターンは一切関係ないのです。

これは我々にとって、大変都合のよい事実です。株の期待リターンがオプションの価格に一切関係ないのであれば、それが無リスク金利に等しいと勝手に設定してプレミアムを計算してもよいはずです。

現実の世界では、ハイリスクであればあるほど期待リターンも高くなるわけですが、そのようなこと（リスクプレミアム）を考える必要はなく、オプションの価格を計算するには、「世界はリスクニュートラルだと仮定して（すなわち株の期待リターンが無リスク金利に等しいとして）将来のオプションの期待値を計算し、それを無リスク金利でディスカウントすればよい」とこれまでの議論は言っているのです[*1]。そして、そうして得られたプレミアムは、どのような現実の世界にもあてはまるわけです。

これは「リスクニュートラルバリュエーション（Risk Neutral Valuation）」と言われるもので、オプションに限らず、デリバティブをプラ

[*1] 厳密に言えば、この時点でここまでは言えません。本章まとめの脚注を参照してください。

イシングする上で何よりも重要で基本的な考えです。現実世界におけるオプションの価格は、実は世界はリスクニュートラルだと仮定して求めたオプションの価格と等しいのです。

こうして、非常に簡単なモデルのもとでオプションの理論価格がどのように計算されるかが分かりました。

後から紹介するブラックショールズモデルも、より現実に近いモデルに基づいたオプションプレミアムの解析的な計算を可能にしてくれますが、とどのつまりはまったく同じ原理に従って計算されているのです。

4.2. マルチステップ二項分布モデル

さて、上のモデルは満期時における株価を設定しただけの非常に単純なものでした。次に、株価が時間とともに変動するようにもう少し拡張してみましょう。

現在の株価が100ドルで、1年後に120ドルか80ドルでトレードされているとします。先ほどと同様に20%上昇するか、20%下落するかのどちらかです。今度は図4.3のように、株がさらに20%上昇するか下落するかの道をたどるとしましょう。無リスク金利は5%です。今度は2年後に満期を迎える100コールのプレミアムを求めてみましょう。

さて、どうすれば求まるでしょうか。実は、先ほどと全く同じ手法を繰り返せばよいだけです。先ほどの手法とは、「株の期待リターンが無リスク金利に等しいとして将来のオプションの期待値を計算し、それを無リスク金利でディスカウントすればよい」というものです。

実際にやってみましょう。

ノードBにおけるコールの価値は、ノードDとノードEから求めることができます。

ノードDでは株価が144ドルですから、100コールの価値は44です。ノードEでは株価が96ドルと行使価格を下回っていますからコールの価値はゼロです。

図 4.3. ツーステップ二項分布モデル

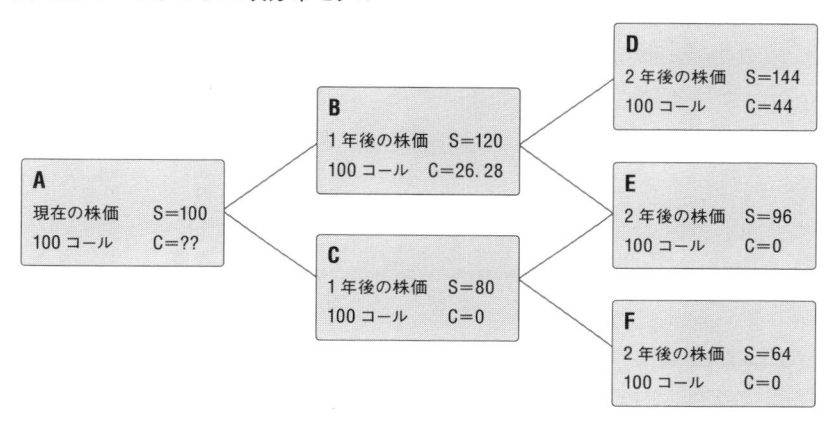

A 現在の株価 S=100 / 100コール C=??
B 1年後の株価 S=120 / 100コール C=26.28
C 1年後の株価 S=80 / 100コール C=0
D 2年後の株価 S=144 / 100コール C=44
E 2年後の株価 S=96 / 100コール C=0
F 2年後の株価 S=64 / 100コール C=0

数式（4.3）、（4.4）を使えば

$u = 1.2$
$d = 0.8$
$r = 0.05$
$T = 1$

ですから、やはり

$$p = \frac{e^{0.05 \times 1} - 0.8}{1.2 - 0.8} = 0.628$$

です。したがって、ノードBにおけるコールの価値は

$$f = (0.628 \times 44 + (1 - 0.628) \times 0) \times e^{-0.05 \times 1} = 26.284$$

と求めることができます。

ノードCにおけるコールの価値はノードEとノードFから求めることができますが、いずれのノードにおいても株価が行使価格を下回ってい

るため、コールの価値はゼロであり、当然ノードCにおけるコールの価値もゼロとなります。

最後に、ノードA（現在）におけるコールのプレミアムは、ノードBとノードCにおけるコールの価値から

$$f = (\ 0.628 \times 26.284 + (1 - 0.628) \times 0\ ) \times e^{-0.05 \times 1} = 15.702$$

と求めることができます。こうして、ツーステップの二項分布によりオプションのプレミアムを求めることができました。ここまでくれば、まったく同様にスリーステップ、フォーステップとステップ数を増やすことができるのは明らかでしょう。

実際には、満期までの期間をいくつものタイムステップに分けて、コンピュータにより数値的にプレミアムを求めます。

ところで、上の例から、オプショントレーディングに関する一つの重要な特性を見ることができます。各ノードにおいてニールのポジションをヘッジするために必要な株数Δはいくらでしょうか。思い出してください。

$$\Delta = \frac{f_u - f_d}{Su - Sd}$$

でした。すると

$$\text{ノードA：} \Delta = \frac{26.28 - 0}{120 - 80} = 0.657$$

$$\text{ノードB：} \Delta = \frac{44 - 0}{144 - 96} = 0.917$$

$$\text{ノードC：} \Delta = \frac{0 - 0}{96 - 64} = 0$$

となります。つまり、各ノードで異なる$\varDelta$を持つことが分かります。これは、将来の株の変動にかかわらず不変の価値を持つ無リスクポートフォリオを構築するには、各ノードにおいて異なる株のポジションをとる必要があるということを意味しています。

最初、ショートコールに対して、0.657株のロングポジションをとることでポートフォリオをヘッジすることができました。ところが、もしも株が120ドルに上昇した場合、ポートフォリオをヘッジするためには0.917株ロングする必要があるため、実際には

$$0.917 - 0.657 = 0.26$$

だけの株を買い増す必要があります。また、株が80ドルに下落した場合には、ロングしていた0.657株をすべて売ってポートフォリオをヘッジするわけです。

これはオプショントレーディングにおけるダイナミックヘッジあるいはデルタヘッジと言われるコンセプトです。オプショントレーダーは、自分が考えるオプションのプレミアムよりも安くオプションを買い、高くオプションを売ろうとするわけですが、実際にはこのダイナミックヘッジと呼ばれるオプションと株のポートフォリオの連続的な再構築によって利益を実現していくのです。これについては後の章で詳しく見ていくことにしましょう。

4.3. 二項分布モデルにおけるオプションの早期行使

これまでのところ、オプションを早期に行使するということは全く考えてきませんでした。しかし、アメリカン型のオプションは満期までのどの時点でも行使することができます。

もしも、満期に至るまでの途中のノードで、計算したオプションの価値が本質的価値を下回るような場合、それはオプションをその時点で早

期行使した方がよいということを意味しています。アメリカン型オプションの早期行使については12章で詳しく説明します。ここでは、二項分布で早期行使がどのように判断されるのかを見てみましょう。

再び最初の簡単な例を考えます。先ほどと同じく、現在の株価は100ドルで、株が20%上昇するか、20%下落するツーステップの二項分布モデルを考えてみましょう。しかし、今回は図4.4のように途中で株が15ドルの配当を支払うものとします。通常、株が配当を支払う場合、権利落ち日に株価が配当額分だけ下落することが予想されるので、それを反映して満期時の株価が図4.3より15ドル低い値となっています。このとき、アメリカン型の100コールのプレミアムを求めてみましょう。

先ほどと同様に、ノードDとノードEからノードBでのコールの価値を求めます。ノードDでは株価が129ドルですから、100コールの価値は29です。ノードEでは株価が81ドルと行使価格を下回っていますから100コールの価値は0です。

数式 (4.3)、(4.4) を用いて、$u = 1.2$、$d = 0.8$、$r = 0.05$、$T = 1$ですから、$p = 0.628$ となり、ノードBにおけるコールの価値は

$$f = (0.628 \times 29 + (1 - 0.628) \times 0) \times e^{-0.05 \times 1} = 17.329$$

となります。

ところが、ノードBでは株価が120ドルですから、100コールはこの時点で少なくとも20ドルの本質的価値を持つはずです。つまりこの場合、コールを満期まで保持するのではなく、ノードBにおいてコールを早期行使して株に変換することで速やかに20ドルの利益を上げるのが最良の選択となります。したがって、ノードBにおけるコールの価値は17.329ドルではなく、20ドルとすべきです。

ノードCにおけるコールの価値は先ほどと同じくゼロとなります。最後に、修正されたノードBおよびノードCから、ノードA（現在）におけるコールのプレミアムは

図 4.4. 配当を支払う場合の二項分布モデル

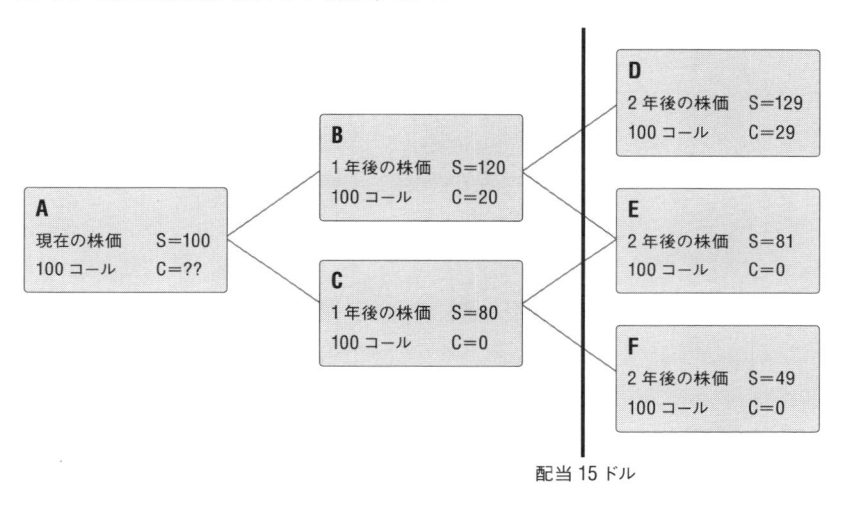

A 現在の株価 S=100 100 コール C=??

B 1年後の株価 S=120 100 コール C=20

C 1年後の株価 S=80 100 コール C=0

D 2年後の株価 S=129 100 コール C=29

E 2年後の株価 S=81 100 コール C=0

F 2年後の株価 S=49 100 コール C=0

配当15ドル

$$f = (0.628 \times 20 + (1 - 0.628) \times 0) \times e^{-0.05 \times 1} = 11.951$$

と求めることができます。このように、アメリカン型のオプションプレミアムを求める場合には、すべてのノードで早期行使すべきか否かを判断するため、オプションの価値を

$$f = \max\left((pf_u + (1-p)f_d)e^{-rT}, S - K\right) \quad (4.9)$$

と計算する必要があります[*2]。ヨーロピアン型のオプションは満期にしか権利行使ができませんから、そのプレミアムを計算するには、満期における株価の確率分布を想定するだけで十分です。4.1節で述べたよう

[*2] max (a, b) は a と b のうち大きな値をとるという意味です。またプットの場合は $K - S$ と比較する必要があります。

に、その確率分布を元に満期におけるオプションの期待値を計算し、それを現在値にディスカウントすればよいわけです。

ところが、アメリカン型のオプションは満期までのいつの時点でもオプションの早期行使ができます。したがって、満期における確率分布だけでなく、その途中において早期行使すべきかどうかの判断を組み込んでオプションのプレミアムを計算しなくてはなりません。その意味で、満期に至るまでの過程を各ノードに分けて分析する二項分布モデルは、アメリカン型のオプションのプレミアムを計算するのに非常に適しています。

4.4. ボラティリティの導入

これまでのところ、将来の株価に関する我々のモデルは非常に恣意的でした。ここまで用いてきた株の上昇時比率 ($u = 1.2$)、および下落時比率 ($d = 0.8$) に何ら意味があるわけではありません。そこで、前章で我々が開発したもっともらしい株価のモデルを採用しましょう。

我々の開発したモデルとは、株の微小時間後のリターンが(3.1)式で表されるというものでした。

微小時間後の単利表示リターン　　$\dfrac{dS}{S} \sim N(\mu dt,\ \sigma\sqrt{dt}\,)$ 　　　　(3.1)

つまり「次の瞬間」（微小時間 dt 後）の株価のリターンは、平均値 μdt、標準偏差 $\sigma\sqrt{dt}$ の正規分布に従うというものです。次の我々の目標は、二項分布モデルが我々の株価モデルの条件を満たすように設定することです。つまり、現実世界における期待リターン u、ボラティリティ σ、そして二項分布における微小時間であるタイムステップ間隔 ΔT を決めたときに、我々の株価モデルに合致するような意味のある u、d を求めることです。

二項分布モデルにおいて、株価 S の ΔT 後の期待値は、現実の世界に

おける株価の上がる確率 p' を用いて

$$S(p'u + (1-p')d)$$

となります。一方で我々の株価モデルにおいて、株の期待リターンを μ とすると、ΔT 後の株価の期待値は

$$Se^{\mu \Delta T}$$

と表されますから、これらが等しいとすると

$$(p'u + (1-p')d) = e^{\mu \Delta T} \tag{4.10}$$

となります。

次に標準偏差に着目してみましょう。二項分布モデルにおいて、株価 S の ΔT 後の確率分布の分散は

$$(p'u^2 + (1-p')d^2) - (p'u + (1-p')d)^2$$

と表すことができます[*3]。我々の株価モデルにおいては、微小時間 ΔT 後の株価の分散は、標準偏差 $\sigma\sqrt{\Delta T}$ を2乗した

$$(\sigma\sqrt{\Delta T})^2$$

ですから、これらが等しいとすると

[*3] ここで、確率変数 X の分散 $V(X)$ は期待値 $E(X)$ を用いて
$V(X) = E(X^2) - E(X)^2$
と表されるという公式を用いました。

$$(p'u^2 + (1-p')d^2) - (p'u + (1-p')d)^2 = \sigma^2 \Delta T \tag{4.11}$$

となります。

　先ほど述べたように、本節における我々の目標は、現実世界における期待リターンμ、ボラティリティσ、そして二項分布におけるタイムステップ間隔ΔTを決めたときに、我々の株価モデルに合致するような意味のあるu, dを求めることです。(4.10)および(4.11)は3つの未知数u、d、p'に対する2つの独立な方程式となっていますから、これを解くにはもう一つ独立な方程式が必要です。そこで

$$ud = 1 \tag{4.12}$$

という条件を勝手に課すことにしましょう。これは、uが5/4（25％上昇）ならばdは4/5（20％下落）とするという条件を課していることになります。この条件を課したからといって、我々の株価モデルが変わるわけではありません。

　これで3つの未知数u、d、p'に対して3つの独立な方程式（4.10）、（4.11）、（4.12）がそろいましたから、これで実際に解が求まることになります。導出は省略しますが

$$\begin{aligned} u &= e^{\sigma\sqrt{\Delta T}} \\ d &= e^{-\sigma\sqrt{\Delta T}} \end{aligned} \tag{4.13}$$

のようにとることができます[*4]。これが、我々の株価モデルを二項分布モデルに適用した際に用いるべき、意味のあるuおよびdです。このu

---

[*4] この際に、
$e^x \simeq 1 + x$
という近似を用います。

およびdを用いた二項分布モデルを特にコックス・ロス・ルビンスタインモデル（Cox-Ross-Rubinstein model）と言います。これは、我々が課した（4.12）という条件のもとで得られた一つの解です。当然、u, dに異なる条件を課せば、異なるuおよびdが得られます。その場合、一般に（4.13）のようなきれいな形には表せません。しかしながら、いずれにせよタイムステップ数を無限大の極限に持っていった場合、二項分布モデルは一つのオプションプレミアムの解に収束します。それが後述するブラックショールズ解なのです。

それでは実際に、Cox-Ross-Rubinsteinモデルを用いてオプションのプレミアムを求めてみましょう。図4.5は、現在の株価が$S = 100$ドル、無リスク金利$r = 1\%$、ボラティリティ$\sigma = 30\%$としたときに、3ヶ月後に満期を迎える100コールのプレミアムを5ステップのCox-Ross-Rubinsteinモデルを用いて求めた様子です。

手続きはこれまでと全く変わりません。

図 4.5. 5ステップ Cox-Ross-Rubinstein モデル

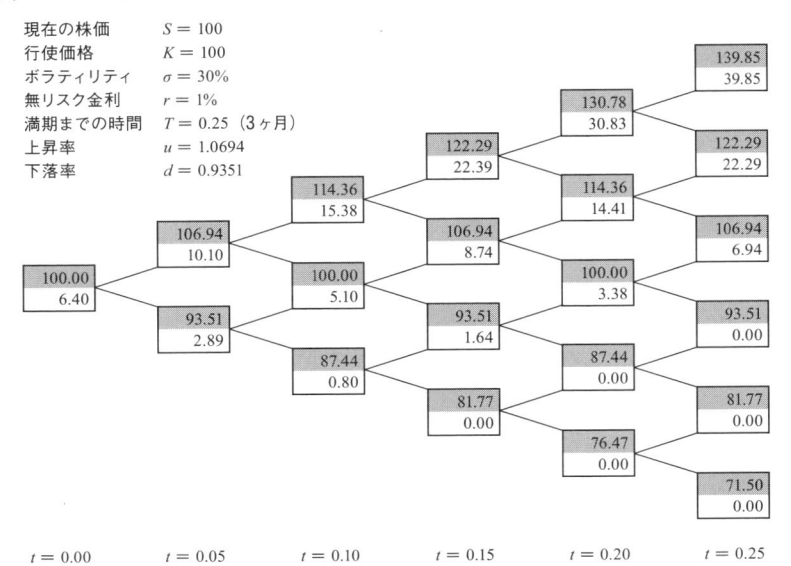

現在の株価　　　　$S = 100$
行使価格　　　　　$K = 100$
ボラティリティ　　$\sigma = 30\%$
無リスク金利　　　$r = 1\%$
満期までの時間　　$T = 0.25$（3ヶ月）
上昇率　　　　　　$u = 1.0694$
下落率　　　　　　$d = 0.9351$

$t=0.00$	$t=0.05$	$t=0.10$	$t=0.15$	$t=0.20$	$t=0.25$
100.00 / 6.40	106.94 / 10.10	114.36 / 15.38	122.29 / 22.39	130.78 / 30.83	139.85 / 39.85
	93.51 / 2.89	100.00 / 5.10	106.94 / 8.74	114.36 / 14.41	122.29 / 22.29
		87.44 / 0.80	93.51 / 1.64	100.00 / 3.38	106.94 / 6.94
			81.77 / 0.00	87.44 / 0.00	93.51 / 0.00
				76.47 / 0.00	81.77 / 0.00
					71.50 / 0.00

各タイムステップの長さは

$$\Delta T = \frac{0.25}{5} = 0.05$$

ですから、各ステップにおける株価の上昇率 u および下落率 d は

$$u = e^{\sigma\sqrt{\Delta T}} = e^{0.3 \times \sqrt{0.05}} = 1.0694$$

$$d = e^{-\sigma\sqrt{\Delta T}} = e^{-0.3 \times \sqrt{0.05}} = 0.9351$$

となります。したがってこの u および d を用いて株価を満期まで展開させていきます。図4.5における各ボックスの上段が各ノードにおける株価に対応しています。

満期の各ノードにおけるコールの価値はそのコールの本質的価値に等しいですから、図のように求まります。各ボックスの下段が各ノードにおけるコールの価値に対応しています。

あとは、(4.3)、(4.4) 式を用いて、各ノードから一つ前のタイムステップのノードにおけるコールの価値を求めるという作業を現在まで繰り返してやればよいだけです。例えば、右上のノードとその下のノードから、一つ前のタイムステップのノードにおけるコールの価値を求めると、リスクニュートラルの世界における株価の上昇確率は

$$p = \frac{e^{rT} - d}{u - d} = \frac{e^{0.01 \times 0.05} - 0.9351}{1.0694 - 0.9351} = 0.4870$$

ですから、

$$f = (pf_u + (1-p)f_d)e^{-rT}$$

$$= (0.4870 \times 39.85 + (1 - 0.4870) \times 22.29) \times e^{-0.01 \times 0.05} = 30.83$$

と求まることになります。これを全ノードに対して行い、現在までさかのぼると、コールのプレミアムが6.40ドルと求まるわけです。

二項分布モデルは非常に単純ですが、先ほど述べたように配当を支払うアメリカン型のオプションを評価するのに適していることや、その汎用性から、非常に多くのトレーダーに用いられています。

4.5. ブラックショールズモデル

4.5.1 ブラックショールズモデルのコンセプト

1973年、フィッシャー・ブラック（Fischer Black）とマイロン・ショールズ（Myron Scholes）は、配当を支払わないヨーロピアン型のオプションプレミアムの導出に関する論文を発表しました。このモデルが、有名なブラックショールズモデルです。この仕事に貢献したロバート・マートン（Robert Merton）を含めて、ブラック・ショールズ・マートンモデルと言われることもあります。実は、そこで採用した株価のモデルこそ、我々が3章で導出したモデルに他なりません。ブラックショールズの公式の厳密な導出については他書に譲ることとして、ここではその概念を簡単に説明したいと思います。細かい数式は気にする必要はありません。

実はブラックショールズの公式は、これまで説明してきた二項分布モデルと全く同じコンセプトで導かれます。二項分布において、タイムステップの数を無限大にした極限がブラックショールズモデルなのです。あるいは、ブラックショールズモデルを離散的に表現したものが二項分布モデルであるとも言えます。

二項分布モデルでは、次のステップの株価が上昇時比率 u、下落時比率 d を用いて

$$u = e^{\sigma\sqrt{\Delta T}} \quad (\text{上昇確率}: p = \frac{e^{rT} - d}{u - d})$$

$$d = e^{-\sigma\sqrt{\Delta T}} \quad (\text{下落確率}: 1 - p)$$

で表される確率分布をとるとしました[*5]。

ブラックショールズモデルにおいては、「次の瞬間」の株価は（3.4）節で導出した

微小時間後のリターン $\quad \dfrac{dS}{S} \sim N(\mu dt, \sigma\sqrt{dt})$ \hfill (3.1)

で表される確率分布をとるものとします。

また二項分布モデルでは、どのステップにおいても、適切な株数でヘッジした無リスクポートフォリオを構成し、「裁定機会が存在しない」という仮定のもとではそのポートフォリオが無リスク金利を稼がなければならないということから

$$f = (pf_u + (1-p)f_d)e^{-rT} \tag{4.3}$$

$$p = \frac{e^{rT} - d}{u - d} \tag{4.4}$$

というオプションプレミアム f を導くことができました。

ブラックショールズモデルにおいても全く同様です。「どの瞬間」にも適切な株数でヘッジした無リスクポートフォリオを構成することがで

[*5] 先ほど述べたように、この u, d は（4.10）、（4.11）を満たす解の一つであり、必ずしもこのようにとらなければならないわけではありません。

きるとし、「裁定機会が存在しない」という仮定を課すことで、そのポートフォリオが無リスク金利を稼ぐとして式を立てると、オプションプレミアム $f(S, t)$ が満たさなければならない式として

$$\frac{\partial f}{\partial t} + \frac{1}{2} \sigma^2 S^2 \frac{\partial^2 f}{\partial S^2} + rS \frac{\partial f}{\partial S} - rf = 0 \qquad (4.14)$$

が出現します[*6]。

これがブラックショールズ方程式と呼ばれるものです。(Black-Scholes-Merton Differential Equation)

この2次の偏微分方程式を解くためには、その解が満たさなければならない条件を課してやる必要があります。これを初期条件（Initial Conditions）や境界条件（Boundary Conditions）と言います。コールに対しては

$$f(0, t) = 0$$

$$f(S, t) \to S \ (S \to \infty)$$

$$f(S, T) \to \max(S - K, 0) \qquad (4.15)$$

という条件のもとで方程式を解きます。1番目の条件は株価Sがゼロであればコールのプレミアムはゼロであることを表し、2番目の条件は株価Sが行使価格Kに比べて十分に大きく、行使価格Kを無視できるような場合コールのプレミアムはSとなることを表しています。そして3番目の条件は、満期においてコールの価値は$S - K$か0のうち大きな値をとるということに対応します。この条件のもとで (4.14) を解くと、

[*6] この式の導出には、再び伊藤の補題を用いる必要があります。

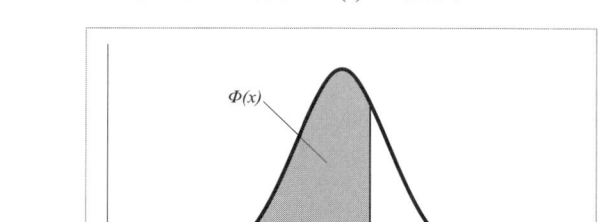

図 4.6. 標準正規分布の累積分布関数 $\Phi(x)$ の対応図

$$C = S\Phi(d_1) - Ke^{-rT}\Phi(d_2) \tag{4.16}$$

$$d_1 = \frac{\ln\left(\frac{S}{K}\right) + \left(r + \frac{\sigma^2}{2}\right)T}{\sigma\sqrt{T}} \tag{4.17}$$

$$d_2 = \frac{\ln\left(\frac{S}{K}\right) + \left(r - \frac{\sigma^2}{2}\right)T}{\sigma\sqrt{T}} = d_1 - \sigma\sqrt{T} \tag{4.18}$$

という有名なブラックショールズの公式を得ることができます。ここで、$\Phi(x)$ は標準正規分布の累積分布関数と呼ばれるものです。標準正規分布とは平均0、標準偏差1の正規分布 $N(0,1)$ のことを言い、累積分布関数 $\Phi(x)$ とは、x シグマ以下をとる確率のことを言います。すなわち、$\Phi(x)$ は図4.6の斜線部に入る確率を表しています。これを図にすると図4.7のようになります。

なお、プットの場合は

$$P = Ke^{-rT}\Phi(-d_2) - S\Phi(-d_1) \tag{4.19}$$

となります。

図 4.7. 標準正規分布の累積分布関数 $\Phi(x)$

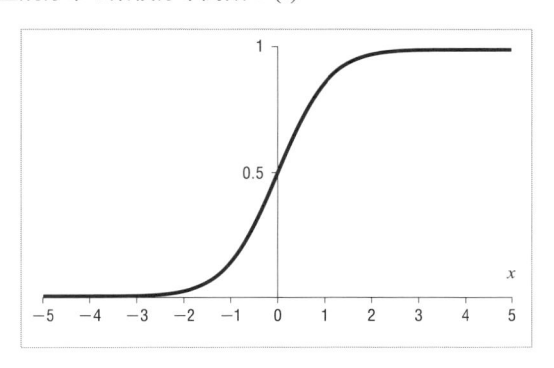

図 4.8. ブラックショールズの公式による 100 コールのプレミアム

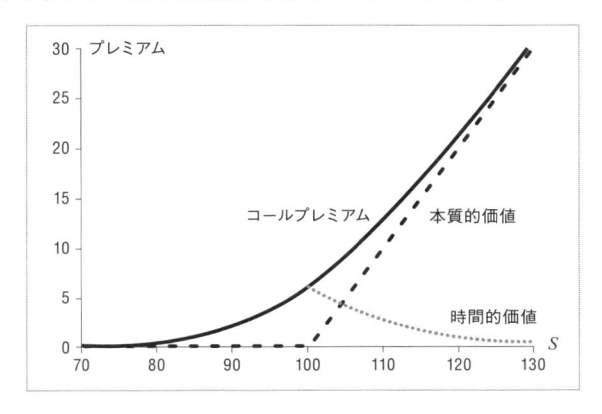

　例として、行使価格 $K = 100$ ドル、無リスク金利 $r = 1\%$、ボラティリティ $\sigma = 30\%$、満期までの期間 $T = 0.25$（3ヶ月）のコールのプレミアムを図にしたものが図4.8です。横軸は株価 S、縦軸はコールのプレミアムを表しています。図を見ると、時間的価値はアトザマネー付近で最大となり、株価が行使価格から離れるにつれて減少するのが分かります。

4.5.2 二項分布モデルのブラックショールズモデルへの収束

先ほど、ブラックショールズの公式は二項分布モデルの極限にすぎないのだということを述べました。それを実際に見てみましょう。図4.8のコールの例において、株価を $S = 100$ とすると、ブラックショールズの公式は

$$C = S\Phi(d_1) - Ke^{-rT}\Phi(d_2) = 6.0967$$

というプレミアムを与えます。実はこのオプションは先ほど4.4節にてCox-Ross-Rubinsteinモデルでプレミアムを求めたものと全く同じものです。そのときは6.40ドルというプレミアムが得られました。なぜ異なる結果になってしまったのでしょうか。答えは簡単です。5ステップというステップ数は明らかに少なすぎるのです。図4.9は、横軸にステップ数、縦軸に得られたコールのプレミアムをプロットしたものです。ステップ数を増やしていくと、ブラックショールズ解に収束していくことが分かるでしょう。二項分布モデルは、このように解に対して位相を変えて振動しながら収束していきます。したがって、例えば隣り合う奇数ス

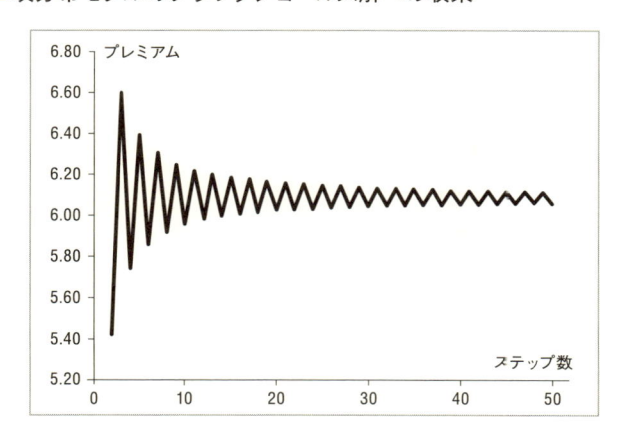

図 4.9. 二項分布モデルのブラックショールズ解への収束

テップ数における解と偶数ステップ数における解の平均値をとることで、より早く解を収束させることができます。

4.5.3 ブラックショールズモデルの仮定

これまで明示的に示してきませんでしたが、ブラックショールズの公式はその導出に際していくつかの仮定を前提としています。ここでそれをまとめておきましょう。

1. 裁定機会は存在しない。
2. 無リスク金利 r は一定である。
3. 取引手数料など、一切のコストがゼロである。
4. 株は、連続的に、どんな数量でも（例えば0.5株の空売りでも）売買可能である。
5. 株は、一定の期待リターン μ およびボラティリティ σ をパラメタとする幾何ブラウン運動という確率過程に従う。
6. 株は配当を支払わないヨーロピアン型のオプションである。

それぞれの仮定について順に見ていきましょう。

1. 裁定機会は存在しない。

この仮定については異論はないでしょう。これはデリバティブの価格計算の拠って立つところです。

2. 無リスク金利 r は一定である。

これまで、満期までの無リスク金利 r は一定だとしてきました。r が一定ではなく、確率過程に従う変数として扱うことも可能です。ただし、物事をいたずらに複雑化するだけで、ほとんどのオプショントレーダーは、一定の無リスク金利をオプションの満期ごとに調節して用います。

3. 取引手数料など、一切のコストがゼロである。

　現実には、株取引には手数料や税金などあらゆるコストが関わってきます。本章では、それらを一切無視してきました。このようなコストのない理想的なマーケットをフリクションレス（Frictionless）と言います。「摩擦のない」という意味です。株の取引コストは、オプションの「公正価格（Fair Value）」には影響しませんが、当然ダイナミックヘッジにコストがかかることになりますから、ヘッジ手法に影響を及ぼします。正確には、それらのコストを考慮して、オプションの売買価格を調整すべきでしょう。

4. 株は、連続的に、どんな数量でも（例えば0.5株の空売りでも）売買可能である。

　この仮定は、彼らの解の導出の根幹を成すものです。常に連続的に、どんな数量でも自由に売買するダイナミックヘッジによって常に無リスクのポートフォリオを構成することができ、そしてその無リスクポートフォリオが無リスク金利を稼ぐというのが彼らのアイデアの肝でした。そのためには、「どの瞬間」にもポートフォリオを無リスクに保つ必要があります。

5. 株は、一定の期待リターンμおよびボラティリティσをパラメタとする幾何ブラウン運動という確率過程に従う。

　この仮定は、現実と大きく異なるということが広く知られています。将来の株価の確率分布は、現実には対数正規分布に従わないのです。オプショントレーダーは通常、この問題に対処するために、同じ株のオプションであっても行使価格ごとに入力するボラティリティを変化させるという手法をとります。これについては6章で詳しく説明します。また、より現実的な取り扱いが可能となるモデルとして、ボラティリティが一定ではなく、ある確率過程に従うとしたものや、株価の変動としてランダムウォークにジャンプを加えたモデルなどが開発されています。

6. 株は配当を支払わないヨーロピアン型のオプションである。

　配当については以下のように考えることで、一応ブラックショールズの公式でも取り扱いが可能となります。

　配当を支払う場合、現在の株価Sは、将来に支払われる配当額Dの現在値（無リスクの確定成分）とその他の成分$S_σ$（リスクをともなう変動成分）から構成されると考えることができます。つまり

$$S = S_σ + D$$

です。無リスクの確定成分Dとは、リスクにさらされることのない、満期までにキャッシュとして形を変えて支払われることが運命づけられた成分です。そして$S_σ$が、株の値動きの元となる変動する成分です。そこで、ボラティリティはリスクをともなう変動成分$S_σ$のみにかかると考えれば、Sの代わりに$S_σ$をブラックショールズモデルに対するインプットとすることで、それらしきオプションのプレミアムを求めることができます。

　ただし、ブラックショールズの公式では、早期行使が可能となるアメリカン型のオプションをうまく取り扱うことはできません。したがって、アメリカン型のオプションプレミアムを計算するには、上で述べた二項分布モデルが有力な手法となります。

4.6. モンテカルロシミュレーション

　モンテカルロシミュレーションとは、変数をランダムに発生し、得られる結果をサンプリングすることで真の解を推定する方法のことを言います。この手法を用いてオプションのプレミアムを計算することができます。ここでも、大原則となる考え方は「世界はリスクニュートラルだと仮定して将来のオプションの期待値を計算し、それを無リスク金利でディスカウントする」というリスクニュートラルバリュエーションです。

具体的な手順は以下の通りです。

1. 正規分布に従う変数をランダムに発生させ、リスクニュートラルの世界における満期までの株価の動きをシミュレーションする。
2. 満期における株価から満期におけるオプションの価値を得る。
3. 1.2.の試行を何度も行い、得られた結果の平均をとることで満期におけるオプションの価値の期待値を推定する。
4. 得られた満期におけるオプションの期待値を無リスク金利でディスカウントすることで現在のオプションのプレミアムが得られる。

それでは実際にやってみましょう。現在の株価が100ドルで、満期までの期間が1年のヨーロピアン型の100コールのプレミアムを求めてみます。ボラティリティは30％で、無リスク金利は2％だとします。ここでは、1年間の取引日が252日だとして、1日ごとにランダムにリターンを発生させて満期までの株価の推移をシミュレーションするという方法をとりましょう。

ここで思い出すべき式は再び幾何ブラウン運動の式

$$\text{連続複利表示リターン} \quad \ln\left(\frac{S_T}{S}\right) \sim N\left[\left(\mu - \frac{\sigma^2}{2}\right)T, \sigma\sqrt{T}\right] \tag{3.2}$$

です。現在から時間 T 後にかけての連続複利表示リターンは

期待値：$\left(\mu - \frac{\sigma^2}{2}\right)T$

標準偏差：$\sigma\sqrt{T}$

の正規分布に従うということでした。1年を252取引日とすれば、1日は

$$T_{day} = \frac{1}{252} \text{ 年} \tag{4.20}$$

となりますから、この場合1日あたりの連続複利表示リターンの期待値 μ_{day} は

$$\mu_{day} = \left(0.02 - \frac{0.3^2}{2}\right) \times \frac{1}{252} \tag{4.21}$$

となります。また、ボラティリティ σ が30％であるということの定義通りの意味は「年換算した連続複利表示リターンの標準偏差が0.3である」ということです。(3.2) 式の示す通り、標準偏差は時間の平方根に比例しますから、1日あたりの連続複利表示リターンの標準偏差 σ_{day} は

$$\sigma_{day} = 0.3 \times \sqrt{\frac{1}{252}} \tag{4.22}$$

となります。つまり、1日あたりの連続複利表示リターンは、1日後の株価を S_{day} とすれば

$$\ln\left(\frac{S_{day}}{S}\right) \sim N(\mu_{day}, \sigma_{day}) = N\left(\left(0.02 - \frac{0.3^2}{2}\right) \times \frac{1}{252}, \; 0.3 \times \sqrt{\frac{1}{252}}\right) \tag{4.23}$$

という正規分布に従います。この正規分布に従うリターンをコンピュータにランダムに発生させることで満期までの株価の推移をシミュレーションすることができます。

標準正規分布に従う変数をランダムに発生させるには、よくボックス・ミューラー法（Box-Muller Method）が用いられます。これは、一様分布に従うランダム変数から正規分布に従う変数をランダムに発生させる方法で、0から1までに一様分布するランダムな変数 X, Y を用いると

$$Z = \sqrt{-2\ln(X)} \times \cos(2\pi Y) \tag{4.24}$$

は平均0、標準偏差1の標準正規分布に従います[*7]。つまり

$$Z \sim N(0,1) \qquad (4.25)$$

です。

図 4.10. ボックス・ミューラー変換

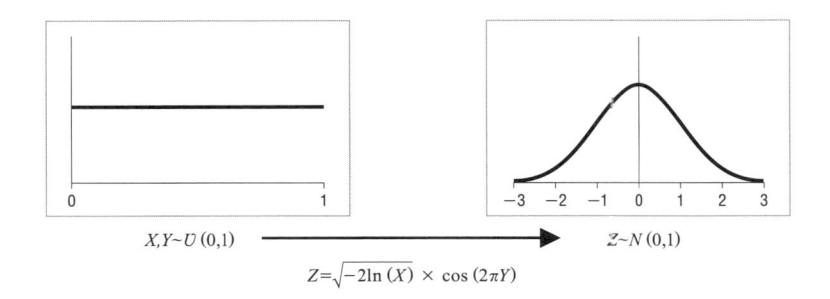

$X, Y \sim U(0,1)$

$Z = \sqrt{-2\ln(X)} \times \cos(2\pi Y)$

$Z \sim N(0,1)$

どのプログラミング言語にも、一様分布に従う変数をランダムに発生させる関数が用意されていますから、それを用いて（4.24）式の変換を行えば、標準正規分布に従う変数を発生させることができます。

例えばExcelのセルでは

=RAND()

とすれば0から1の実数をランダムに発生させることができます。

したがってExcelのセルにて

=SQRT(-2*LN(RAND()))*COS(2*PI()*RAND())

[*7] $Z' = \sqrt{-2\ln(X)} \times \sin(2\pi Y)$ もまた $N(0,1)$ 標準正規分布に従います

と入力すれば、F9を押してセルの再計算を行うたびに、ボックス・ミューラー法によって生成された標準正規分布に従う変数が出現します[*8]。実際にやってみると、およそ2/3の確率で−1〜+1の1シグマ内の値が現れ、−3以下、+3以上の3シグマ外の値が出ることはほとんどないことが体感できます。

これを用いて、例えば図4.11のようにセルB1にボラティリティ、セルB2に無リスク金利を入れておけば

$$=\underbrace{(\$B\$2-\$B\$1\verb|^|2/2)/252}_{\mu_{day}}+\underbrace{(\$B\$1/SQRT(252))*\underbrace{SQRT(-2*LN(RAND()))*COS(2*PI()*RAND())}_{Z \sim N(0,1)}}_{\sigma_{day}}$$

とセルに入力することで、正規分布

$$N(\mu_{day}, \sigma_{day})$$

に従う変数をランダムに出現させることができます。これがまさに1日あたりの連続複利表示リターンです。図4.11では、この式がセルB6〜B257まで入力されています。したがって、セルC5に現在の株価100を入力しておけば、1日後の株価は、1日目の連続複利表示リターン（セルB6）を用いて

=C5*EXP(B6)

[*8] Excelの場合、標準正規分布の累積分布関数の逆関数NORMINVという便利な関数が用意されており、
=NORMINV(RAND(),0,1)
とすることでも標準正規分布に従う変数を発生させることができます。

図 4.11. EXCEL を用いたモンテカルロシミュレーション

	A	B	C
1	ボラティリティ	30%	
2	無リスク金利	2%	
3			
4		各日の連続複利表示リターン	株価
5	0		100
6	1	-0.0151	98.503
7	2	0.0073	99.223
8	3	-0.0206	97.202
9	4	-0.0017	97.041
10	5	-0.0194	95.175
11	6	0.0180	96.903
12	7	-0.0219	94.803
13	8	0.0027	95.055
14	9	-0.0420	91.148
15	10	0.0186	92.858
...	...	...	...
253	248	0.0104	116.843
254	249	0.0036	117.259
255	250	0.0241	120.115
256	251	-0.0130	118.558
257	252	-0.0216	116.031
258			
259	行使価格	100	16.031
260			

となります。セルC6にはこの式が入力されています。あとは、このセルC6をセルC257までドラッグすれば、各日の連続複利表示リターンを前日の株価に作用させることで、満期(252日目)までの株価の推移を得ることができます。セルC257に1年後(252取引日後)の株価が出現するわけです。

満期における株価が分かれば満期におけるコールの価値が分かります。コールの行使価格をセルB259に入れておけば

=MAX(C257−B259,0)

によって満期におけるコールの価値が得られます。セルC259にはこの式が入力してあります。この試行における、満期のコールの価値は16.031です。ここまでが先ほど述べた手順1および2に対応します。

この試行を十分に繰り返し、得られた満期におけるコールの値の平均をとれば、それを満期におけるコールの価値の期待値としてよいでしょう。

こうして得られた満期における期待値を無リスク金利でディスカウントすれば、コールのプレミアムが求まるというわけです。

試しに1,000個の株価のパスからコールのプレミアムを求めることを何度か行ってみると

$C_1 = 12.7824...$
$C_2 = 12.7368...$
$C_3 = 12.8068...$
$C_4 = 12.8679...$
$C_5 = 12.6278...$

などの値が得られます。ブラックショールズの公式(4.16)を用いると

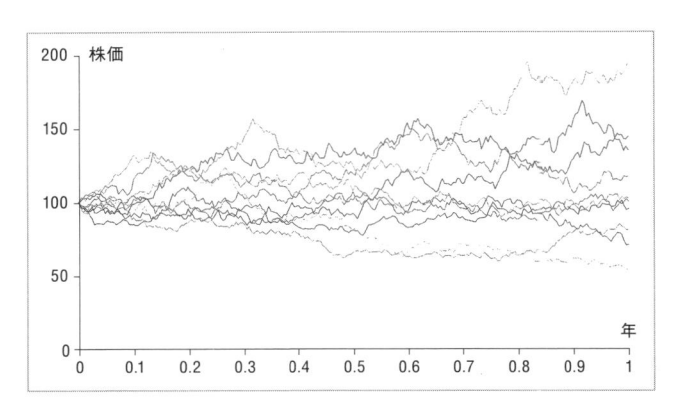

図 4.12. モンテカルロシミュレーションによる現在から 1 年後までの株価の推移

$C = 12.82158…$

となります。この例では、満期までの期間を252に分けて1日おきに株価を推移させてシミュレーションを行いましたが、パスの数を増やせば、ブラックショールズ解に限りなく近づくはずです。

また、図4.13はモンテカルロシミュレーションによって得た1年後の株価の出現頻度です。3章で述べた対数正規分布となることが見て取れます。これは、幾何ブラウン運動の当然の帰結です。

ところで、ヨーロピアン型オプションの場合、わざわざ満期までの期間を細かく分けてシミュレーションする必要はありません。

連続複利表示リターン　　$\ln\left(\dfrac{S_T}{S}\right) \sim N\left[\left(\mu - \dfrac{\sigma^2}{2}\right)T,\ \sigma\sqrt{T}\right]$ (3.2)

において、Tに満期までの期間（上の例では$T = 1$）を代入すれば、一発で満期における株価およびそれに対応するコールの価値が得られるため、その平均をとって無リスク金利でディスカウントすればよいわけです。

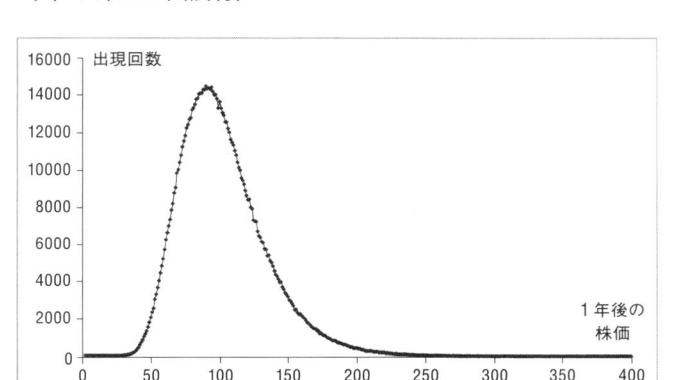

図 4.13. モンテカルロシミュレーションによる1年後の株価の出現頻度
　　　　（1,000,000 回試行）

　実は、モンテカルロシミュレーションが威力を発揮するのはバリアオプション（Barrier Option）やルックバックオプション（Look-Back Option）などのエキゾチックオプションを計算するときです。バリアオプションとは、行使価格のほかにあらかじめバリア価格なるものが設定されており、株価が満期に至る途中でバリア価格に到達して初めて有効になるノックインオプション（Knock-In Option）と、バリア価格に到達した時点で無効になるノックアウトオプション（Knock-Out Option）に大別されます。またルックバックオプションとは、満期に至るまでの株価の最高値や最低値によって損益が決まるものを言います。

　これらのオプションは、株価がどのような道筋をたどるかによって損益が決まるパスディペンデント（Path Dependent）なオプションです。モンテカルロシミュレーションは、まさに株価のパスを発生させるわけですから、パスディペンデントなオプションの計算には最適なツールです。

　このようにモンテカルロシミュレーションは、リスクニュートラルバリュエーションを端的に体現したものでとても分かりやすく、特殊なオ

プションを評価することもできるのですが、真の値を得るために多くの試行を繰り返さねばならず、計算が遅いという弱点があります。

4章のまとめ

　この章では、オプションのプレミアムがどのように計算されるのかを学びました。それは、2章で学んだ「将来の資産価値をディスカウントしてその現在価値を求める」という考え方によって得られます。

　それをそのままオプションに当てはめると、オプションの満期における価値の期待値を求め、それを現在までディスカウントすればよいことになります。

　我々はまず、「裁定機会が存在しない」という仮定のもとで、プレミアムを求めました。株とオプションで構成されるポートフォリオを想定し、それを常に無リスクに保てば、2章で述べたように、その無リスク資産は裁定機会が存在しないという仮定のもとでは無リスク金利を稼ぐことが分かっていますから、期待リターンとして無リスク金利を用いればよいことになります。そして満期におけるオプションの価値の期待値を、今度は無リスク金利で現在までディスカウントすればよいのです。

　次に、株価の期待値を設定することで、プレミアムを計算しようとしました。しかし一般に、現実の世界ではオプションにどの程度のディスカウントレートを用いればよいか分からないため、容易に計算できません。

　そこで、世界はリスクニュートラルであると仮定することでこの問題に対処しました。3章で見たように、リスクニュートラルの世界ではありとあらゆる資産が無リスク金利を実現するため、資産を無リスク金利で成長させ、そして今度は将来の資産価値の期待値を、無リスク金利でディスカウントすればよいわけです。これを「リスクニュートラルバリ

ュエーション」と言います。

そして実は、「裁定機会が存在しない」という仮定のもとでプレミアムを求めることと、「リスクニュートラルバリュエーション」によってプレミアムを求めることが全く同じことであることを見ました[*9]。

つまり、「裁定機会が存在しない」という自然な仮定のもとでは、「リスクニュートラルバリュエーション」を用いて簡単にデリバティブの価格を求めることができるのです。

本章では、これらを実装するモデルとしてまず二項分布モデルを見ました。ボラティリティを導入した二項分布モデルがCox-Ross-Rubinsteinモデルです。

そして次に、ブラックショールズモデルは、その二項分布モデルの極限であるということを見ました。二項分布モデルにて、ステップの数を無限大にとれば、ブラックショールズの公式に収束していきます。

また、ブラックショールズモデルの仮定をまとめました。残念ながらブラックショールズの公式ではアメリカン型のオプションをうまく扱うことができません。その離散モデルである二項分布モデルは、アメリカン型のオプションを扱うのに適しています。

最後に、モンテカルロシミュレーションによるオプションプレミアムの計算を学習しました。この方法は、リスクニュートラルバリュエーションを端的に表現した非常に分かりやすい方法なのですが、計算が遅いという弱点があります。

[*9] 厳密に言えば、本章の議論は不完全です。数学的には、リスクニュートラルバリュエーションは、現実の世界からリスクニュートラルの世界に「測度変換（Change of Measure）」をしたことに対応します。リスクニュートラルバリュエーションは、リスクニュートラルの世界が、現実の世界と「等価なマルティンゲール測度（Equivalent Martingale Measure）」であるからこそ可能なのです。そして実は、「等価なマルティンゲール測度」が存在することは、「裁定機会が存在しない」という仮定が保証してくれます。この議論の際には「ギルサノフの定理（Girsanov Theorem）」を用いる必要があります。

Q 章末問題

現在の株価が75ドルのとき、行使価格70ドル、無リスク金利1％、ボラティリティ25％、満期までの期間が20取引日のヨーロピアン型プットのプレミアムを以下の3つの方法で求めてみましょう。配当はなく、1年は252取引日とします。

1. Cox-Ross-Rubinstein モデル

   例えば、10ステップで得られる解と11ステップで得られる解の平均をとってみましょう。

2. ブラックショールズの公式

   (4.17) – (4.19) 式に各パラメタを代入して計算しましょう。標準正規分布の累積分布関数 $\Phi(x)$ は、Excel では

   NORMDIST(x,0,1,TRUE)

   となります。

3. モンテカルロシミュレーション

   4.6節を参考に、Excelを用いてモンテカルロシミュレーションを実行してみましょう。1,000回の試行の平均をとってみましょう。

Column 4

ブラック、ショールズ、マートンの「真の」功績

　よくある勘違いに、「フィッシャー・ブラックとマイロン・ショールズがブラックショールズの公式を発見したことによって、オプショントレーダーはオプションプレミアムを求めることができるようになった」というものがあります。これは、2つの意味で間違っています。

　まず、ブラックショールズの公式はフィッシャー・ブラックとマイロン・ショールズが発見したものではありません。1973年に彼らが論文を発表する以前から実は存在していました。エドワード・ソープ（Edward Thorp）は、すでに実際にブラックショールズの公式をオプショントレードに用いていたと言われています。

　それではなぜそれが「ブラックショールズの」公式と呼ばれ、これほどもてはやされるようになったのでしょうか。それは、その導出の数学的エレガントさにあります。

　彼らの功績は、公式を発見したことではありません。オプションのプレミアムの計算に、リスクプレミアムを表面上排除したことなのです。これが、後のリスクニュートラルバリュエーションにつながっていきます。このリスクプレミアムの排除こそが、彼らがノーベル賞を受賞した理由に他なりません。そしてその際に彼らが用いたのが、途切れることのない連続的なダイナミックヘッジという仮定だったわけです。

　また、彼らが論文を発表するずっと前からすでに、ヨーロッパやアメリカでは多くのオプションがトレードされていました。オプショントレーダーたちは、フォワードやプットコールパリティ、さらに後の章で説明するコールスプレッド、プットスプレッドやバタフライに関する裁定取引を理解した上で巧みにオプションをトレードしていたのです。プットコールパリティについては、すでに1904年には著されていることが分かっています。さらに、ブラックショールズの公式の導出の際に排除されたテイルリスクをすでに盛り込んでオプションをプライシ

ングしていたと言われています。ブラックショールズの公式とは、ある仮定のもとで導かれる方程式の解にすぎません。オプションのプレミアムとは、トレーダーがマーケットで決めるものです。ブラックショールズ以前に、すでにトレーダーはプレミアムを巧みに求める術を有していたわけです。

　彼らがノーベル賞を受賞したのは、オプショントレーダーに貢献したからというよりも、ノーベル賞選考委員であるファイナンスの学者を魅了したからだと言ってもよいでしょう。

　オプショントレーダーの中には、マイロン・ショールズとロバート・マートンはノーベル賞に値しないと言う人が少なくありません。その中の一人が、『ブラックスワン』の著者として有名なナシム・タレブ（Nassim Taleb）です。彼は2008年の金融危機の際に、オプション取引から巨額の利益を得たと言われています。実は彼自身が、もともと証券取引所でオプション取引に従事していた、非常に優秀なオプショントレーダーだったのです。

ボラティリティとは 5

　3、4章を通して、どのようにしてオプションの理論価格を計算することができるのか、その考え方を学びました。ヨーロピアン型の場合はブラックショールズの公式を用いて計算できますし、アメリカン型の場合は二項分布モデル用いて数値的に求めることができました。その際に必要となるのが以下の6つのインプットでした。

1. 原資産価格
2. 行使価格
3. 満期までの時間
4. ボラティリティ
5. 配当
6. 金利

　この中で、ボラティリティを除くすべての値は明白であるか、もしくは比較的容易に予測がつくものです。したがって、人によってオプションプレミアムに違いが生じる場合、それは往々にして用いているボラティリティの違いに由来するものです。その意味において、オプションのトレードはボラティリティのトレードだと捉えることができます[1]。

---

[1] 人によって、インプットとして用いる配当額や金利が異なれば、当然それによってオプションプレミアムに違いが生じます。その場合は、ボラティリティの高低を基準にトレードを行うのではなく、配当額や金利に関する意見の相違がトレードを行う動機となる場合もあります。例えば、マーケットが示唆している配当が小さすぎると思えば、ロングプットやショートコールが有効なトレードとなるでしょう。

3章で、ボラティリティとは1年あたりの連続複利表示リターンの標準偏差であると述べましたが、オプションプレミアムの計算に際してインプットすべき適切なボラティリティとは、現時点からオプションが満期を迎えるまでに実現するであろうボラティリティであるべきです。これをフューチャボラティリティ（Future Volatility）と言いますが、当然そのような値は予測するしかありません。この章では、ボラティリティというものをもう少し掘り下げて考え、その意味するところを感覚的に理解できるようにしましょう。

5.1. ヒストリカルボラティリティ

　フューチャボラティリティを予測するもっとも単純な方法は、過去をさかのぼって実際にその株のボラティリティを計算し、それをそのままフューチャボラティリティとして代用することです。こうして求めたボラティリティをヒストリカルボラティリティ（Historical Volatility）あるいはリアライズドボラティリティ（Realized Volatility）と言います。ボラティリティは1年あたりの対数リターンの標準偏差ですから、例えば過去30年間の最初の取引日の始値をサンプルとし、29個の年間対数リターンからその標準偏差を計算するというやり方も可能です。しかしながら通常は、日々の引値を用いて1日あたりの対数リターンをサンプルし、その標準偏差を1年あたりに換算するというやり方でボラティリティを計算します。実際にやってみましょう。

　N 個の日次対数リターンのサンプルを採るには、$(N+1)$ 日分の引値のデータが必要です。その $(N+1)$ 個のデータを

　　$S_i\ (i=0 \sim N)$

としましょう。すると日々の対数リターンは

$$u_i = \ln\left(\frac{S_i}{S_{i-1}}\right) \qquad (i = 1 \sim N)$$

となります。これらのサンプルから標準偏差 σ は以下のように推定されます。

$$\sigma = \sqrt{\frac{1}{n-1}\sum_{i=1}^{n}(u_i - \bar{u})^2} \qquad (5.1)$$

これは、日次の対数リターンの推定標準偏差ですから、これを1年あたりに換算してあげる必要があります。ここで、3章で述べたように、対数リターンの標準偏差は時間の平方根に比例することを思い出してください。1年に取引日が252日あるとすれば、(5.1) 式に $\sqrt{252}$ を掛けることでボラティリティを求めることができます。つまり

$$\sigma = \sqrt{\frac{252}{n-1}\sum_{i=1}^{n}(u_i - \bar{u})^2} \qquad (5.2)$$

となります。しかし、実はこれは必ずしも正しくありません。

過去30日間にわたって毎日、連続複利表示で1％ずつ上昇した株があるとしましょう。つまりすべての i に対して

$$u_i = 0.01$$

です。すると、当然この株の日次の連続複利表示リターンの平均も1％となります。

$$\bar{u} = 0.01$$

その結果、(5.2) で計算されるボラティリティもゼロとなってしまいます。これは事実をまったく反映していません。株価は確かに動いているのですから、ボラティリティはゼロではありません。

これは、単純にリターンの平均をゼロとしてやることで回避できます[*2]。つまり

$$\sigma = \sqrt{\frac{252}{n} \sum_{i=1}^{n} u_i^2} \quad (5.3)$$

です[*3]。するときちんと日々の値動きが反映され、「真の値動きの激しさ」を表現したボラティリティであると言えます。(5.3) のように計算されたボラティリティを、ゼロ平均ボラティリティ、あるいはゼロドリフトボラティリティと言います。

それでは、フューチャボラティリティとして採用するには、どの程度のサンプル数を用いてヒストリカルボラティリティを計算するとよいでしょうか。

当然サンプル数が少なすぎると信頼のおけるボラティリティを求めることができません。しかし、サンプル数を大きくしすぎて、とても古いデータを用いるのもフューチャボラティリティの予測という観点からは適切ではありません。通常トレーダーは、対象となるオプションの満期までの日数と等しいサンプルを用いてボラティリティを計算します。例えば、満期までの期間が30取引日のオプションには、最近の30日分の日次リターンからボラティリティを計算し、それをインプットとしてプレミアムを計算するといった具合です。

そこで、実際のデータを用いてボラティリティを計算してみましょう。表5.1は、2012年12月3日から2013年1月16日までのGoogle株の引値です。この間、クリスマス (12/25) とニューイヤー (1/1) は祝日で、計31取引日ありました。これから、30個の日次対数リターンを取

[*2] より正確には、リターンの平均を無リスクリターンとし、その値を各 u_i から引いて求めるのがよいでしょう。

[*3] 限られたサンプルから真の分散（不偏分散）を推定するには (5..) や (5.2) のように分母にサンプル数から1を引いた $(n-1)$ をとる必要がありますが、平均がゼロで既知であるとすれば、(5.3) のように分母は n となります。

得し、ボラティリティを求めることができます。そのまま（5.3）式を使えばよいだけです。この場合、$n = 30$ で、日次対数リターンの2乗の30個の和から

$$\sigma = \sqrt{\frac{252}{30} \sum_{i=1}^{30} u_i^2} = 0.1658$$

となります。つまり、ボラティリティは16.58％というわけです。このように、過去30日の日次の連続複利表示リターンから求めたボラティリティを30日ボラティリティ（30 days volatility）と言います。12/18から1/16までのサンプルを用いて、20日ボラティリティも求めてみましょう。

表 5.1. Google 株の引値および日次の連続複利表示リターン

サンプル番号	日付	引値	日次対数リターン
	12/3	695.25	
1	12/4	691.03	−0.006088
2	12/5	687.82	−0.004656
3	12/6	691.13	0.004801
4	12/7	684.21	−0.010063
5	12/10	685.42	0.001767
6	12/11	696.88	0.016581
7	12/12	697.56	0.000975
8	12/13	702.70	0.007342
9	12/14	701.96	−0.001054
10	12/17	720.78	0.026458
11	12/18	721.07	0.000402
12	12/19	720.11	−0.001332
13	12/20	722.39	0.003120
14	12/21	715.63	−0.009360
15	12/24	709.50	−0.008603
16	12/26	708.87	−0.000888
17	12/27	706.29	−0.003646
18	12/28	700.01	−0.008931
19	12/31	707.38	0.010473
20	1/2	723.25	0.022187
21	1/3	723.67	0.000581
22	1/4	737.97	0.019568
23	1/7	734.75	−0.004373
24	1/8	733.30	−0.001975
25	1/9	738.12	0.006549
26	1/10	741.48	0.004544
27	1/11	739.99	−0.002012
28	1/14	723.25	−0.022882
29	1/15	724.93	0.002320
30	1/16	715.19	−0.013527

ところで、こうして求めたヒストリカルボラティリティをそのままフューチャボラティリティとして用いることにはいくつかの問題点があります。

- 過去N日分のサンプルを用いてボラティリティを計算するとして、それらN日分のサンプルを同等に扱ってよいものでしょうか。N日前の値動きよりも昨日の値動きの方が重要なのは言うまでもありません。また$(N+1)$日以前のサンプルを突然切り落としてしまうのも不自然です。
- 株は、ある瞬間に特異な値動きを示すことがあります。例えば、ある株の通常時のボラティリティが24％だとして、決算発表時に株価が10％上昇したとします。この場合、この決算日を含めて計算した20日ボラティリティは43％となります。しかし、これをそっくりそのままフューチャボラティリティとして用いるのは危険に思えます。

本書では紹介しませんが、より優れたフューチャボラティリティの予測として、多くの手法がこれまでに開発されてきました。有名なものがEWMAやGARCHと呼ばれるモデルです。そして現在でも多くのトレーダーやクオンツ、研究者が日々フューチャボラティリティの推定に関する研究を行っています。

5.2. ボラティリティの感覚的理解

これまで何度も述べてきたように、ボラティリティとは1年あたりの対数リターンの標準偏差のことを言います。実際には、日々の対数リターンの標準偏差を年換算して得られると述べました。しかし、言葉では説明できてもなかなかピンと来ないというのが実感ではないでしょうか。例えば、「ボラティリティが32％である」と言った場合、感覚的にどのように理解すればよいでしょうか。

今度は、このボラティリティを$\sqrt{252}$で割ることで、日次の対数リターンの標準偏差に換算することができます。

$$\sqrt{252} = 15.87\ldots$$

ですから、大雑把に16で割るとして、日次の連続複利表示リターンの標準偏差は

$$\frac{\sigma}{\sqrt{252}} \simeq \frac{32}{16} = 2\%$$

となります。ところでボラティリティについて

微小時間後の単利表示リターン $\quad \dfrac{dS}{S} \sim N(\mu dt, \sigma\sqrt{dt}\,)$ \hfill (3.1)

が成り立ちました。これは微小時間 dt に対しては、株の単利表示リターン $\dfrac{dS}{S}$ が平均 μdt、標準偏差 $\sigma\sqrt{dt}$ の正規分布に従うことを表しています。つまり、1日（$dt = 1/252$）のような微小時間と見なせるような期間に対しては、単利表示リターン

$$\sigma\sqrt{dt} = \frac{32}{\sqrt{252}} \simeq \frac{32}{16} = 2\%$$

は、連続複利表示リターンに等しいと近似できるのです。したがって、「ボラティリティが32%である」と言った場合、それは1日あたりの単利表示リターンがおよそ標準偏差2%の正規分布に従うのだと解釈できます。

　正規分布の特徴を思い出してもらうと、これは1日のリターンが約68%の確率で ±2% の範囲に入り（1σ）、約95%の確率で ±4% の範囲に入る（2σ）ことを意味します。

つまり大雑把に言えば、「ボラティリティが32%の株はだいたい1日あたり2%程度動く」のです。1週間（5日）に換算すれば、これに$\sqrt{5} \simeq 2.2$を掛けて、およそ4.4%程度動くことが期待されるわけです。

通常トレーダーは、このようにボラティリティを感覚的に理解します。ボラティリティを16（$\simeq \sqrt{252}$）で割ることで1日あたりのおよその値動きを捉えることができますし、一般にボラティリティに時間の平方根（例えば3ヶ月後ならば$\sqrt{1/4} = 1/2$）を掛けることで、「ああこのくらい動くのかな」と想定します。

5.3. インプライドボラティリティ

5.3.1 インプライドボラティリティとは

ボラティリティを予測し、それを他の5つのパラメタとともにモデルにインプットすることで、オプションプレミアムを計算できることは分かりました。それでは逆に、マーケットで実際に取引されているオプションプレミアムと他の5つのパラメタから、ボラティリティを求めることもできるはずです。つまり、マーケットが示唆しているボラティリティです。これをインプライドボラティリティ（Implied Volatility）と言います。

残念ながら、ブラックショールズの公式のように、プレミアムと他の5つのパラメタからインプライドボラティリティを解析的に表現することはできません。実際には、プレミアムがマーケットの価格と一致する

図 5.1. インプライドボラティリティの概念図

```
1. 行使価格
2. 原資産価格
3. 満期までの時間         →   モデル   →   マーケット
4. インプライド                              における
   ボラティリティ？                          プレミアム
5. 配当
6. 金利
```

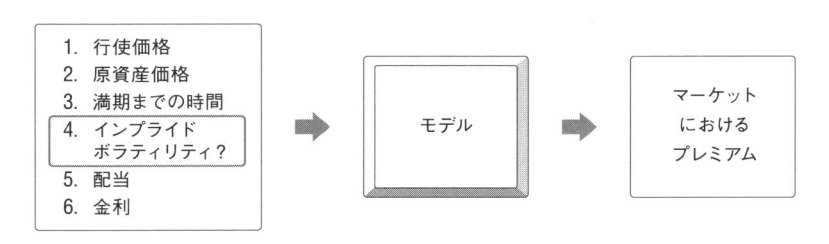

ようなボラティリティを手探りで入力するか、あるいは自動化する場合はコンピュータに反復的に数値計算をさせて求めます[*4]。

5.3.2 インプライドボラティリティのあやうさ

あなたがオプション取引用に口座を開設すると、どこで口座を開くかにかかわらず、ほとんどの場合取引画面上でインプライドボラティリティが表示されます。

取引画面上で、1ヶ月後に満期を迎えるアトザマネーのオプションのインプライドボラティリティが25％と表示されていたとします。そしてあなたが（5.1）節で述べた方法でヒストリカルボラティリティを計算し、さらに自分の知見を加えておよそ30％が妥当なフューチャボラティリティだと考えたとします。

つまりそのオプションは、あなたが考えるより安くマーケットで取引されていることになります。あなたはそのオプションを買うべきでしょうか？

表示されたインプライドボラティリティが、あなたがプレミアムを計算するのと全く同じ方法で計算されているのであれば、おそらく買うべきでしょう。しかし、そうでなければ単純にイエスとは言えません。

インプライドボラティリティとは、他の5つのパラメタとともに、採用したモデルにインプットしたときに得られるプレミアムが、マーケットの価格に等しくなるボラティリティのことでした。したがって、どのモデルを使っているのか、また他のパラメタとしてどのような値を用いているのかによってその値が異なるのです。例えば、Aさんがブラックショールズモデルを用い、2週間後に1ドルの配当落ちが見込まれるとして計算したインプライドボラティリティの値は、Bさんが3週間後に

[*4] 当然、他の5つのパラメタは適切である必要があります。例えば、ボラティリティをどう変化させてもコールのプレミアムがマーケットより高く、プットのプレミアムがマーケットよりも低く計算されてしまう場合、マーケットよりも高い金利、あるいは低い配当額をインプットしている可能性があります。

1.1ドルの配当落ちが見込まれるとして二項分布モデルを用いて計算したインプライドボラティリティの値とは異なるわけです。

特に、満期までの時間には注意が必要です。例えばAさんが、4日後の金曜日に満期を迎えるオプションのインプライドボラティリティを、月曜日のマーケット終了直前に計算したとします。Aさんは、月曜日はほとんど終わりで、満期までの時間はほぼ4日だと考えたとしましょう。ところがBさんは、全く同じオプションのインプライドボラティリティを、まだ満期までまるまる5日残っているとして求めたとしたらどうでしょう。

再び、幾何ブラウン運動モデルを思い出してください。

連続複利表示リターン $\quad \ln\left(\frac{S_T}{S}\right) \sim N\left[\left(\mu - \frac{\sigma^2}{2}\right)T, \sigma\sqrt{T}\right]$ (3.2)

でした。AさんもBさんも、同じアトザマネーのオプションを見て、そのマーケットでの価格を元に、全く同じ手法で、満期までの時間以外は全く同じパラメタを用いてインプライドボラティリティを計算したとします。その結果Aさんが得たインプライドボラティリティを σ_A、Bさんが得たインプライドボラティリティを σ_B としましょう。

(5.1) 節で述べた方法でボラティリティを理解すれば、Aさんによれば、株は満期までにだいたい

$$\sigma_A \times \sqrt{\frac{4}{252}} \simeq \frac{\sigma_A}{16} \times \sqrt{4} \quad \%$$

程度動くことになります。もう少し詳しく言えば、Aさんは、満期の時点での株価がおよそ68%の確率で現在の株価の

$$\pm \frac{\sigma_A}{16} \times \sqrt{4} \quad \%$$

の範囲に入っていると言うでしょう。一方Bさんによれば、株は満期ま

でにだいたい

$$\sigma_B \times \sqrt{\frac{5}{252}} \simeq \frac{\sigma_B}{16} \times \sqrt{5} \quad \%$$

程度動くことになります。同じマーケットを見て、満期までの時間以外は全く同じパラメタを用いているのですから、これらの値は本来等しくあるべきです。つまり

$$\frac{\sigma_A}{16} \times \sqrt{4} = \frac{\sigma_B}{16} \times \sqrt{5}$$

が成り立たなくてはなりません。したがって

$$\frac{\sigma_A}{\sigma_B} = \sqrt{\frac{5}{4}}$$

となります。つまりこの場合、例えばAさんがインプライドボラティリティは30％だと言えば、Bさんはインプライドボラティリティが26.8％だと主張するでしょう。当然です。2人は異なる満期までの時間 $T = 4/252$ と $T = 5/252$ を用いてインプライドボラティリティを計算したのですから。

このように、インプライドボラティリティは、満期までの時間の違いに大きく影響を受けます。インプライドボラティリティとは、時間軸を添えて語られなければ本来意味を成さない概念なのです。

さきほど我々は、1年に取引日が252日あるとしてボラティリティを計算しました。ところが、別の人は250日として計算しているかもしれません。当然その場合もインプライドボラティリティの計算に違いを生じます。また、これまでは土・日・祝日をボラティリティの計算から除き、分母を年間の取引日総数にとってボラティリティを計算してきましたが、分母を365日にとり、取引のない土・日・祝日も満期までの時間に含んでボラティリティを計算する方法もあります。例えば、Aさんが

取引日ベースで、Bさんが暦日ベースでちょうど1週間後に満期を迎えるオプションのインプライドボラティリティを計算するとします。満期までに1日だけ祝日がある場合、Aさんは取引日ベースで $T = 4/252$、Bさんは暦日ベースで $T = 7/365$ という満期までの時間を用いるでしょう。この場合

$$\sqrt{\left(\frac{7}{365}\right) / \left(\frac{4}{252}\right)} = 1.099$$

ですから、Aさんの得るインプライドボラティリティは、Bさんの得るインプライドボラティリティよりも10%近くも高いものとなるのです。例えばAさんがインプライドボラティリティは30%だと言えば、この場合Bさんはインプライドボラティリティが27.3%だと主張するでしょう。

例えば取引システム上でインプライドボラティリティが25%と提示されていた場合、その値がどのようにして計算されているのかを認識しておく必要があります。口座を開いた証券会社のウェブサイトや担当者が「インプライドボラティリティはブラックショールズモデルを用いて

図 5.2. オプションマーケットの表示画面

この画面に表示されているインプライドボラティリティは暦日ベースで計算されています。

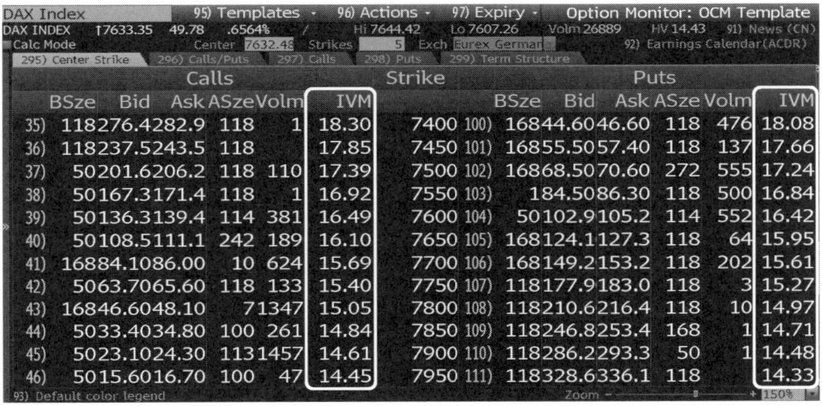

	Calls						Strike		Puts					
	BSze	Bid	Ask	ASze	Volm	IVM			BSze	Bid	Ask	ASze	Volm	IVM
35)	118	276.4	282.9	118	1	18.30	7400	100)	168	44.60	46.60	118	476	18.08
36)	118	237.5	243.5	118		17.85	7450	101)	168	55.50	57.40	118	137	17.66
37)	50	201.6	206.2	118	110	17.39	7500	102)	168	68.50	70.60	272	555	17.24
38)	50	167.3	171.4	118	1	16.92	7550	103)	1	84.50	86.30	118	500	16.84
39)	50	136.3	139.4	114	381	16.49	7600	104)	50	102.9	105.2	114	552	16.42
40)	50	108.5	111.1	242	189	16.10	7650	105)	168	124.1	127.3	118	64	15.95
41)	168	84.10	86.00	10	624	15.69	7700	106)	168	149.2	153.2	118	202	15.61
42)	50	63.70	65.60	118	133	15.40	7750	107)	118	177.9	183.0	118	3	15.27
43)	168	46.60	48.10	7	1347	15.05	7800	108)	118	210.6	216.4	118	10	14.97
44)	50	33.40	34.80	100	261	14.84	7850	109)	118	246.8	253.4	168	1	14.71
45)	50	23.10	24.30	113	1457	14.61	7900	110)	118	286.2	293.3	50	1	14.48
46)	50	15.60	16.70	100	47	14.45	7950	111)	118	328.6	336.1	118		14.33

計算しています」と言ったところで、それがいかに意味のないコメントか、以上の議論からも理解できると思います。

こうした問題を避けるもっとも良い方法は、実際に自分でプレミアムを計算してみることです。自分が正しいと思う配当、満期までの正確な時間、妥当なフューチャボラティリティなどをモデルにインプットして計算したプレミアムが、マーケットの価格よりも高ければ買い、低ければ売るわけです。つまり、取引システムが提示している得体の知れないインプライドボラティリティを信用しないのです。

どうしても取引システムで提示されているインプライドボラティリティを利用したいというのであれば、それが取引日ベースで算出された値なのか暦ベースで算出された値なのかは最低限認識しておくとよいでしょう。

5章のまとめ

この章では、ボラティリティについてもう少し掘り下げて考えました。正しいオプションプレミアムを得るには、現在から満期までに株が実現するボラティリティをモデルにインプットする必要があります。これをフューチャボラティリティと言いますが、この値は予測するしかありません。

フューチャボラティリティを予測するもっとも簡単な方法は、過去をさかのぼって実際にその株のボラティリティを計算することです。これをヒストリカルボラティリティと言います。

ヒストリカルボラティリティは、日々の引値を用いて1日あたりの対数リターンをサンプルし、その標準偏差を1年あたりに換算するという方法で得られます。年間の取引日を252とすると

$$\sigma = \sqrt{\frac{252}{n} \sum_{i=1}^{n} u_i^2} \tag{5.3}$$

となります。

　次に、ボラティリティを感覚的に理解するための一つの方法を見ました。3章で述べたように「標準偏差は時間の平方根に比例する」という性質を用いれば、1年あたりの連続複利表示リターンの標準偏差であるボラティリティを16（$\approx \sqrt{252}$）で割れば、1日あたりのボラティリティに換算することができます。短期間においては、これは単利表示のリターンを表すと近似することができます。したがって、正規分布の性質を思い出せば、例えば32％のボラティリティを持つ株は「1日のリターンが約68％の確率で±2％の範囲に入り（1σ）、約95％の確率で±4％の範囲に入る（2σ）」ことを意味します。つまり、大雑把に言えば、「1日あたりだいたい2％程度動く」と解釈できます。

　インプライドボラティリティとは、マーケットで取引されているオプションのプレミアムが示唆しているボラティリティのことを指します。8章で詳しく述べますが、一つの目安として、もしもフューチャボラティリティよりもインプライドボラティリティが低ければオプションを買い、高ければオプションを売ることで利益を上げると考えることができます。その際、配当や満期までの時間などを正しく把握して、インプライドボラティリティを求めることが必要となります。

Q 章末問題

　フューチャボラティリティの予測として有名なものがGARCH（Generalized Autoregressive Conditional Heteroskedasticity）と呼ばれるモデルです。それを簡単にした特殊な場合としてARCH（Autoregressive Conditional Heteroskedasticity）やEWMA（Exponentially Weighted Moving Average）があります。実際に、GARCHモデルを用いてオプションのプライシングを行っているマーケットメイカーもいます。

　GARCHとはどのようなモデルなのか調べてみましょう。

Column 5

ノーベル賞受賞者のヘッジファンド LTCM

　歴史上もっとも「有名な」ヘッジファンドは何かと聞かれれば、ほとんどの人はLTCM (Long Term Capital Management) と答えるでしょう。
　これは、1993年に元ソロモンブラザーズの債券トレーディング責任者であるジョン・メリウェザー (John Meriwether) が起こしたファンドで、マイロン・ショールズとロバート・マートンも参画者に名を連ねていました。彼らは、最初の数年、年40%にも及ぶ高リターンをたたき出します。しかし1998年のロシア危機が引き金となり、数ヶ月で46億ドルもの資金を失い、実質的な破綻に追いやられることになります。
　LTCMの破綻の最大の理由がVaR (Value at Risk) を用いたリスク管理の失敗にあると言われています。VaRとは「次の何日間で、何%の確率で何ドル以下の損失にとどまる」という形式で表現される値で、会社全体のリスクを把握するのに用いられる指標です。通常、銀行は「次の10日間で99%の確率で何ドル以下の損失にとどまるか」を計算します。この数値を元に、必要な資本を計算するわけです。
　LTCMは、VaRを用いて、これだけあれば十分だろうという資金を求めていました。しかし、その値を決定的に低く見積もっていたのです。
　メリウェザーは当初、新たに発行されるOn-the-Runと呼ばれる割高な債券をショート、Off-the-Runとなった割安な債券をロングし、そのスプレッドが縮小することで利益を上げる古典的な債券アービトラージを主な戦略としていました。しかし、ファンドが拡大し、高リターンを求める中で、株式指数オプションのショートなどのより高リスク高リターンの戦略にもポジションをとることになります。
　彼らは、ポートフォリオ全体の1日あたりのボラティリティを4500万ドル程度と見積もっていました。その100倍以上の資金を有していた彼らにとっては痛くもかゆくもないように映ったことでしょう。1日あたりのボラティリティを

4,500万ドルとすれば、1ヶ月あたりのボラティリティはおよそ

$$4{,}500 \times \sqrt{252/12} \simeq 2.1\text{億ドル}$$

と見積もることができます。トータルで47億ドルの資金を有していた彼らにとっては、

$$\frac{(2.1\text{億ドル}) \times 10}{47\text{億ドル}} \simeq 45\%$$

ですから、1ヶ月で約半分（45%）の資金を失うことは10シグマ外の出来事だったのです。図3.8を見てください。−10σより小さい範囲に入る確率はいかほどでしょうか。これは約

$$\frac{1}{1{,}000{,}000{,}000{,}000{,}000{,}000{,}000{,}000}$$

の確率に相当します。つまり、「ありえない」のです。しかし彼らにとってのこの「ありえない」ことが起こります。ロシアのデフォルトが引き金となり、1998年8月だけで21億ドルを失うのです。9月には残りのほとんどの資金を失ってしまいます。

　LTCMのリスクマネジメントにはいくつかの問題がありました。4,500万ドルという1日あたりのボラティリティは、過去のS&P500の平均のボラティリティを元に算出していました。しかしこのボラティリティは一定ではありません。マーケットが暴落すると、ボラティリティは加速度的に増加します。つまり、さらに下落する可能性が高まるわけです。6章で詳しく説明しますが、実はリターンは正規分布には従わないことが知られています。彼らもそのことは認識していました。しかしながら突発的なイベントによる大暴落（Tail Risk）を低く見積もっていたのです。

　また、ポートフォリオ自体にも問題がありました。彼らは、その資金の約1/3を金利スワップ、約1/3を株式および株式指数オプションのショートによって失います。彼らのとっていたポートフォリオは、一見通常時は十分に分散されたかのように見えますが、実はロシアのデフォルトのような異常なことが起きた場合、ボラティリティは上昇し、縮小するはずのスプレッドは拡大、そして流動性

は枯渇するということが起きます。そのすべてが彼らのとっていたポジションに大打撃を与えるものでした。実際にはリスクは全く分散されていなかったわけです。彼らの「大きすぎる」ポジションを枯渇したマーケットで解消していくことはあまりにも不利益だったのです。こういった要素はVaRには考慮されていません。

　1998年9月、追い詰められた彼らは、顧客に資金を募る手紙を送りますが、新たな資金を獲得することはできず、1ヶ月もしないうちに破綻状態となり、FRB（アメリカ連邦準備制度理事会）による救済措置がとられることになります。

　VaRが現在でも一つの有効なリスク指標であることには違いありません。しかしながら、「どの程度の確率でどの程度の損失以下にとどまるか」と同時に、「もしも実際に異常なことが起きた場合、どの程度の損失を被るのか」を知ることが大切です。そのため近年では、ストレステストの実施や期待ショートフォールといった指標が重要視されてきています。

　余談ですが、LTCM破綻の10年後の2008年夏、LTCMでトレーダーとして働いていた人物と話をする機会がありました。彼に、「当時のトレードでもっとも好きだったものは何か？」と聞いたところ、「Japan」と即答しました。日本では当時ワラントや転換社債が多く取引されていました。ワラントや転換社債は、本質的にはコールオプションです。彼らは当時、それらを本質的価値を下回る額で購入することができたそうです。彼らが日本で行っていた取引のほとんどが「ホームラン」（膨大な利益を生む素晴らしいトレードのこと）だったと言っていました。また彼によると、「LTCMに関する書籍では一切触れられていないが、実際にはLTCMもストレステストは行っていた」そうなのですが、残念ながらこれに関しては大きな欠陥があったと言わざるをえないでしょう。

ボラティリティサーフィス

6

　世の中にはさまざまなオプションのプライシングモデルが存在します。そして実質的にそれらすべてのモデルは、原資産が何らかのモデルに従うと仮定します。フィッシャー・ブラック、マイロン・ショールズ、ロバート・マートンが仮定したモデルは、現在から将来までの連続複利表示されたリターンが正規分布に従うという、幾何ブラウン運動でした。実は、これは正しくないことが広く知られています。現実には株価のリターンのとる確率分布は歪度（スキュー：Skew）[1]や尖度（カートシス：Kurtosis）といったパラメタを持ちます。

　あなたが妥当なボラティリティを用いて、4章で学んだブラックショールズの公式や二項分布モデルによって株式オプションのプレミアムを計算してみると、多くの場合、実際のマーケットでは、行使価格の低いオプションは計算値よりも高く、行使価格の高いオプションは計算値よりも低い価格で取引されていることに気づくでしょう。

　これは、オプショントレーダーが、対数正規分布を修正した確率分布を想定してプレミアムを計算し直しているからに他なりません。

　この際にオプショントレーダーが用いるものが「ボラティリティスマイル（Volatility Smile）」です。

　また、オプショントレーダーは満期の異なるオプションに対して、異

---

[1]　正しくはスキューネス（Skewness）ですが、オプショントレーダーは単にスキューと呼びます。本書でもこの慣例に従ってスキューとします。

なるボラティリティを用います。インプライドボラティリティの満期に対する変化の様子は「タームストラクチャ（Term Structure）」と呼ばれ、この「ボラティリティスマイル（Volatility Smile）」と「タームストラクチャ（Term Structure）」を合わせた構造を「ボラティリティサーフィス（Volatility Surface）」と呼びます。この章では、オプショントレーダーがいかにして現実の世界に即してオプションのプライシングを調整するのかを学びましょう。

6.1. ボラティリティスマイル

6.1.1. スキュー（歪度）

スキューとは、分布の非対称性を表すパラメタのことで、統計学の世界では「3次のモーメント」のことを言います。n個のデータのスキューは

$$（スキュー）= \frac{1}{n} \left(\frac{\sum_{i=1}^{n} (X_i - \mu)^3}{\sigma^3} \right) \tag{6.1}$$

ただし

$X_i \, (i = 1 \sim n)$ ：n個のデータ

$\bar{X} = \frac{1}{n} \sum_{i=1}^{n} X_i$ ：n個のデータの平均

$\sigma = \sqrt{\frac{1}{n} \sum_{i=1}^{n} (X_i - \bar{X})^2}$ ：n個のデータの標準偏差

図 6.1. 歪度の異なる2つの確率分布

下の2つの確率分布は等しい平均、標準偏差を持ちますが、左側の分布は平均から左側に尾を引き（負のスキュー）、右側の分布は平均から右側に尾を引いています（正のスキュー）。

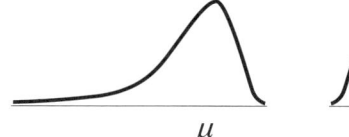

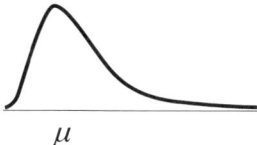

と表されます[*2]。図6.1に示されたように、負のスキューは平均から左側に尾を引いた分布を表し、正のスキューは平均から右側に尾を引いた分布を表します。

6.1.2. カートシス（尖度）

カートシスとは、確率分布の裾の太さを表すパラメタのことで、統計学の世界では「4次のモーメント」のことを言います。n個のデータのカートシスは

$$（カートシス）= \frac{1}{n}\left(\frac{\sum_{i=1}^{n}(X_i-\bar{X})^4}{\sigma^4}\right)-3 \tag{6.2}$$

[*2] n個のサンプルから母集団のスキューを推定する場合には

$$（スキュー）= \frac{n}{(n-1)(n-2)}\left(\frac{\sum_{i=1}^{n}(X_i-\bar{X})^3}{s^3}\right)$$

を用います。ただし s は不偏標準偏差

$$s = \sqrt{\frac{1}{(n-1)}\sum_{i=1}^{n}(X_i-\bar{X})^2}$$

です。

ただし

$$X_i\,(i = 1 \sim n) : n個のデータ$$

$$n個のデータの平均 : \bar{X} = \frac{1}{n}\sum_{i=1}^{n} X_i$$

$$n個のデータの標準偏差 : \sigma = \sqrt{\frac{1}{n}\sum_{i=1}^{n}(X_i - \bar{X})^2}$$

と表されます[*3]。カートシスが大きければ大きいほど、その分布は「太い裾を持つ」ことを意味します。(6.2) 式において3が引かれているのは、正規分布のカートシスが3だからです。したがってこの値が正であれば、それは正規分布よりも裾の太い分布であるということを表します。3を引かずにカートシスとする定義もあります。

図 6.2. 尖度の異なる2つの確率分布

下の2つの確率分布は等しい平均、標準偏差、スキューを持ちますが、右側の分布は左側の分布よりも大きなカートシスを持ちます。

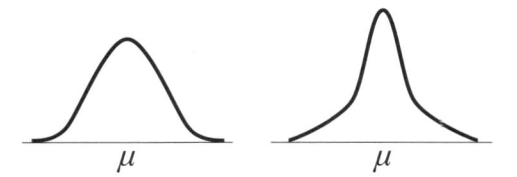

[*3] n個のサンプルから母集団のカートシスを推定する場合には

$$（カートシス）= \frac{n(n+1)}{(n-1)(n-2)(n-3)}\left(\frac{\sum_{i=1}^{n}(X_i-\bar{X})^4}{s^4}\right) - \frac{3(n-1)^2}{(n-2)(n-3)}$$

を用います。ただし s は不偏標準偏差

$$s = \sqrt{\frac{1}{(n-1)}\sum_{i=1}^{n}(X_i - \bar{X})^2}$$

です。

6.1.3. ボラティリティスマイル

　現実には、ほとんどの株の対数リターンは「左側に太い裾を持つ」確率分布をとることが知られています。つまり株価は大きく下落しやすいのです。したがって、連続複利表示リターンを正規分布と仮定したこれまでのモデルでは、行使価格の低いプットを現実よりも過小評価してしまうことになり、修正する必要があります。

　それではいったいオプショントレーダーはどのようにしてこの問題に対処するのでしょうか。実はとても単純です。行使価格の低いプットを計算する際には、アトザマネーのオプションを計算する際に用いるボラティリティよりも高いボラティリティをインプットしてやるのです。つまり、入力するボラティリティを操作することでオプションのプレミアムを調整するのです。

　さて、ここでプットコールパリティを思い出してください。プットコールパリティは同じ限月、同じ行使価格のヨーロピアン型のコールとプットの価値の間に成り立たなくてはならない関係式でした。当然、用いるモデルのいかんにかかわらず成立する必要がありますから、ブラックショールズの公式を用いて計算したプレミアムにも成り立っていなければなりません。例えば、ボラティリティを20％としてブラックショールズの公式（4.16）、（4.19）を用いて計算したコールとプットのプレミアムをC_{20}、P_{20}とすると、

$$C_{20} + K = P_{20} + S + r/c$$

が成り立ちます。実際に成り立っていることを確認してみてください。

　さて、行使価格の低いプットのプレミアムを計算する際に、20％ではなく25％のボラティリティを用いるとしましょう。すると同じ行使価格のコールのプレミアムもまた、プットコールパリティが成り立つためには

$$C_{25} + K = P_{25} + S + r/c$$

となるように、25%のボラティリティを用いなければならないことが分かります。つまり、ある行使価格のプットのプレミアムを計算する際に高めのボラティリティを用いたのであれば、プットコールパリティによって、同じ行使価格のコールのプレミアムも、同じボラティリティを入力して計算されなくてはならないのです。このように、オプショントレーダーは行使価格ごとに異なるボラティリティを用いてオプションプレミアムを計算します。

図 6.3. 日経オプションのボラティリティスマイル ($S = 8,500$)

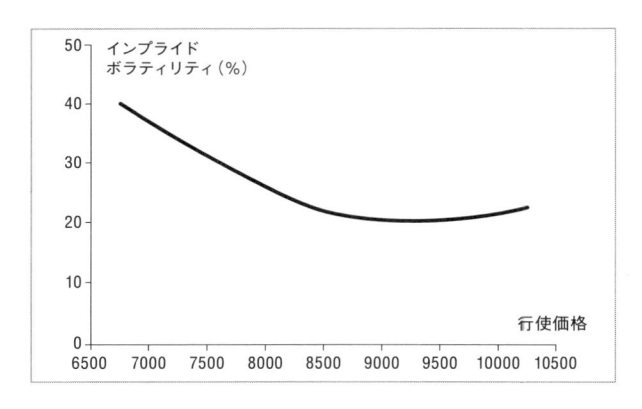

図6.3は、ある日における満期まで約1.5ヶ月の日経オプションのインプライドボラティリティを行使価格Kごとにプロットした図です。日経平均株価は8,500です。この際に現れる曲線のことをボラティリティスマイルと言います。やや分かりにくいですが、曲線の両端がつり上がって笑っているように見えることからこのように呼ばれます。

図6.4〜図6.6は、種々のプロダクトのボラティリティスマイルを図にしたものです。為替や金のオプションは、実際に図6.4のような分かりやすい「スマイル」の形をした曲線を持つことが知られています。ま

図 6.4. 為替オプションのボラティリティスマイル

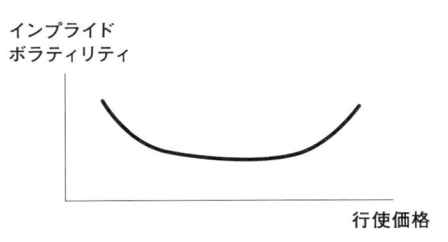

図 6.5. 株のボラティリティスマイル　その1

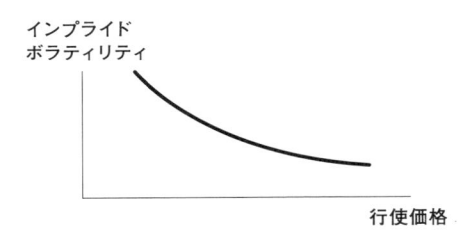

図 6.6. 株のボラティリティスマイル　その2

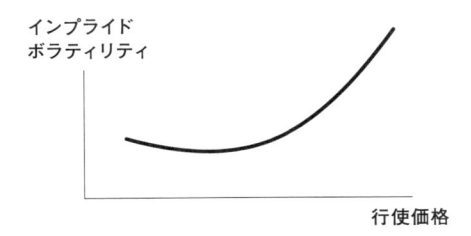

た、典型的な株は図6.5のように行使価格の低いオプションほど高いインプライドボラティリティを持ち、行使価格の高いオプションほど低いインプライドボラティリティを示します。これはつまり、オプションのマーケットメイカーが、行使価格の低いオプションのプレミアムを計算する際には高めのボラティリティを入力し、行使価格の高いオプションのプレミアムを計算する際には低めのボラティリティを入力していることを示しています。また、ほとんどの株では、行使価格が更に高くなる

図 6.7. 図 6.5 のような典型的な株のボラティリティスマイルが示唆している株価の確率分布
点線は対数正規分布を表す。

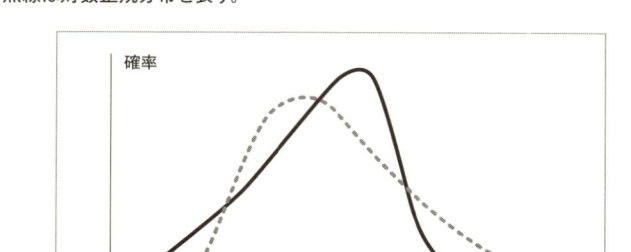

と、ボラティリティは再び上昇に転じます。この曲線は株によって異なり、図 6.5 のように行使価格に対して単調減少の形をとるものもあれば、図 6.6 のように行使価格の高いオプションが非常に高いインプライドボラティリティを持つものもあります。

　もしもボラティリティスマイルが水平な一直線であれば、それは行使価格によらず一定のボラティリティが用いられているということを意味します。つまりそれは、マーケットが満期における株価の確率分布を対数正規分布だと見ている証拠です。

　先ほど述べたように、図 6.5 のような典型的な株のボラティリティスマイルは、株が大きく下がりやすいという事実を盛り込んだ形です。このボラティリティスマイルが示唆している株価の確率分布は、極端に書けば図 6.7 の実線のようになります。点線は対数正規分布に対応します。

　このように、ボラティリティスマイルを分析することで、マーケットが株価の確率分布をどのように考えているかを見ることができます。

6.1.4. ボラティリティスマイルの理由

　それでは、なぜ株価は対数正規分布とは異なる確率分布をとるのでしょうか。以下に、考えられる理由を列挙しました。

1. ボラティリティの変動

4.5.3節で説明したように、これまでのモデルではボラティリティは一定だと仮定しました。そもそもこれは正しくありません。通常株価が大きく動いた場合、ボラティリティも大きく増えます。つまりさらに大きく値が動く確率が高まっているわけです。したがって確率分布の裾が太くなります。

2. ジャンプ

ブラックショールズモデルでは、常に株価が連続的に変化するとしました。これも現実とは異なります。始値が前日の引値から大きく離れて取引されることはよくあります。また、株価は大きなニュースが来た場合、瞬時に大きくジャンプします。為替の場合、上昇にしろ下落にしろ（ある通貨を上昇させるニュースは、相対的にもう一方の通貨を下落させるニュースとなるわけですが）そのようなジャンプがよく起こります。これは、確率分布の裾を太くさせる要因の一つです。

3. マーケットクラッシュ

株価は、大きく上昇する場合よりも大きく下落する場合の方が頻度が高いことが知られています。もちろん、株価が一気に上昇する場合もあるのですが、一般に、上昇する場合は徐々に、下落する場合は（原因は種々ですが）短期間に起こることは株取引の経験のある人ならばご存じだと思います。

4. レバレッジ

株は会社の「資本」です。「資本」と「負債」を合わせたものが「資産」ですが、株価が下がるにつれて「資産」に占める「資本」の割合が減少し、「負債」の割合が増加します。言わばその会社は高レバレッジの状態となります。つまりその会社はリスクが高いと見なされ、ボラティリティも高くなります。したがって株価が下がるにつれてボラティリ

ティは高くなり、株価が上がるにつれてボラティリティが低くなるという説明が立ちます。

5. オーダーフロー

一般的な傾向として、投資家は株をロングしています。そのような投資家は、行使価格の高いコールを売ることで、リスクを限定した上でプレミアムを稼ぐことができます。また、株の下落に備えて行使価格の低いプットを保険として買おうとします。結果として、投資家のオーダーを通してオプションのマーケットには自然と行使価格の高いコールには売り、行使価格の低いプットには買いのバイアスが作用することになります。したがって図6.5のような曲線をとることになります。

6. TOB（株式公開買い付け）

通常、ある企業が別の企業の株をTOBによって購入する際、TOB価格は現在の株価よりも大幅に高く設定されます。それに伴いTOBのターゲットとなる会社の株価も大きく上昇します。

先ほど、行使価格の非常に高いオプションが比較的高めのインプライドボラティリティを持つことがあると述べましたが、TOBのターゲットとなりやすい企業の株ほどその傾向が顕著です。

6.2. タームストラクチャ（Term Structure）

オプショントレーダーが、行使価格ごとに異なるボラティリティを入力してオプションをプライシングするということを見ました。同じように、通常オプショントレーダーは満期の異なるオプションに対しては、異なるボラティリティを入力します。これは自然な考えです。今、1週間後に満期を迎えるオプションと、1ヶ月後に満期を迎えるオプションのプレミアムを計算する場合を考えましょう。2週間後に決算発表、3週間後に雇用指数などの大きな経済指標の発表が予定されていたとしま

す。すると今から1週間後よりも、1週間後から1ヶ月後に株価は大きく変動しそうです。この場合、1週間後に満期を迎えるオプションプレミアムの計算に用いるボラティリティよりも、1ヶ月後に満期を迎えるオプションに入力するボラティリティを高く設定しようと考えるでしょう。

この、インプライドボラティリティの満期に対する変化の様子をタームストラクチャ（Term Structure）と言います。満期の近いインプライドボラティリティが低く、満期が遠ざかるにつれて高いインプライドボラティリティを示す場合、それは「アップワード（Upward）」であると言い、反対のものを「ダウンワード（Downward）」であると言ったりします。また満期ごとにインプライドボラティリティの変化がないものを「フラット（Flat）」であると言います。

タームストラクチャは、時間とともに変化します。フラットであったものが、ダウンワードになったり、時間が経つにつれてアップワードに変化します。

例えば、株価が急に大きく下げ、ボラティリティが一気に高まるような場合、満期の近いオプションのインプライドボラティリティは大きく上昇します。直近の変動の影響をもっとも大きく受けるのが満期の近いオプションだからです。逆に満期の遠いオプションは、直近の変動によるボラティリティの上昇が「ならされる」ために、短期のオプションほどは影響を受けません。このような場合タームストラクチャはダウンワードとなります。

また、直近の値動きが非常に乏しい場合、短期のオプションのインプライドボラティリティは低く、タームストラクチャはアップワードとなります。

6.3. ボラティリティサーフィス（Volatility Surface）

「ボラティリティスマイル」はある満期のオプションに対して、行使価格ごとに異なるインプライドボラティリティを表現したものです。

図 6.8. ボラティリティサーフィス

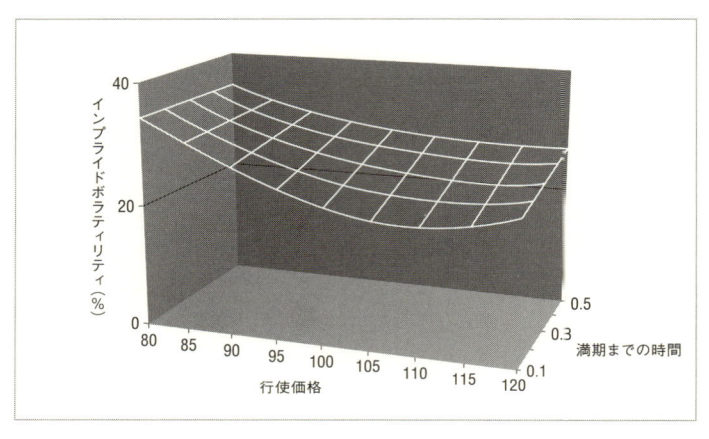

「タームストラクチャ」は、通常アトザフォワードのインプライドボラティリティが満期ごとに異なる様子を表したものです。これらを合わせれば、一つの軸として行使価格、もう一つの軸として満期までの時間を持ち、それらに対してインプライドボラティリティがプロットされる3次元的な「ボラティリティサーフィス」を考えることができます。その一例が図6.8です。横軸が行使価格、奥行き方向の軸が満期までの時間、そして縦軸がインプライドボラティリティです。オプショントレーダーは、新しいオプションのプレミアムを計算する場合、このボラティリティサーフィスを用いて、入力すべき妥当なボラティリティを考えます。また、ボラティリティサーフィスを比較することで、原資産の異なるオプションを相対的に評価することもできます。

6章のまとめ

ブラックショールズモデルでは、株価の連続複利表示リターンが正規

分布に従うと仮定しました。しかし、現実には「左側に太い裾を持つ」分布をとることが知られています。

この事実を盛り込むため、オプショントレーダーは行使価格の低いオプションには高めのボラティリティを用いてプレミアムを計算します。ボラティリティを操作することで、間接的にプレミアムを調節するわけです。

インプライドボラティリティを行使価格ごとにプロットした図をボラティリティスマイルと言います。ボラティリティスマイルは原資産ごとに異なる形をとります。

また、オプショントレーダーは満期ごとに異なるボラティリティを用います。インプライドボラティリティが満期ごとに異なるさまをタームストラクチャと言い、ボラティリティスマイルとタームストラクチャを合わせてインプライドボラティリティをプロットした3次元の構造をボラティリティサーフィスと言います。このボラティリティサーフィスは時間が経つにつれて、マーケットの思惑とともに変化していきます。

オプショントレーダーは、ボラティリティサーフィスを用いて、新しいオプションに入力すべきボラティリティを考えます。また、ボラティリティサーフィスを参照することで、原資産の異なるオプションを比較することもできます。

Q 章末問題

本章で見たように、ボラティリティスマイルから、マーケットが満期における株価の確率分布をどのように考えているかを見ることができます。

ある製薬会社Aは、FDA（Food and Drug Administration）による新薬の承認可否の発表を1週間後に控えています。もしも許可が下りたら、A株は大きく上昇し、そうでなければA株は大きく下落するだろうと考えられています。2週間後に満期を迎えるオプションのマーケットは、

図 6.9. 大きなイベントを控えた株のオプションマーケットが示唆するバイモダルな確率分布

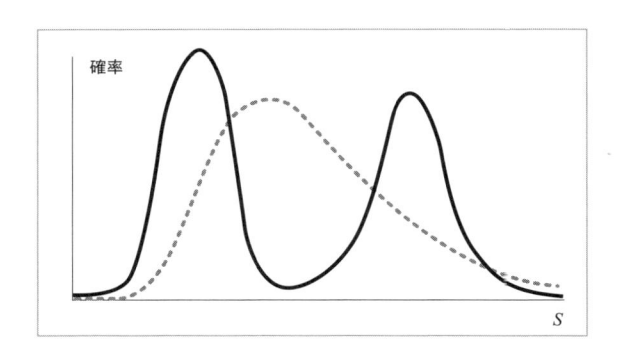

図6.9の実線で示されたような株価の確率分布を想定しています。点線は対数正規分布です。実線で示されたこのような2つのピークを持った分布を、バイモダル（Bimodal）分布と言います。その場合、ボラティリティスマイルはどのような形をとっているはずでしょうか。考えてみましょう。

Column 6

ならず者のオプション取引

　皆さんはローグトレーダー（Rogue Trader）という言葉を聞いたことがあるでしょうか。直訳すると「ならず者トレーダー」となります。通常、投資銀行やヘッジファンドのトレーダーは、とっているポジションを日々リスクマネジメント部門に報告することが義務づけられています。会社全体のとっているリスクが許容量を超えないように監視するためです。ところが中には、損失が増え始めると、短期間にそれを取り戻そうとして、会社に未承認で大きなリスクをとるトレーダーがいます。このようなトレーダーを総称してローグトレーダーと言います。最近では2008年に発覚したソシエテジェネラルのジェローム・ケルビエル（Jerome Kerviel）や2011年のUBSのクウェク・アドボリ（Kweku Adoboli）が有名です。

　その中でも、最初のローグトレーダー（Original Rogue Trader）と呼ばれるのがニック・リーソン（Nick Leeson）です。

　彼は、未承認取引によって14億ドルもの莫大な損失を出し、イギリス最古の銀行であるベアリングバンクを倒産に追いやることになるのですが、当時彼の行っていたトレードの一つが、日経のショートストラドルでした。ショートストラドルについては7章で詳しく説明しますが、原資産が動かないときに利益を上げる戦略です。

　リーソンは当初日経先物を取引していたのですが、含み損を解消しようとして会社に未承認で大きなポジションをとるようになります。

　彼は、大阪証券取引所とシンガポールエクスチェンジ（SGX、当時のSimex）の日経先物の価格差を利用して裁定取引を行っていると偽って会社から資金を集めていたのですが、実は大阪でもシンガポールでも大量に日経先物をロングしており、極めて投機的なポジションをとっていました。

　先物は、ポジションのリスクに応じた一定額の証拠金を口座に維持することで取引が可能となります。日経が下がり始め、ポジションの含み損が増えてい

くと、ポジションを維持するためにキャッシュが必要となります。資金繰りに逼迫していた彼は、すぐにキャッシュを得るため、オプションを大量に売ることにします。そこで彼が行ったのがアトザマネーのコールとプットを売るショートストラドルでした。

　しかし、1995年1月17日早朝、リーソンそしてベアリングバンクの破綻を決定づける出来事が起こります。

　阪神淡路大震災です。日経平均は次の1週間で約8%も下げることになります。先物のロング、ストラドルのショートは言わば最悪のポジションでした。

　その1ヶ月後、彼は「I'm sorry」という置手紙を残して逃走し、フランクフルトで逮捕されることになります。

　当時彼は一人で、ノーショナル（想定元本）で約3,500億円分の日経に相当するコール、約3,000億円分に相当するプットをショートしていました。ノーショナル（Notional）とは、オプションがどの程度の額の原資産に及ぶのかを表したものです。日経オプションの場合、マルティプライアが1,000ですから、日経平均が10,000円の時、1つのオプションのノーショナルは

$$10{,}000 \times 1{,}000 = 10{,}000{,}000 \text{円}$$

となります。ノーショナルは、オプションのみならず、デリバティブ全般において、取引サイズの大きさを表す一般的な概念です。そしてオプションに加えて約7,000億円分の日経先物をロングしていました。また他にも、日本国債先物やユーロ円先物を大量にショートしていたことが分かっています。

　当時の状況は、リーソン本人が記した著作や映画『Rogue Trader』に記されています。

　劇中に、リーソンが友人たちと女性に向かってお尻を見せたことで警察に逮捕されるシーンがあるのですが、まさにその場にいたリーソンの親友と会って話をしたことがあります。彼も当時Simexで働いていたのですが、彼によると、リーソンは自身の大量のショートストラドルによって、3ヶ月物の日経のインプライドボラティリティを14%から8%にまで押し下げたそうです。日経のオプションをトレードしたことのある方なら、これがどれほど異常な値かお分かりになると思います。

スプレッド

7

これまで、オプションの基本的な特性と、どのようにしてオプションの価格を求めることができるのかを見てきました。オプションの魅力の一つに、種々のオプションを組み合わせてトレードすることで、さまざまな戦略を実装できることが挙げられます。これらはスプレッドと呼ばれ、コールやプットだけの売買ではなく、それらを組み合わせたスプレッド自体がパッケージとして取引されることもあります。スプレッドを理解することで、より豊かな投資戦略を実現することが可能となります。

この章では、スプレッドについて見ていくことにしましょう。

7.1. ストラドル (Straddle)

同じ限月、同じ行使価格のコールとプットを1つずつ買うことをロングストラドル、売ることをショートストラドルと言います。

満期におけるロングストラドルの価値は、ロングコール（図2.1 (a)）とロングプット（図2.2 (c)）を合わせたものですから、図7.1のようになります。これは100コールと100プットから構成される、ロング100ストラドルの満期における価値です。

もしも、このストラドルを10ドルで買った場合、支払った10ドルのプレミアムを考慮した損益図は図7.1を10ドルだけ下側にシフトさせた図7.2となります。

図 7.1. ロング 100 ストラドルの満期における価値

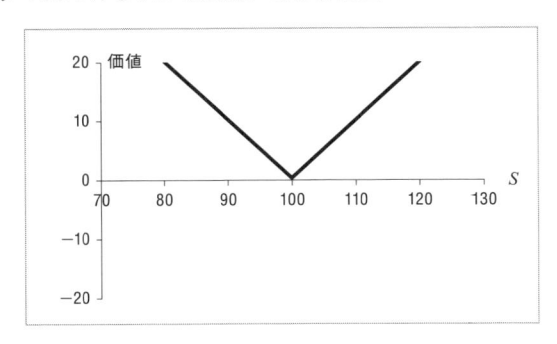

図 7.2. ロング 100 ストラドル（支払ったプレミアムを考慮した損益図）

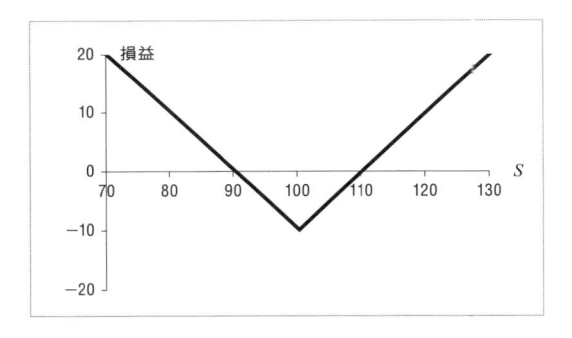

したがって、ストラドルを 10 ドルで買った後、何もせずに満期までそのポジションを保持した場合、株価が 90 ドル以下、あるいは 110 ドル以上となった場合に利益を上げることができます。

つまり、ストラドルをロングすることで、どちらの方向にせよ株価が大きく動くことで利益を上げることができます。

例えば、決算や製薬会社の新薬承認の可否発表などのイベントが目前に迫っており、どちらの方向かは分からないけれど、イベント直後に大きく株価が動くはずだと考えたとします。当然オプションマーケットもその事実を織り込んでいるはずですが、マーケットが思っているよりも

大きく変動するはずだと思えば、ストラドルをロングすることで利益を上げられます。逆に、株価がさほど動かないと考えた場合は、ストラドルをショートすることで利益を上げることができます。

あるいは、ストラドルを構成するオプションのインプライドボラティリティが低すぎると思えばロングストラドル、高すぎると思えばショートストラドルによって利益を上げることも可能です[*1]。

実は、ストラドルはボラティリティと密接に関係した、もっとも重要で基本的なスプレッドです。

5章で、通常インプライドボラティリティを解析的に表現することはできないため、手探りか、あるいはコンピュータに数値計算をさせて求めると言いました。そうは言っても、マーケットで取引されているオプションの価格からおよそのインプライドボラティリティを求める数式があれば、とても便利そうです。

実はこれまでに、マーケットのオプション価格からおよそのインプライドボラティリティを求める公式に関する仕事がいくつもなされてきています。そしてその中でも比較的分かりやすく、今でも広く使われているものに、Brenner and Subrahmanyam の公式というものがあります。

詳細は割愛しますが、それによると

$$（アトザフォワード・ストラドル）= \sqrt{\frac{2}{\pi}}\, \sigma S \sqrt{T} \tag{7.1}$$

σ：ボラティリティ
S：現在の株価
T：満期までの時間

という式が成り立ちます。
　ここで

[*1] 詳細は8章で述べます。

$$\sqrt{\frac{2}{\pi}} \simeq 0.8$$

と近似しましょう。ストラドルはコールとプットの和ですから、アトザフォワードのコールおよびプットの価格をそれぞれ C、P とすると

$$C + P \simeq 0.8\,\sigma S\sqrt{T} \tag{7.2}$$

となります。もしも金利と配当がなければ、アトザフォワードはアトザマネーとなり

$$(\text{アトザマネー・ストラドル}) \simeq 0.8\,\sigma S\sqrt{T} \qquad (\text{金利と配当がない場合}) \tag{7.3}$$

が成り立ちます。

例えば、先ほど100ストラドルに10ドルのプレミアムを支払った場合の満期における損益図を示しましたが、このオプションがアトザフォワードで、満期までの時間が $T = 1/4$（3ヶ月）であった場合

$$10 \simeq 0.8 \times \sigma \times 100 \times \sqrt{\frac{1}{4}}$$

ですから、

$$\sigma \simeq 0.25$$

つまり、約25%のボラティリティでオプションを買ったわけです。これは、非常に有用な近似式です。ボラティリティさえ決めてしまえば、コンピュータを用いずとも、紙と鉛筆だけで、ストラドルのおよその値を計算できるのです。あるいは逆に、マーケットのストラドルの値からおよそのインプライドボラティリティを簡単に手で計算できるわけで

す。さらに、この式とプットコールパリティを用いることでアトザフォワードのコールとプットの価格を用いることができます。プットコールパリティ

$$C - P = S + K(1 - e^{-rT}) - D - K$$

において、行使価格がフォワード価格

$$F = (S - D)e^{rT}$$

に等しい場合

$$\begin{aligned} C - P &= S - Ke^{-rT} - D \\ &= S - (S-D)e^{rT}e^{-rT} - D \\ &= 0 \end{aligned} \tag{7.4}$$

となります。つまり、ヨーロピアン型のアトザフォワードのコールとプットの価格は等しいですから、(7.2) と (7.4) より、アトザフォワードのコールとプットの価格は

$$C = P \simeq 0.4\,\sigma S\sqrt{T} \tag{7.5}$$

と求めることができます。次章で、オプションのリスクパラメタの話をするときに、再びこの近似式が登場します。

7.2. ストラングル（Strangle）

同じ限月で、異なる行使価格のコールとプットを1つずつ買うことをロングストラングル、売ることをショートストラングルと言います。通

図 7.3. ロングストラングル

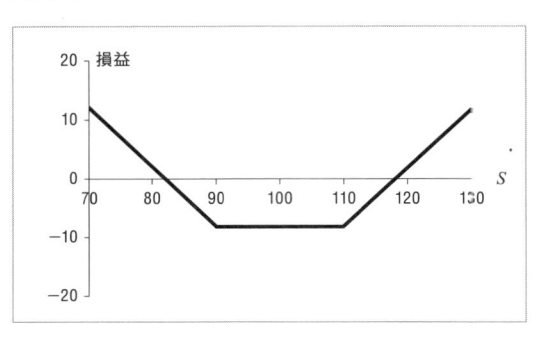

常ストラングルは行使価格の高いコールと行使価格の低いプット、つまりアウトオブザマネーのオプションで構成されます[*2]。図7.3は90プットと110コールから構成されたストラングル（90/110ストラングル）を8ドルでロングした場合の満期における損益図です。これを見ると分かるように、ストラングルはストラドルと非常によく似た性質を持っています。どちらも、株が大きな値動きを示した場合に利益を上げることができる戦術です。

ストラングルは、ストラドルと異なりアウトオブザマネーのオプションで構成されるため、ストラドルよりも安く買うことができます。その分、ストラドルの損益がプラスとなるためにはストラドルよりも大きな値動きを必要とします。

7.3. コールスプレッド（Call Spread）

同じ満期の行使価格の低いコールを買い、行使価格の高いコールを売ることをロングコールスプレッドと言います。反対に行使価格の低いコ

[*2] 逆に、インザマネーのオプションで構成されるストラングルをガッツストラングル（Guts Strangle）と言います。

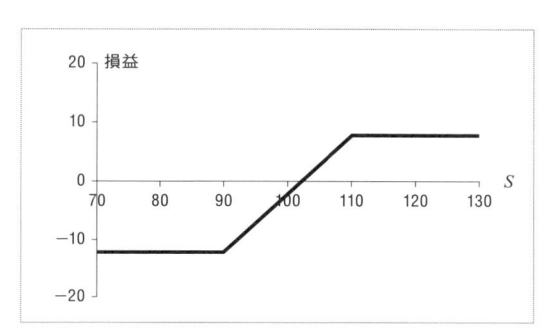

図 7.4. ロングコールスプレッド

ールをショートし、行使価格の高いコールをロングした場合はショートコールスプレッドとなります。図7.4は90/110コールスプレッドに12ドルのプレミアムを支払ってロングした場合の満期における損益です。

通常、株価が上昇するだろうと思った場合、コールを買います。しかし、大幅な上昇はあまり見込めず、そのコールのプレミアムを全額支払いたくないと考えた場合、行使価格の高い、よりアウトオブザマネーのコールを同時に売ることでトータルで支払うプレミアムを軽減することができます。投資家がコールスプレッドを買おうとする典型的な理由がこれです。

また、プレミアムをより多く稼ぐため、購入するオプション1つに対して、よりアウトオブザマネーのオプションを2つ売るなどの、レシオコールスプレッド（Ratio Call Spread）もよく取引されます。

7.4. プットスプレッド (Put Spread)

同じ満期の行使価格の高いプットを買い、行使価格の低いプットを売ることをロングプットスプレッドと言います。反対に行使価格の高いプットをショートし、行使価格の低いプットをロングした場合はショートプットスプレッドとなります。図7.5は90/110プットスプレッドに8ド

図 7.5. ロングプットスプレッド

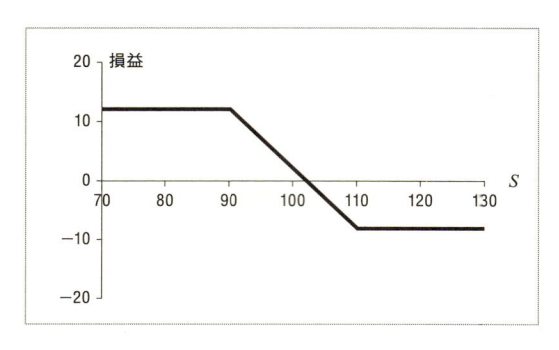

ルのプレミアムを支払ってロングした場合の満期における損益図です。

　株価の下落に賭けたり、ロングしている株に対する保険がほしい場合、プットを買うことで実現できます。先ほどのコールスプレッドと同様に、行使価格の低い、よりアウトオブザマネーのプットを売って得た資金を行使価格の高いプットの購入資金に充てることで、トータルで支払うプレミアムを軽減することができるわけです。

7.5. バタフライ（Butterfly）

　バタフライは満期の等しい3つの行使価格のオプションから構成されます。行使価格の低いオプションと行使価格の高いオプションを1つずつ買い、中間の行使価格のオプションを2つ売ることをロングバタフライと言います。この際、3つの行使価格は等間隔である必要があり、中間の行使価格のオプションのことをミート（Meat）あるいはボディ（Body）と言い、両端の行使価格のオプションをウイング（Wing）と言います。中央のミートと両端のウィングをまとめてトレードする形を蝶に例えてButterflyと呼ばれます。例えば90/100/110コールバタフライを1つロングした場合、それは90コールと110コールを1つずつロングし、100コールを2つショートしたことになります。

図 7.6. ロングバタフライ

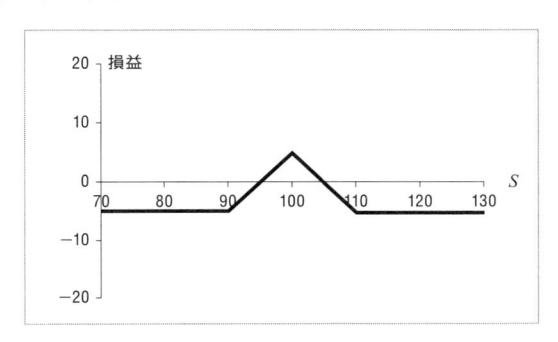

[損益グラフ: 横軸 S が70〜130、100で最大値約5、90〜110の外側で-5]

表 7.1. ロング 90/100/110 コールバタフライ

90コール（Wing）	100コール（Meat）	110コール（Wing）
+1	−2	+1

　このバタフライの満期における損益は図7.6のようになります。図7.6は、90/100/110バタフライに5ドルのプレミアムを支払ってロングした場合の満期における損益図です。
　図を見ると分かるように、バタフライは株価がウイング内にとどまった場合に価値を持ちます。そして株価が中間の行使価格に等しいときにその価値は最大となり、行使価格の間隔（この場合は10ドル）と等しい価値を持ちます。
　ロングバタフライは、ショートストラドルと似た性質を持ちます。つまり、株価が動かないときに利益を上げるスプレッドです。しかしながら、ストラドルをショートした場合のリスクは無制限であるのに対し、バタフライをロングした場合、株価が大きく動いたとしても最大で支払ったプレミアム分の損をするだけです。ここにバタフライをロングするメリットがあります。
　これを「ロング」バタフライと言うのには理由があります。このスプレッドは、満期における価値がマイナスとなることはありません。した

がってこのポジションをとるためには、正味でキャッシュを支払わなくてはならないのです。

バタフライを理解する一つの方法は、2つのコールスプレッドのコンビネーションと考えることです。

ロング90/100コールスプレッド
ショート100/110コールスプレッド

この2つのコールスプレッドは正味で90コール、110コールを1つずつロングし、100コールを2つショートすることになりますから、まさにロング90/100/110コールバタフライに他なりません。

それでは90/100コールスプレッドと100/110コールスプレッドでは、いったいどちらが価値があるでしょうか。直感的にはすぐには分からないかもしれません。そこで少し極端な例を考えてみましょう。

例えば、0/1コールスプレッドと200/201コールスプレッドではどちらが価値があるでしょうか。0コールは現実には存在しませんが、株をただで買える権利と考えましょう。

7.3節のコールスプレッドの損益図を思い出してください。この0/1コールスプレッドは株価が1ドル以上であれば1ドルの価値を持ちます。100ドル程度で取引されている株が1ドル以下になる確率はほとんどないでしょう。つまりこの0/1コールスプレッドは1ドルの価値を持ちます。一方で、200/201コールスプレッドは株価が200ドルを超えて初めて価値を持つスプレッドです。株価が200ドルを超える確率はきわめて低そうです。つまりこの200/201コールスプレッドには価値はありません。

少しずつ行使価格をずらしていきましょう。199/200コールスプレッドも価値はないでしょう。株価が199ドル以上となる確率はほとんどないからです。150/151はわずかに価値を持ち始めるかもしれません。そして100/101コールスプレッドは0.5ドル程度の価値を持ちそうです。99/100コールスプレッドは100/101コールスプレッドよりもわずかに大

図 7.7. 1ドル間隔のコールスプレッドの価値
　　　　株価が K ドル以上となる確率を表している。

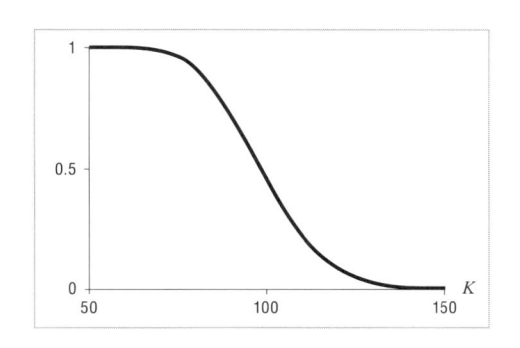

きな価値を持つはずです。そして行使価格が低くなるにつれ0/1コールスプレッドの持つ価値である1ドルに近づくでしょう。実は、我々はコールスプレッドを通して株価がある値以上となるおよその確率を求めているのに他ならないのです。これをなめらかにつなぐと、図7.7のようになりそうです。

　つまり、株価が50ドル以上になる確率はほぼ1であり、株価が100ドル以上となる確率は0.5程度というわけです。こう考えると、コールスプレッドは行使価格の低いものほど価値が高いことが分かるでしょう。株価が、コールスプレッドの行使価格以上となる確率が高くなるからです。

　したがって、90/100コールスプレッドは100/110コールスプレッドよりも価値が高いわけですから

ロング 90/100 コールスプレッド
ショート 100/110 コールスプレッド

というコールバタフライのポジションをとるためには、正味でキャッシュを支払わなくてはならないことも理解できます。

　さて、以上の議論からバタフライに関して一つのおもしろい解釈を得

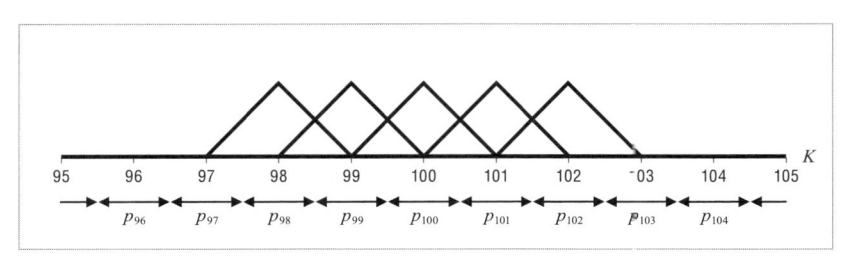

図 7.8. 1ドル間隔のコールバタフライの価値

ることができます。1ドル間隔のコールスプレッドの価値は、株価が行使価格以上となる確率を表していますから、例えば99/100コールスプレッドの価値は中間をとって株価が99.5ドル以上となる確率を表していると解釈しましょう。同様に、100/101コールスプレッドの価値は100.5ドル以上となる確率を表していると解釈します。

すると、99/100/101コールバタフライは99/100コールスプレッドのロングと100/101コールスプレッドのショートから成りますから、実はこの価値は株価が99.5ドル以上100.5ドル以下となる確率を表していると考えることができます。この価値をp_{100}と書くことにすれば図7.8のように、各バタフライの価値は株価が満期時にそれぞれの矢印の範囲内に入る確率を大雑把に表していると考えられるわけです。

したがって、ミートが1ドルのバタフライから無限大のバタフライまで考えれば、株価は満期時に必ずその範囲に入りますから、その和はほぼ1となります。つまり

$$p_1 + p_2 + p_3 + \cdots = 1$$

です。

ミートが1ドルのバタフライから無限大のバタフライまですべて買ったとすれば、正味のポジションは表7.2のように0/1コールスプレッドのロングとなります。したがって、この価値が1ドルなのも納得できる

と思います。

表 7.2. 1ドル間隔のコールバタフライを構成するコールのポジション

	0	1	2	3	4	5	6	…
0/1/2	+1	−2	+1					
1/2/3		+1	−2	+1				
2/3/4			+1	−2	+1			
3/4/5				+1	−2	+1		
4/5/6					+1	−2	+1	
…								
正味のポジション	+1	−1	0	0	0	0	0	

1ドル間隔のコールバタフライをすべて買った場合、正味のポジションは0/1コールスプレッドのロングとなり、その価値は1ドルとなる。

ここで行った議論は、オプションがアメリカン型であれば厳密には成立しません。またこれまではコールで構成されたコールバタフライを考えてきましたが、ヨーロピアン型オプションの場合、プットで構成された90/100/110プットバタフライも全く同じ性質を持ちます。1ドル間隔のプットスプレッドの価値は、株価がKドル以下となる確率を表すことになります。

図 7.9. 1ドル間隔のプットスプレッドの価値
株価がKドル以下となる確率を表している。

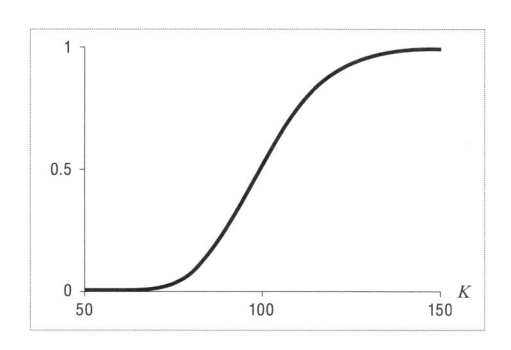

7.6. バイライト (Buy-Write)

バイライトとは、株を買い (Buy Stock)、コールを売る (Write Calls) ことを言います。オプションを売ることを英語で、セル (Sell) の他にライト (Write) と言うことに由来します。別名カバードコール (Covered Call) とも言われます。これは通常、株を買いたい投資家が、同時にアップサイドのコールを売ってプレミアムを稼ぐことで全体の利回りを増やすことを意図して行います。ショートしたコールのポジションは株でカバーされているので、コールをショートしたときに負うアップサイドリスク（株が上昇したときに負う損失のリスク）は限定されています。

満期における損益は図7.10のようになります。図7.10は、株を100ドルで買い、110コールを2ドルで売ったときの損益図です。基本的には、株をロングしているので、株は上昇してほしいことになります。

先ほど言ったように、バイライトとは、文字通りの意味は「株を買って (buy)、コールを売る (write)」ことです。ところが、オプションマーケットにおいて、「バイライトを買う」と言った場合、それは「コールを買って株を売る」ことを指します。混乱しやすいのですが、「バイライトを買う」とき、買うのはコールオプションであり、バイライトの売りはコールオプションを売る取引です。

またバイライトのマーケットは

$$C - (S - K)$$

の形で提示されます。

例えば、株を100ドルで買って105コールを2ドルで売ろうという場合を考えてください。

トレーダーからすれば、株を100.1ドルで買って105コールを2.1ドルで売ってもかまいません。取引後にとるポジションは同じですし、正味のキャッシュフローも同じです。そこでバイライトは「コールを $(S -$

図 **7.10.** バイライト
100 ドルで株を買い (Buy)、110 コールを売った (Write) ときの損益

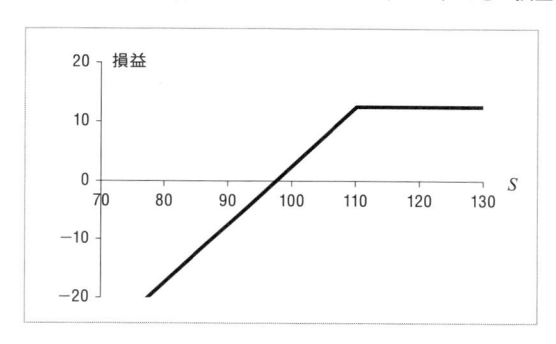

K)よりいくら高く取引するか」という形で提示するのが慣例となっています。

先の例ですと、100ドルで株を買って105コールを2ドルで売るということは

$$C - (S - K) = 2 - (100 - 105) = 7$$

ですから、「105バイライトを7ドルで売る」ことです。

また、105バイライトのマーケットが

$$6.8 - 7.2$$

であれば、105バイライトを買うには7.2ドル支払う必要があります。この場合「105バイライトを7.2ドルで買う」ということは、「105コールを2.2ドルで1つ買い、100株を100ドルで売る」ことになるかも知れませんし、「105コールを2.1ドルで1つ買い、100株を99.9ドルで売る」ことになるかも知れません。

7.7. マリードプット (Married-Put)

　マリードとは「結婚した」という意味で、マリードプットは、株とプットをいっしょに買うあるいは売ることを言います。これは、株を買いたいが、同時に株価の下落に備えた保険をかけておきたいという場合に行います。株と同時に、ダウンサイドリスク（株が下落したときに負う損失のリスク）を限定することができるわけです。満期における損益は例えば図7.11のようになります。図7.11は、90プットに2ドルのプレミアムを支払い、株を100ドルで買った場合の損益図です。

図 7.11. マリードプット
　　100ドルで株を買い、同時に90プットを買ったときの損益

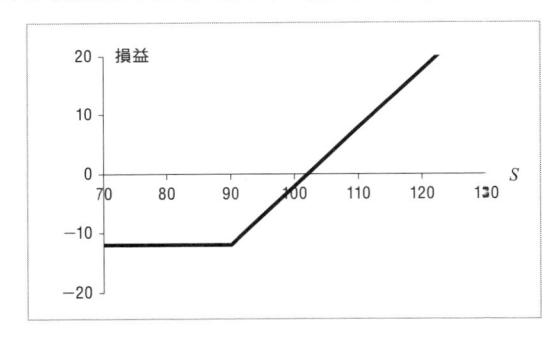

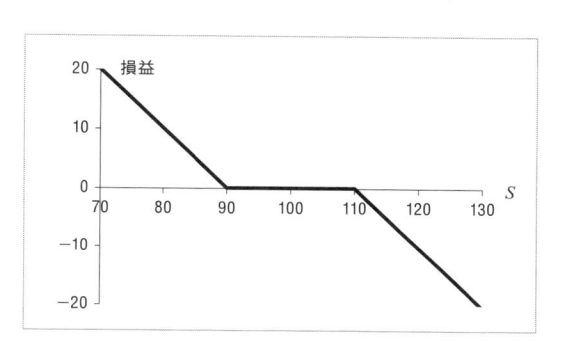

図 7.12. リスクリバーサル（ロングプット、ショートコール）

7.8. リスクリバーサル（Risk-Reversal）

　同じ限月の、行使価格の低いアウトオブザマネーのプットと行使価格の高いアウトオブザマネーのコールの、一方を買い、もう一方を売ることをリスクリバーサルと言います[*3]。このスプレッドは、売買するコールとプットのプレミアムによって正味でプレミアムを支払うこともありますし、逆にプレミアムを受け取る場合もあります。したがってリスクリバーサル自体にはロングやショートという概念はありません。プットをロングしてコールをショートするのか、プットをショートしてコールをロングするのかを指定する必要があります。

　図7.12は、90/110リスクリバーサル（ロング90プット、ショート110コール）の満期時における損益を表したものです。支払ったプレミアムはゼロとしています。リスクリバーサルは、ゼロのプレミアム、つまりただで取引されうるスプレッドです。

　また図7.13は、同じリスクリバーサルに反対のポジションをとったとき（ショート90プット、ロング110コール）における満期時の損益を表

[*3] 単純に、「リスク」と呼ばれることもあります。

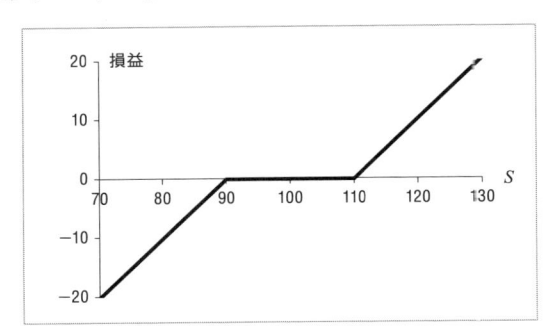

図 7.13. リスクリバーサル（ショートプット、ロングコール）

しています。

図を見ると分かるように、将来株が下がると思えば、ロングプットとショートコールのリスクリバーサル、株が上がると思えばショートプット、ロングコールのリスクリバーサルで利益を上げることができます。

また、株をロングしている投資家にとっては、ダウンサイドのプットを買い、アップサイドのコールを売ることで、株価の下落に対する保険を得ることができます。また同時にコールを売ることで、得たプレミアムをその保険の購入資金に充てることができます。

7.9. コンボ (Combo)

同じ限月、同じ行使価格のコールを買い、プットを売ることをコンボ（Combo）と言います。

2章で述べたように、ヨーロピアン型オプションの場合、これは株の先物を買うのと本質的に同じことです。

7.10. リバーサル・コンバージョン (Reversal Conversion)

2章で、r/c とは満期に K となるキャッシュが稼ぐ金利から配当額の現

在値を差し引いたもので、現物株を保有するコスト（コストオブキャリー）であると述べました。

$$r/c = K(1 - e^{-rT}) - D$$

$$D = \sum_i D_i e^{-rT_i}$$

でした。実は、r/c自体をトレードすることができます。

もしもあなたが、株がマーケットが思っているよりも多くの配当を支払うだろうと考えたとします。すると、r/cをショートすることで利益を上げることができます。

プットコールパリティに立ち返って考えると

$$C - P = S + r/c - K$$

ですから

$$r/c = C - P - S + K$$

です。つまり、r/cをショートするということは、コンボをショート（コールをショートしプットをロング）し、株をロングすればよいことになります。

言ってみれば、先物をショートし、現物をロングするのです。株のロングポジションは、受け取る配当分だけ株価が下がることが予想されるため、配当の大小による損益の影響は受けませんが、株が予想外の大きな配当を発表した場合、先物価格が下がるため、利益を上げることができます。このように、コンボをショートして、株をロングすることをコンバージョンと言います。

また反対に、もしも株が配当の支払いをキャンセルするだろうと考え

れば、r/cをロングすることで利益を上げられます。つまり、コンボをロング（コールをロングしプットをショート）し、株をショートすればよいことになります。このようなポジションをとることをリバーサルと言います。

7.11. ボックス (Box)

行使価格の低いコンボをロングし、行使価格の高いコンボをショートすることをロングボックスと言います。例えば、90コールをロング、90プットをショート、110コールをショート、110プットをロングすれば、それは90/110ボックスをロングしたことになります。

表 7.3. ロング 90/110 ボックス

	コール	プット
90	+	−
110	−	+

このようなポジションをとった場合、株価にかかわらず満期時に90ドルで株を買い、110ドルで株を売るわけですから、満期時に20ドルのキャッシュとなります。

したがって、現在のボックスの価値は、その20ドルを無リスク金利でディスカウントした値となります。例えば、無リスク金利が1％で、満期までの期間が$T = 1/4$（3ヶ月）であった場合

$$20 \times (e^{-0.01 \times 1/4}) = 19.95$$

と求めることができます。ただし、このように簡単に理論価格を求めることができるのはヨーロピアン型の場合だけです。アメリカン型のオプションの場合は早期行使の可能性がありますから、各オプションの理論価格からボックスの価格を計算する必要があります。

先ほどは、ボックスを2つの行使価格におけるコンボのロングとショートという観点から見ましたが、ロングコールスプレッドとロングプットスプレッドから構成されるという見方もできます。

　90/110ボックスは90/110コールスプレッドのロングと90/110プットスプレッドのロングから成るわけです。つまり

$$（コールスプレッド）+（プットスプレッド）=（ボックス）$$

です。これは、図7.4と図7.5からも理解できるでしょう。支払ったプレミアム分を上側にシフトさせて、2つの図を重ね合わせると、ちょうど20ドルのところで一本の直線ができるはずです。これは満期におけるボックスの価値に他なりません。

　したがって、オプションがヨーロピアン型で、もしもコールスプレッドとプットスプレッドをボックス価格（行使価格の差の現在値）よりも安く買うあるいは高く売ることができれば、それは無リスクで利益を上げられる裁定取引となります。

7.12. コールカレンダー / プットカレンダー / ストラドルスワップ (Call Calendar/Put Calendar/Straddle Swap)

　異なる満期のオプションを売買することをカレンダースプレッドと言います。満期の近いオプションをショートし、満期の遠いオプションをロングすれば、それはカレンダースプレッドをロングしたことになります。一般的には同じ行使価格を売買し、例えばJan（1月）100プットをショート、Feb（2月）100プットをロングすれば、Jan/Feb100プットカレンダーのロングとなります。また、Jan100ストラドルをロングし、Feb100ストラドルをショートすれば、それはJan/Feb100ストラドルスワップのショートと呼びます。

　カレンダースプレッドのロングは短期オプションの満期から長期オプションの満期までのボラティリティを買うことです。

もしもあなたが、株が1月から2月の間に大きなニュースを発表すると知っていたとします。そしてその発表までは大きな値動きはないだろうと思えば、カレンダースプレッドをロングすることで利益を上げることができます。カレンダースプレッドについては、次章でグリークを学んだ後、9章で再び詳しく見てみます。

7.13. ジェリーロール（Jerry Roll）

満期の近いコンボをショートし、満期の遠いコンボをロングすることをロングジェリーロールと言います。

例えば、Jan100コンボをショート（Jan100コールをショート、Jan100プットをロング）し、Feb100コンボをロング（Feb100コールをロング、Feb100プットをショート）すれば、Jan/Feb100ジェリーロールのロングとなります。

表7.4. ロング Jan/Feb 100 ジェリーロール

	コール	プット
Jan 100	−	+
Feb 100	+	−

このようなポジションをとった場合、オプションがヨーロピアン型であれば必ず1月の満期時に100ドルで株を売り、2月の満期時に100ドルで株を買い戻すことになります。コンボが株の先物であるということを考えれば、これは株の1月限の先物を売って、2月限の先物を買ったことに他なりません。

1月限の行使価格 K のコールの価格を C_1、プットの価格を P_1、1月までの r/c を $(r/c)_1$
2月限の行使価格 K のコールの価格を C_2、プットの価格を P_2、2月まで

の r/c を $(r/c)_2$ とすると

1月限100コンボ：$C_1 + P_1 = S + (r/c)_1 - 100$
2月限100コンボ：$C_2 + P_2 = S + (r/c)_2 - 100$

ですから、Jan/Feb100ジェリーロールは、とりも直さず r/c の差

$(r/c)_2 - (r/c)_1$

となります。r/c が、現物株を保有する際にかかるコストであることを思い出せば、これはつまり、株を1月から2月までの1ヶ月間保有するコストに他なりません。したがって、その間の金利が上昇すればジェリーロールの価格は上昇しますし、またその間に支払われる配当が大きくなれば、ジェリーロールの価格は下落します。

7章のまとめ

　オプショントレードの魅力の一つに、異なる行使価格や限月にまたがるコールとプットを組み合わせて売買するスプレッド取引があります。スプレッドによって、さまざまな投資戦略を実装することが可能となります。
　どちらの方向かは分からないけれど、株価が大きく動くと思えば、ロングストラドルやロングストラングル、あるいはバタフライをショートするとよいでしょう。
　また、株価が上がると思えば、ロングコールスプレッドによって単にコールを買うよりもコストを抑えて株にロングのポジションをとることができますし、プットスプレッドをショートすれば、単にプットを売る

場合に比べて下落時のリスクを限定することができます。

配当や金利に何らかの目論見がある場合は、コンボやリバーサル・コンバージョン、あるいはジェリーロールによって戦略を実装することができますし、将来のある期間のボラティリティを売買したい場合は、カレンダースプレッドをトレードすればよいでしょう。

Q 章末問題

本章で登場したスプレッドは、どのようなときに執行するのが好ましいか、ボラティリティスマイルの観点から考えてみましょう。

Column 7

熟練オプショントレーダーの頭の中

　私が証券取引所でジュニアのオプショントレーダーとして働き始めて間もないころ、我々がオプションのプランニングに用いていたシステムがダウンして、全く動かなくなってしまったことがあります。運悪く、そのときにブローカーがバイライトのオーダーを持ってきました。マーケットメイカーは、投資家からのオーダーに対して、必ずマーケットを提示しなければならないという義務があります。

　私はどうすればいいのか慌てていたのですが、私の指導にあたっていたシニアトレーダーは、目をつぶって頭の中で計算を始めて、10秒もしないうちにブローカーにマーケットを提示しました。

　驚いた私がどうやって計算したのかと後から聞いたところ、彼は、まさに我々が7.1節で行ったことを頭の中で即座に計算したというのです。

　株のボラティリティや、配当日と額は頭の中に入っていて、そこからおよそのアトザフォワードのストラドルの値を計算し、それを2で割ることでアトザフォワードのコールの値が得られます。それを元にバイライトの対象となる行使価格のコールの価格を、8章で説明するおよそのデルタから求めたのです。

　そして、いつもよりも広めかつサイズの小さなマーケットを提示することで、その場を凌いだのです。後でシステムが回復してから見たのですが、彼の提示したマーケットは、他の証券取引所のマーケットメイカーのマーケットよりもやや広いというだけで、値についてはほぼ的確でした。

　およそのボラティリティや配当については、日々そのオプションのマーケットメイキングをしていれば、自然と頭に入ってくるものですが、その計算の正確さとスピードに感動したのをとても強く覚えています。

　ちなみに本章では紹介しませんでしたが、異なる2つの行使価格のコールの一方を買って他方を売るコールスプレッドに対し、両方を買うあるいは売ることをコールスチューピッド（Call Stupid）と言います。Stupidとは「馬鹿な、愚

かな」という意味です。プットの場合はプットスチューピッドとなります。アメリカのブローカーマーケットでは、時折スチューピッドが取引されることがあります。コールスチューピッドの買いは、異なる行使価格のコールを両方とも買うわけですから、これは単純に株価の上昇を強く見込んだ戦略です。なぜ2つの行使価格を分けて買うのかは実際に買う人に聞かなければ分かりませんが[*4]、あまりプロはこういった取引はしません。

---

*4　例えば、2つの行使価格にショートのポジションをとっており、ちょうどそのポジションをクローズしたい場合などが考えられます。

グリーク

8

　3章で、オプションの価格を決定する6つのインプットとして、

1. 行使価格
2. 原資産価格
3. 満期までの時間
4. ボラティリティ
5. 配当
6. 金利

を挙げました。そしてそれぞれがオプションの価格に定性的にどのような影響を及ぼすかを表にまとめました。

　これら6つのうち、行使価格についてはあらかじめ決まっており、満期までに変動することがありません。しかしその他の5つは満期までに変動しうる要素であり、それにともないオプションの価値が変化します。インプライドボラティリティが上昇すればオプションの価値はコール・プット問わず上昇しますし、株が想定よりも大きな配当の支払いを発表すればプットの価値は上昇するでしょう。

　この章では、これらの要素がオプションの価値にどれほどの影響を与えるかを表す指標を詳しく見ていきます。これらの指標には、デルタやガンマといったギリシャ文字の名称がつけられており、グリーク（Greek）と呼ばれます。Greekとはギリシャ語という意味です。

図 8.1. オプション取引画面の一例

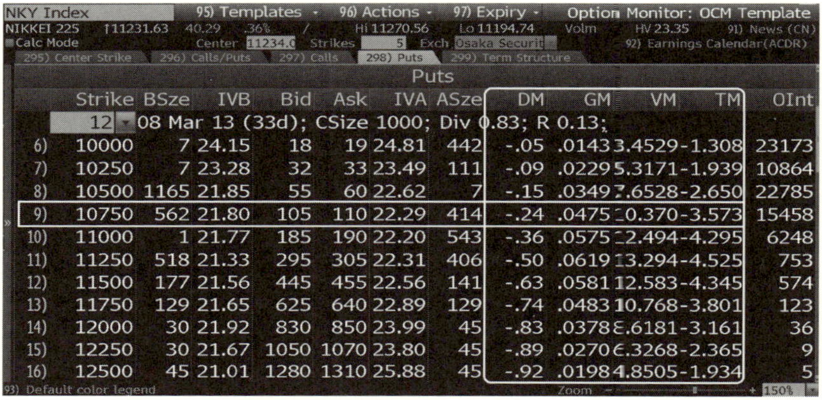

NKY Index 95) Templates 96) Actions 97) Expiry Option Monitor: OCM Template
NIKKEI 225 ↑11231.63 40.29 .36% / Hi 11270.56 Lo 11194.74 Volm HV 23.35 91) News (CN)
Calc Mode Center 11234.0 Strikes 5 Exch Osaka Securit 92) Earnings Calendar(ACDR)
295) Center Strike 296) Calls/Puts 297) Calls 298) Puts 299) Term Structure

Puts

	Strike	BSze	IVB	Bid	Ask	IVA	ASze	DM	GM	VM	TM	OInt
12	08 Mar 13 (33d); CSize 1000; Div 0.83; R 0.13;											
6)	10000	7	24.15	18	19	24.81	442	-.05	.0143	3.4529	-1.308	23173
7)	10250	7	23.28	32	33	23.49	111	-.09	.0229	5.3171	-1.939	10864
8)	10500	1165	21.85	55	60	22.62	7	-.15	.0349	7.6528	-2.650	22785
9)	10750	562	21.80	105	110	22.29	414	-.24	.0475	10.370	-3.573	15458
10)	11000	1	21.77	185	190	22.20	543	-.36	.0575	12.494	-4.295	6248
11)	11250	518	21.33	295	305	22.31	406	-.50	.0619	13.294	-4.525	753
12)	11500	177	21.56	445	455	22.56	141	-.63	.0581	12.583	-4.345	574
13)	11750	129	21.65	625	640	22.89	129	-.74	.0483	10.768	-3.801	123
14)	12000	30	21.92	830	850	23.99	45	-.83	.0378	8.6181	-3.161	36
15)	12250	30	21.67	1050	1070	23.80	45	-.89	.0270	6.3268	-2.365	9
16)	12500	45	21.01	1280	1310	25.88	45	-.92	.0198	4.8505	-1.934	5

93) Default color legend Zoom 150%

オプション取引の口座を開設すると、取引画面上に、各オプションの持つグリークが表示されている場合があります。図8.1は日経のプットのマーケットを表しています。白くハイライトされた部分がグリークです。この画面上では、DMはデルタ、GMはガンマ[*1]、VMはベガ[*2]、TMはセータを表しています。例えば、10,750プットのガンマは0.0475、ベガは10.37、セータは−3.573と表示されています。日経オプションのマルティプライアは1,000ですからこれは、10,750プットを1つ買うと、47.5のガンマ、10,370円のベガを獲得することができ、3,573円のセータを支払うことになるということを意味します。実は、オプションを売買する最大の目的は、こうしたグリークを取引することにあります。グリークこそがオプションをオプションたらしめていると言ってもよいでしょう。いったいそれはどういうことなのか、この章で習得しましょう。

また、これらグリークは、オプションのポートフォリオを分析する際

＊1　この画面上におけるガンマは、原資産価格が1%上昇したときにデルタがどれだけ上昇するかを表した値となっています。

＊2　ベガ（Vega）というのは、こと座のアルファ星の別名であって、ギリシャ語のアルファベットには存在しません。しかしオプションの世界では、とても大事な「グリーク」の一つです。

に非常に有用で、実際オプショントレーダーは自分のとっているポジションの大きさやリスクをグリークを用いて表現、理解しようとします。

なお本章にてオプションのコントラクトサイズ、マルチプライアは100としましょう。

8.1. デルタ (Delta)

オプションのデルタは、その他のインプットを一定としたときに、原資産価格が単位価格（例えば1ドル）上昇したときにオプションの価値がどれほど上昇するかを表現した値です。数学的には、オプションの価値を原資産価格で偏微分した値として定義されます。つまり、オプションの価値をO、株価をSとすると、デルタδは

$$\delta = \frac{\partial O}{\partial S} \tag{8.1}$$

と定義されます。オプションの価値を原資産価格で微分した値ですから、これは図8.2の傾きに相当します。

このデルタを株価に対してプロットしたものが図8.3です。

逆に、株価が100ドルのときに、各行使価格ごとにデルタをプロットしたものが図8.4です。

プットの場合は図8.5～図8.7のようになります。

図のように、コールは0～+1の正のデルタを持ち（株価が上がればコールの価値は上昇）、プットは0～-1の負のデルタを持ちます（株価が上がればプットの価値は下落）。

例えば今、原資産の株価が100ドルとすると、1週間後に満期を迎える70コールのデルタはいかほどでしょうか。よほどのことがない限りこのオプションはインザマネーで満期を迎えるでしょう。その価格は本質的価値に等しい30ドルと予想できます。もしも株価が1ドル上昇して101ドルになれば、70コールの価値も1ドル上昇して31ドルになるでし

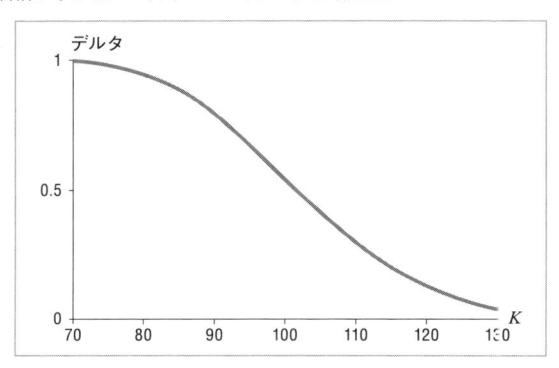

図 8.2. コールプレミアムの株価に対する傾きとしてのデルタ

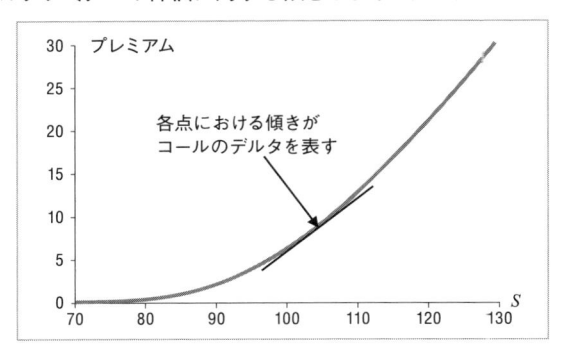

図 8.3. 100 コールのデルタ
株価が上がるにつれてコールのデルタは増える。

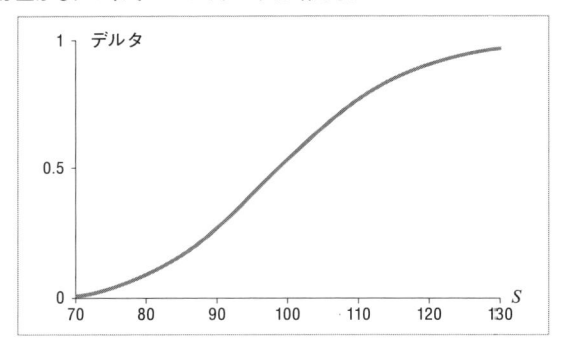

図 8.4. 株価 $S=100$ ドルにおける各行使価格のコールのデルタ
行使価格が下がるにつれてコールのデルタは増える。

図 8.5. プットプレミアムの株価に対する傾きとしてのデルタ

各点における傾きがプットのデルタを表す

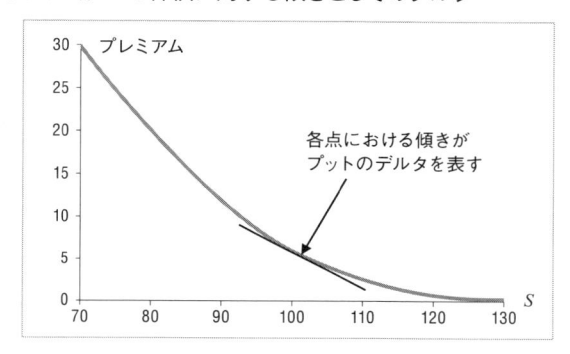

図 8.6. 100 プットのデルタ
株価が下がるにつれて、プットのデルタ（の絶対値）は増える。

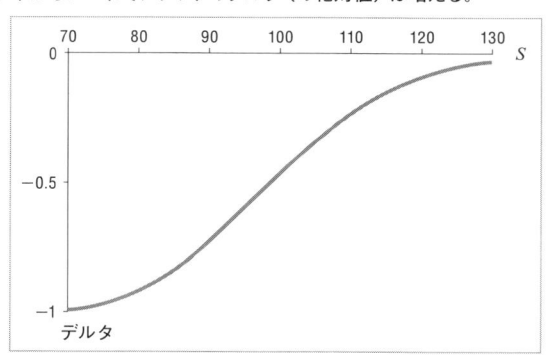

図 8.7. 株価 $S=100$ ドルにおける各行使価格のプットのデルタ
行使価格が上がるにつれてプットのデルタ（の絶対値）は増える。

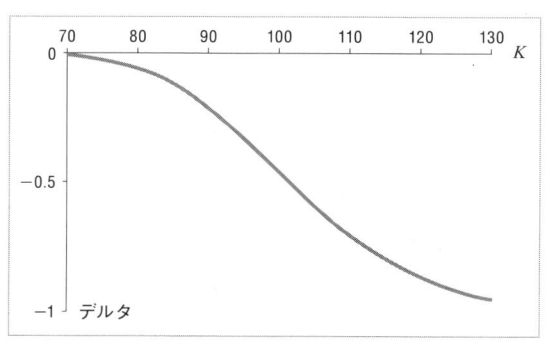

ょうし、株価が1ドル下落して99ドルになれば、70コールの価値も1ドル下落して29ドルになるでしょう。このようなディープインザマネーのオプションの価値は原資産価格とほぼ同じだけ変化するため、1に近いデルタを持ちます。プットの場合も同様です。例えば行使価格が130のプットはほぼ確実にインザマネーで満期を迎えるでしょう。今度は、原資産価格が1ドル上昇すればプットの価値は1ドル下落し、原資産価格が1ドル下落すればプットの価値は1ドル上昇するでしょうから、−1のデルタを持ちます。正負の符号を無視すれば、ディープインザマネーのオプションはともに1に近いデルタを持つことになるわけです。

　行使価格が130のコールはどうでしょうか。このオプションはファーアウトオブザマネーでほとんど価値がないと思われます。株価が1ドル上昇しようが下落しようがこのオプションの価値にに何の影響もないでしょうからデルタは0です。ファーアウトオブザマネーのプットについても同様にデルタは0です。

　それではその中間の、行使価格が100ドルのアトザマネーのオプションについてはどうでしょうか。ご想像の通り、デルタは0と1の中間の0.5程度となります（プットの場合は−0.5程度）。つまり、株価が1ドル上がれば、アトザマネーのコールは0.5ドル程度上昇し、プットは0.5ドル程度下落すると言えるわけです。

　これまでの簡単な議論から、デルタに対して一つの有用な解釈を与えることができます。実はデルタは、正負の符号を無視すれば、オプションがインザマネーで満期を迎えるおよその確率と解釈できるのです。ディープインザマネーのオプションはほぼ確実にインザマネーで満期を迎えるでしょうから1に近いデルタを持ちますし、ファーアウトオブザマネーのオプションがインザマネーとなる確率は非常に低いですからデルタはほぼ0でしょう。アトザマネーのオプションについては、インザマネーとなるかアウトオブザマネーになってしまうかはほぼ五分五分ですから、およそ0.5のデルタを持つと解釈できるわけです。7章にて、コールスプレッドを通して株価がある値以上となるおよその確率を評価し

ました（図7.7）。これと図8.4を比べてください。行使価格Kのコールがインザマネーとなるということは、株価がK以上となることですから、これらが非常に似通っていることが理解できるでしょう。

さて、デルタについてはもう一つ知っておかなければならない重要な意味があります。それは「ヘッジレシオ」としてのデルタです。4章の二項分布モデルでダイナミックヘッジの話をしました。オプションのポジションをヘッジするのに必要な株数Δが各ノードで異なるため、ポートフォリオを無リスクに保つようにヘッジするには、常に株を売買する必要があるということを示しました。実はこのΔがデルタなのです。

再び、先ほどの例を用いて感覚的に理解しましょう。100ドルの株に対して、行使価格70ドルのコールをロングしているとします。このオプションは1のデルタを持ち、株価の変化分だけその価格が変化します。つまり、損益の観点から言えば、株を100株ロングしているのとほぼ同じことです。したがって、コールのポジションをヘッジし、株価の変動によって価値が変化することのない無リスクのポートフォリオを構築するには、株を100株ショートする必要があります。

これがヘッジレシオとしてのデルタの意味するところです。つまりデルタは、そのオプションがどの程度株に近いものであるかを表しているのです。デルタが1のコールは株価と同じく価値が変動し、損益の観点から言えばほぼ100株をロングしていることと同じです。デルタが+0.5のコールは、株を50株ロングしていることに近いと考えられるのです。

行使価格100ドルのアトザマネーのプットをショートした場合はどうでしょうか。このオプションは株価が1ドル上がればおよそ0.5ドル価値を下げるわけですから、そのポジションをヘッジするためには50株だけ株をショートしてやる必要があります。そうすることで、株価の変動によるオプションプレミアムの変化を株のポジションが相殺してくれるわけです。

オプショントレーダーは、自分のポジションのデルタをリアルタイム

で計算し、それをヘッジするために別のオプションや原資産をトレードします。後述するほかのリスクパラメタの中でも、まず第一にこのデルタリスク（原資産価格の変動に対するリスク）をヘッジすることがほとんどです。

ブラックショールズモデルにおいて、ヨーロピアン型オプションのデルタは解析的に表すことができ

$$\text{コールデルタ}：\delta = \Phi(d_1) \tag{8.2}$$

$$\text{プットデルタ}：\delta = -\Phi(-d_1) = \Phi(d_1) - 1 \tag{8.3}$$

となります。ただし（4.17）、（4.18）の通り

$$d_1 = \frac{\ln\left(\frac{S}{K}\right) + \left(r + \frac{\sigma^2}{2}\right)T}{\sigma\sqrt{T}}$$

$$d_2 = \frac{\ln\left(\frac{S}{K}\right) + \left(r - \frac{\sigma^2}{2}\right)T}{\sigma\sqrt{T}} = d_1 - \sigma\sqrt{T}$$

です。つまり、ヨーロピアン型の場合、同じ行使価格のコールのデルタとプットのデルタの絶対値の和は1となります。例えば、コールのデルタが0.3の場合、プットのデルタは-0.7ですし、プットのデルタが-0.3の場合はコールのデルタは0.7となります。これは、デルタがインザマネーとなる確率を表した値であることを考えれば理解できるでしょう。例えば、株価が100ドルのときに110コールが0.3の確率でインザマネーとなるのであれば、それは0.3の確率で株価が110ドル以上になるということですから、110プットは0.7の確率でインザマネーとなるはずです。ただし、これはアメリカン型オプションの場合には当てはまりません。早期行使が可能であるために、コールのデルタとプットのデルタの絶対値の和は1以上となりえるのです。

8.2. ガンマ（Gamma）

ガンマは、その他のインプットを一定としたときに、原資産価格が1ドル上昇したときに、オプションのデルタがどれほど上昇するかを表しています。つまり、オプションのデルタを原資産価格で偏微分した値として定義されます。数式で表すとガンマγは以下のようになります。

$$\gamma = \frac{\partial \delta}{\partial S} = \frac{\partial^2 O}{\partial S^2} \tag{8.4}$$

したがってこれは図8.3、8.6の各点における傾きを表し、図8.2、8.5の各点における曲率（Curvature）に相当します。つまりカーブの強さです。これは常に正の値をとります。

図8.9は、株価が100ドルのときの各行使価格のオプションのガンマを表したものです。ヨーロピアン型の場合、同じ行使価格のコールとプットのガンマは等しく、アトザマネー付近のオプションは最大のガンマを持ちます[3]。

図 8.8. オプションプレミアムの株価に対する曲率としてのガンマ
この曲線はあらゆる点で下に凸であり、正の曲率（ガンマ）を持つ。

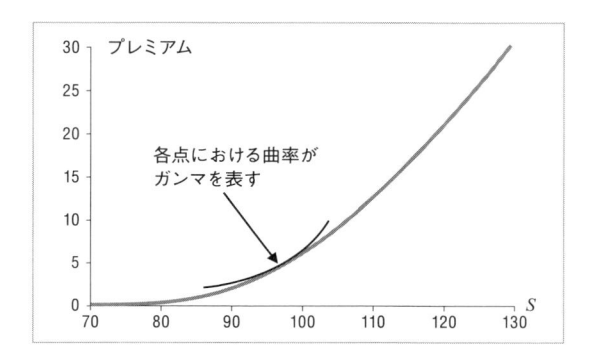

---

[3] アメリカン型の場合、満期までに配当があると行使価格が同じコールのデルタとプットのデルタの絶対値の和は1にはならず、必ずしもガンマは一致しません。

図 8.9. 株価が 100 ドルのときの各行使価格のオプションのガンマ

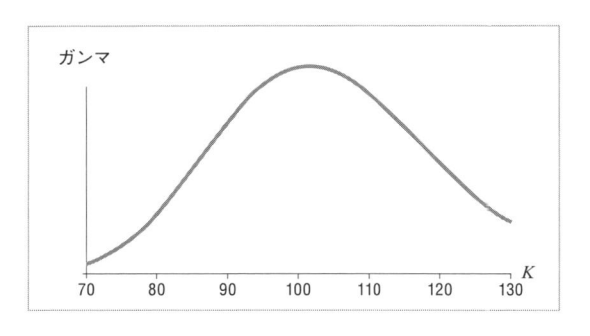

図 8.10. 時間の経過によるコールのプレミアムの変化

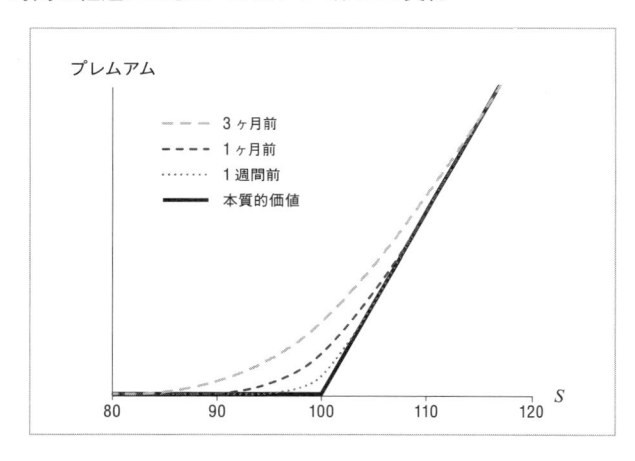

　一般にガンマは、満期が近づくにつれて大きな値をとります。しかし満期がさらに近づくと、そのオプションの行使価格と株価の関係性によって、異なる特性を示すようになります。図8.10は100コールのプレミアムを株価に対してプロットした曲線が、満期に近づくにつれてどのように変化するかを表したものです。満期に近づくにつれ、オプションの時間的価値が失われて曲線が本質的価値を表すラインに近づくことが分

図 8.11. 時間の経過によるガンマの変化
満期直前のアトザマネーのガンマは非常に大きな値をとる。

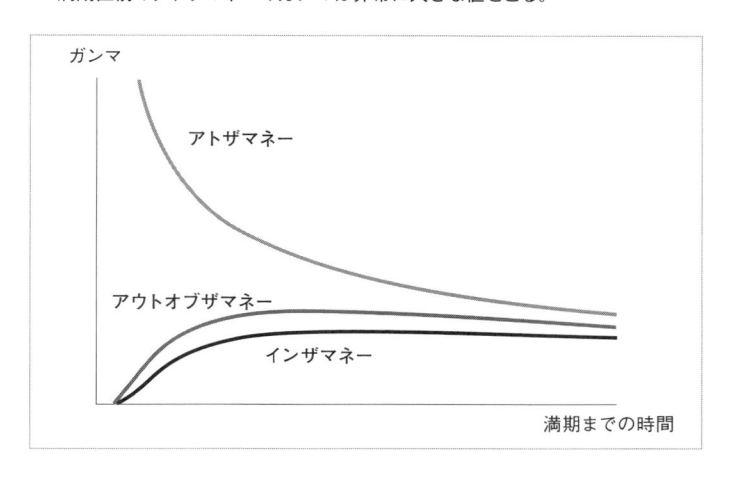

(図: 縦軸「ガンマ」、横軸「満期までの時間」。曲線は「アトザマネー」「アウトオブザマネー」「インザマネー」の3本。)

かります。

　ガンマは、この曲線の曲率を表していますから、満期直前に株が100ドル付近でトレードされていた場合、非常に大きな値をとります。例えば、あと1秒で満期となるときに株価が99.99ドルであった場合、100コールのデルタはほとんど0ですが、直前に100.01ドルに株価が上昇すれば、このコールのデルタは一気に1に変化します。この場合のガンマは、原資産価格が+0.02ドル変化したときにデルタが+1変化していますから

$$\gamma = \frac{1}{0.02} = 50$$

と計算されます。理論上は、満期直前のアトザマネーのオプションのガンマは無限大となります。

　一方、アウトオブザマネーやインザマネーのオプションのデルタは、満期が近づくにつれ、株価がどう動こうとほぼ一定のデルタ（0か1）

をとるようになります。これは図8.10において、行使価格100のコールのプレミアムを表す曲線が、株価が100ドルから離れてトレードされている場合はほぼ本質的価値を表すラインに等しくなることに対応しています。

　図8.11は、これらをまとめて、ガンマが時間とともにどのように変化するかを表したものです。

　さて、それではこのガンマとはいったい何なのでしょうか。なぜこのような数値を気にする必要があるのでしょうか。実はオプションを買う最大の理由は、このガンマをロングすることにあると言っても過言ではありません。

　それを見るための準備として、オプションのプレミアムおよびデルタとガンマを実際に自分で計算してみましょう。ブラックショールズの公式を用いる必要はありません。これまでに出てきた式と正規分布の性質を利用すれば、紙と鉛筆だけでオプションのプレミアムを非常に大雑把ですが計算することができます。

　以下のような簡単な例を考えましょう。

タイプ：ヨーロピアン
現在の株価：$S = 100$ ドル
ボラティリティ：$\sigma = 20\%$
満期までの期間：$T = 1/4$（3ヶ月）
無リスク金利：0%
満期までの配当：なし

　目標は、右の表を埋めることです。

表 8.1. 各オプションのプレミアム、デルタ、ガンマ（現状は空欄）

コールガンマ	コールデルタ	コールプレミアム	行使価格	プットプレミアム	プットデルタ	プットガンマ
			87.5			
			90			
			92.5			
			95			
			97.5			
			100			
			102.5			
			105			
			107.5			
			110			
			112.5			

　まず最初に、アトザフォワードのオプションのプレミアムを求めることから始めましょう。金利・配当はゼロとしたので、フォワードは現在の株価に等しい100ドルとなります。

　7章のアトザフォワード・ストラドルの公式を思い出してください。

$$C + P \simeq 0.8\, \sigma S \sqrt{T}$$

ですから、この場合

$$C + P \simeq 0.8 \times 0.2 \times 100 \times \sqrt{1/4}$$

$$C + P \simeq 8 \tag{8.5}$$

となります。

　次に、アトザフォワードにおけるプットコールパリティは

$$C - P = 0 \qquad (8.6)$$

となりましたから、(8.5) と (8.6) から 100 コールおよび 100 プットのプレミアムはおよそ 4 ドルと計算できます。こうしてまず、100 コールのプレミアムと 100 プットのプレミアムの欄が埋まりました。

次に、デルタを概算してみましょう。

まず、株価が 100 ドルですから、100 コールのデルタはおよそ 0.5、100 プットのデルタはおよそ −0.5 程度だと分かります[*4]。

それではそれ以外のデルタはどのようにして求めればよいでしょうか。これには、「デルタはオプションがインザマネーとなるおよそ確率である」という解釈と、正規分布の性質を利用します。

今、ボラティリティが 20％ですから、3ヶ月の期間におけるリターンの標準偏差はおよそ

$$20\% \times \sqrt{1/4} = 10\%$$

です。つまり、3ヶ月における 1σ の値動きはおよそ

$$100\% \times 0.1 = 10 \text{ドル}$$

[*4] 正確には、コールとプットのプレミアムが等しくなるアトザフォワードのオプションにおいても、コールのデルタは 0.5 よりもわずかに大きくなります。仮に金利も配当も無いヨーロピアン型のオプションであっても、アトザマネーのコールのデルタは 0.5 よりも大きくなります。これまでに、トレーダーはデルタの絶対値をオプションがインザマネーとなるおよその確率だと解釈すると述べてきましたが、これはあくまでも大雑把にそのように考えることができるという意味です。将来の株価が対数正規分布に従う場合、3章で述べた理由から、株価がフォワード価格以上となる確率（つまりアトザフォワードのコールがインザマネーとなる確率）は 50％に満たないことになります。ところが、デルタのそもそもの定義はプレミアムの原資産価格に関する偏微分ですから、正確にデルタを計算するにはこの定義に立ち返って計算する必要があります。

図 8.12. 3ヶ月後における株価のおよその確率分布

約70%の確率で1σである90ドル〜110ドルの範囲に入る。したがって、株価が110ドル以上となる確率はおよそ15%だと推定できる。ただし、株価の分布は正確には正規分布ではなく対数正規分布となり、90コールのデルタは0.85より大きくなる。

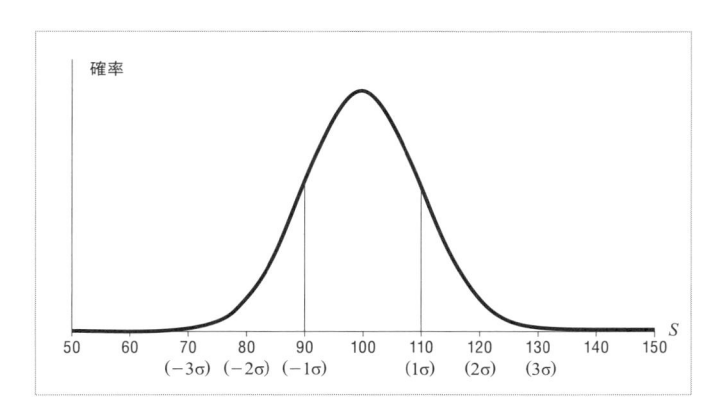

であると計算できます。再び正規分布の性質を思い出してください。これは大雑把に言えば、3ヶ月後に約68%の確率で株価が90ドルから110ドルの範囲にあり、約95%の確率で80ドルから120ドルの間にあることを意味します。

それでは、110コールのデルタはいくら程度になるでしょうか。先ほどデルタはオプションがインザマネーとなるおよその確率と解釈できると言いました。110コールがインザマネーで満期を迎えるには、株価が110ドル以上となる必要があります。3ヶ月後に株価が90ドルから110ドルにある確率がおよそ70%なのですから、株価が110ドル以上になる確率は

$$\frac{1-0.7}{2} = 0.15$$

程度だと計算できそうです。これは巻末の正規分布表を用いて

$$\Phi(1) \simeq 0.85 \ (0.8413)$$

であることからも確認できます。つまり、110コールのデルタは0.15程度と見積もることができるのです。同様に、90コールのデルタは0.85程度と見積もれます。

110プットのデルタはどうでしょう。このオプションがインザマネーとなる確率は、株価が110以下である確率ですから、これは−0.85となります。プットのデルタにはマイナスがつくことを忘れないでください。同じように考えて、90プットのデルタは−0.15程度と見積もることができます。

ここまでで、以下のように表が埋まりました。

表8.2. 各オプションのプレミアム、デルタ、ガンマ（途中経過その1）

コールガンマ	コールデルタ	コールプレミアム	行使価格	プットプレミアム	プットデルタ	プットガンマ
			87.5			
	0.85		90		−0.15	
			92.5			
			95			
			97.5			
	0.5	4	100	4	−0.5	
			102.5			
			105			
			107.5			
	0.15		110		−0.85	
			112.5			

それでは、95プットのデルタはいくら程度になるでしょうか。1σ が10ドルですから、5ドルの値動きは、0.5σ に対応します。ここで再び正規分布の性質を用いましょう。正規分布において、確率変数が$-0.5\sigma \sim$

+0.5σの範囲に入る確率はおよそ40％であることが知られています。

この性質を用いると、株価が95ドル以下になる確率は

$$\frac{1-0.4}{2} = 0.3$$

程度だと見積もれます。つまり95プットのデルタはおよそ−0.3と計算できます。同様に105コールのデルタは0.3、105プットのデルタ、95コールのデルタは−0.7、0.7程度と見積もれそうです。

以下の表は、正規分布において変数が各範囲に入るおよその確率をまとめたものです。普段接していると、自然と頭に入ってきます。詳しい値は付録の正規分布表を参照してください。

表 8.3. 正規分布において、確率変数が各範囲内に入るおよその確率

範囲	およその確率
$-0.25\sigma \sim +0.25\sigma$	0.2
$-0.5\sigma \sim +0.5\sigma$	0.4
$-1\sigma \sim +1\sigma$	0.7
$-1.25\sigma \sim +1.25\sigma$	0.8
$-2\sigma \sim +2\sigma$	0.95
$-3\sigma \sim +3\sigma$	0.997

この性質を利用すると例えば112.5コールのデルタが0.1、97.5プットのデルタが−0.4程度だと計算できます。

107.5コールなどの埋まらなかった部分については、単純に上下の行使価格の平均をとって大雑把に求めてしまいましょう。

こうして、次ページのように表を埋めることができました。

表 8.4. 各オプションのプレミアム、デルタ、ガンマ（途中経過その 2）

コールガンマ	コールデルタ	コールプレミアム	行使価格	プットプレミアム	プットデルタ	プットガンマ
	0.9		87.5		−0.1	
	0.85		90		−0.15	
	0.775		92.5		−0.225	
	0.7		95		−0.3	
	0.6		97.5		−0.4	
	0.5	4	100	4	−0.5	
	0.4		102.5		−0.6	
	0.3		105		−0.7	
	0.225		107.5		−0.775	
	0.15		110		−0.85	
	0.1		112.5		−0.9	

　それでは次に、アトザフォワード以外のオプションのプレミアムを計算しましょう。

　97.5コールのプレミアムはいかほどでしょうか。これには先ほど求めたデルタを利用します。

　100コールのデルタが0.5ということの定義通りの意味は、株価が1ドル上がって1ドル分インザマネーになったときに、オプションのプレミアムが0.5ドル上がるということです。

　株価が1ドル上がる代わりに、行使価格が1ドル下がっても、1ドル分インザマネーになることには変わりありません。そこで、行使価格が1ドル下がった場合、株価が1ドル上がった場合と同じようにプレミアムが上昇すると考えましょう。つまり、行使価格が99ドルのコールは100コールよりも0.5ドル高いプレミアムを持つと見なすわけです。

　100コールのデルタが0.5、97.5コールのデルタが0.6ですから、この間の平均のデルタは0.55と考えれば、97.5コールのプレミアムは100コールのプレミアムよりも

$$2.5 \times 0.55 = 1.375$$

だけ高い 5.375 ドルと推定できます。すると、95 コールのプレミアムは 97.5 コールのプレミアムと 95 〜 97.5 の平均のデルタ 0.65 を用いて

$$5.375 + 2.5 \times 0.65 = 7$$

と推定できます。同じようにして 87.5 コールまでのプレミアムを計算することができます。

同様に、102.5 コールは 100 コールに比べて 2.5 ドルだけアウトオブザマネーですから、100 から 102.5 の平均のデルタ 0.45 を用いて

$$4 - 2.5 \times 0.45 = 2.875$$

となります。以下同様に 112.5 コールまでのプレミアムを求めることができます。

プットのプレミアムについても全く同様にデルタから推定することができますが、コールのプレミアムが分かったので、今度は金利と配当がない場合のプットコールパリティ

$$C - P = S - K$$

からプットのプレミアムを求めてみましょう。

$$P = C - S + K$$

となりますから、例えば 97.5 プットのプレミアムは

$$5.375 - 100 + 97.5 = 2.875$$

と求まります。こうしてすべてのオプションのプレミアムを求めると

表 8.5. 各オプションのプレミアム、デルタ、ガンマ（途中経過その3）

コールガンマ	コールデルタ	コールプレミアム	行使価格	プットプレミアム	プットデルタ	プットガンマ
	0.9	13.0625	87.5	0.5625	−0.1	
	0.85	10.875	90	0.875	−0.15	
	0.775	8.84375	92.5	1.34375	−0.225	
	0.7	7	95	2	−0.3	
	0.6	5.375	97.5	2.875	−0.4	
	0.5	4	100	4	−0.5	
	0.4	2.875	102.5	5.375	−0.6	
	0.3	2	105	7	−0.7	
	0.225	1.34375	107.5	8.84375	−0.775	
	0.15	0.875	110	10.875	−0.85	
	0.1	0.5625	112.5	13.0625	−0.9	

となります。表を見ると、コールとプットのデルタおよびプレミアムは表の中心に対して対称となっています。これは、将来の株価の確率分布が完全な正規分布だと仮定したからです。3章で述べたように、本来は対数正規分布ですから、実際には表8.5のように対称にはなりません。

こうして、およそのオプションのプレミアムとデルタを求めることができました。次にガンマを求めてみましょう。

ガンマは、株価が1ドル上昇したときにデルタがどれだけ増大するか（あるいは同じことですが、株価が1ドル下落したときにデルタがどれだけ減少するか）を表した値でした。つまり、102.5コールのガンマとは、株価が現在の100ドルから101ドルに上昇したとき、現在のデルタ0.4がどの程度増えるかを表したものです。

株価が100ドルから102.5ドルに上昇した場合、102.5コールはアトザマネーとなり、およそ0.5のデルタを持つでしょう。株価が100ドルから102.5ドルに上昇したときに、デルタが0.4から0.5に増大したわけですから、ガンマは

$$\frac{0.5 - 0.4}{102.5 - 100} = 0.04$$

と計算できます。

　逆に、株価が100ドルから97.5ドルに下落した場合はどうでしょうか。102.5コールはこのとき5ドルだけアウトオブザマネーとなります。先ほど、株価が100ドルのときに5ドルだけアウトオブザマネーである105コールは0.3のデルタを持つと計算しました。したがって、102.5コールも株価が97.5ドルのときはおよそ0.3のデルタを持つだろうと近似してみましょう。株価が100ドルから97.5ドルに下落したときに、デルタが0.4から0.3に減少したわけですから、ガンマは

$$\frac{0.3 - 0.4}{97.5 - 100} = 0.04$$

と求まり、先ほど株価が100ドルから102.5ドルに上昇した際に計算したガンマと一致しました。どうやら102.5コールのガンマは0.04と計算してよさそうです。

　それでは95プットのガンマはどうでしょうか。このオプションは株価が100ドルのときに−0.3のデルタを持ちます。株価が100ドルから102.5ドルに上昇した場合、このオプションは7.5ドルアウトオブザマネーとなります。先ほど株価が100ドルのときに7.5ドルだけアウトオブザマネーである92.5プットは−0.225のデルタを持つと計算しました。したがって、95プットも株価が102.5ドルのときはおよそ−0.225のデルタを持つことになるだろうと近似しましょう。すると、株価が100ドルから102.5ドルに上昇したときに、デルタが−0.3から−0.225に増大したわけですから、95プットのガンマは

$$\frac{-0.225 - (-0.3)}{102.5 - 100} = 0.03$$

と計算できます。

　株価が97.5ドルに下落した場合のデルタの変化も考えてみましょう。この場合95プットは2.5ドルだけアウトオブザマネーとなります。株価が100ドルのときに2.5ドルだけアウトオブザマネーであった97.5プットは−0.4のデルタを持ちましたから、95プットも株価が97.5ドルのときには−0.4程度のデルタを持つであろうと近似しましょう。すると、株価が100ドルから97.5ドルに下落したときに、デルタが−0.3から−0.4に減少したわけですから、95プットのガンマは

$$\frac{-0.4-(-0.3)}{97.5-100}=0.04$$

となりました。

　95プットは、株価が2.5ドルだけ上昇すると0.075だけデルタが増大し、株価が2.5ドルだけ下落するとデルタが0.1だけ減少するようです。それでは中間をとって、このガンマは0.035としましょう。

　まったく同様にして行使価格が90から110までのオプションのガンマが、その上下の行使価格のデルタから計算できます。こうして埋めた表が右の表8.6です。これを見ると、ヨーロピアン型の場合、同じ行使価格のコールとプットのガンマは等しく、アトザマネー付近のオプションは最大のガンマを持つことが大雑把に見てとれます。

表 8.6. 各オプションのプレミアム、デルタ、ガンマ

コールガンマ	コールデルタ	コールプレミアム	行使価格	プットプレミアム	プットデルタ	プットガンマ
	0.9	13.0625	87.5	0.5625	−0.1	
0.025	0.85	10.875	90	0.875	−0.15	0.025
0.03	0.775	8.84375	92.5	1.34375	−0.225	0.03
0.035	0.7	7	95	2	−0.3	0.035
0.04	0.6	5.375	97.5	2.875	−0.4	0.04
0.04	0.5	4	100	4	−0.5	0.04
0.04	0.4	2.875	102.5	5.375	−0.6	0.04
0.035	0.3	2	105	7	−0.7	0.035
0.03	0.225	1.34375	107.5	8.84375	−0.775	0.03
0.025	0.15	0.875	110	10.875	−0.85	0.025
	0.1	0.5625	112.5	13.0625	−0.9	

　正規分布の性質を利用するだけで、およそのオプションのプレミアムおよびデルタとガンマを求めることができたわけです。

　さて、そもそもわざわざ表8.6を作成したのは、先ほど述べた「オプションを買う最大の理由は、ガンマをロングすること」ということを見るためです。

　そこで、実際にオプショントレードをシミュレーションしてみましょう。

　今、アトザマネーの100コールを1つ4ドルで買ったとします。デルタは0.5ですから、このポジションのデルタをヘッジするためには株を50株ショートする必要があります。

現在の株価：$S = 100$ ドル

100コール：$+1$

株：-50

となります。

　ところが、株価が100ドルから97.5ドルに下がったとします。コール

を買ったのに株価が下がったのでアンラッキーでしょうか。それとも株でデルタをヘッジしたので株価は無関係でしょうか。実際に損益を計算してみましょう。

　100コールのデルタは、ガンマが0.04ですから株価が97.5ドルに下がると

$$0.5 - 0.04 \times 2.5 = 0.4$$

となります。そもそもこのようにデルタが変化するだろうとして、先ほどガンマを計算したわけです。

　デルタとは、株価が1ドル上昇したときにオプションのプレミアムがどれだけ変化するかを表した値でした。100コールのデルタは、株価が100のときは0.5で、株価が97.5に下がると0.4になるのですから、この間の平均のデルタを0.45とすれば、株価が100ドルのときに4ドルであった100コールのプレミアムは、株価が97.5ドルになると

$$4 - 2.5 \times 0.45 = 2.875 \text{ドル}$$

になると計算できます。したがって、100コールのポジションの損益は、マルティプライアが100ですから

$$(2.785 - 4) \times 100 = -112.5 \text{ドル}$$

となります。

　一方、ショートした50株からの損益は

$$(97.5 - 100) \times (-50) = +125 \text{ドル}$$

です。これをまとめると、表8.7のようになります。

表 8.7. 各ポジションの価値の変化
　　　　（株価が 100 ドルから 97.5 ドルに下落したとき）

ポジション	$S=100$ ドルのとき	$S=97.5$ ドルのとき	ポジションからの損益
100 コール (+1)	4 ドル	2.875 ドル	$(2.875 - 4) \times 100 = -112.5$
株 (−50)	100 ドル	97.5 ドル	$(97.5 - 100) \times (-50) = +125$
トータル	−4,600 ドル	−4,587.5 ドル	+12.5 ドル

つまり、トータルでは12.5ドルの利益を上げることができました。実はアンラッキーでも無関係でもなく、むしろ喜ぶべきことだったのです。

それでは逆に、株価が100ドルから102.5ドルに上がったとしましょう。今度はどうでしょうか。

株価が102.5ドルに上がると100コールのデルタは、ガンマが0.04ですから

$$0.5 + 0.04 \times 2.5 = 0.6$$

となります。つまり、株価が100ドルから102.5ドルに上昇する際、デルタは0.5から0.6に増大しました。この間の平均のデルタを0.55とすると、100コールのプレミアムは、株価が100ドルから102.5ドルに上昇すると

$$4 + 2.5 \times 0.55 = 5.375 \text{ ドル}$$

となります。

したがって、100コールのポジションの損益は

$$(5.375 - 4) \times 100 = +137.5 \text{ ドル}$$

となります。

一方ショートした50株からの損益は

$$(102.5 - 100) \times (-50) = -125 \text{ ドル}$$

です。

表 8.8. 各ポジションの価値の変化
（株価が100ドルから102.5ドルに上昇したとき）

ポジション	$S = 100$ドルのとき	$S = 102.5$ドルのとき	ポジションからの損益
100 コール (+1)	4 ドル	5.375 ドル	$(5.375 - 4) \times 100 = +137.5$
株 (−50)	100 ドル	102.5 ドル	$(102.5 - 100) \times (-50) = -125$
トータル	−4,600 ドル	−4,587.5 ドル	+12.5 ドル

つまりこの場合も表8.8のようにトータルでは＋12.5ドルの利益となります。株価が上がった場合も利益を上げることができました。

プットを買った場合も全く同様にして、株価が上がろうが下がろうが利益を上げられることが分かります。

つまり、オプションを買ってデルタをヘッジした場合、株が上がっても下がっても利益を上げることができるのです。

今見てきたことを一般に式で表してみましょう。

株の値動きを ΔS とすると、株価が S から ΔS になったとき、オプションのデルタ δ は、ガンマ γ を用いて

$$\delta \to \delta + \gamma \Delta S$$

に変化しますから、この間の平均のデルタは

$$\delta + \frac{1}{2} \gamma \Delta S$$

となります。したがって、この ΔS の株の値動きによって生じたオプシ

ョンの価値の増減は

$$\left(\delta + \frac{1}{2}\gamma \Delta S\right) \times \Delta S$$

となります。一方、オプションのデルタをヘッジするためにとった株のポジションの価値の増減は

$$-\delta \times \Delta S$$

ですから、トータルでは

$$\left(\delta + \frac{1}{2}\gamma \Delta S\right) \times \Delta S - \delta \times \Delta S = \frac{1}{2}\gamma \left(\Delta S\right)^2 \tag{8.7}$$

だけの利益がΔSの株の値動きから得られるわけです。ΔSはプラス（上昇）でもマイナス（下落）でも関係ありません。

　なぜこのようなことが起きたのでしょうか。答えは、オプションのデルタが変化することにあります。図8.2を思い出してください。

　デルタは、株価に対してオプションのプレミアムをプロットしたこのカーブの傾きに相当します。

　株価が100ドルのときの100コールの傾き（デルタ）はおよそ0.5でしたから、株を50株ショートしてデルタをニュートラルに保ちました。こうすることで、株価が1ドル下がってオプションの価値が0.5ドル下がっても、株から50ドルの利益が生まれ、損失が相殺されると考えたわけです。図8.2の直線が株のポジションの損益を表現しています。

　しかし現実には、図を見ると分かるように、株価が下がってもオプションのプレミアムは直線ほど下がらないのです。株価が下がるにつれて傾き（デルタ）が小さくなるからです。

　逆に株価が上がった場合、オプションのプレミアムは株のポジションよりも大きく上がることになります。株価が上がるにつれて傾き（デル

タ）が大きくなるからです。これが、どちらの方向にせよ株が動くことでオプションから利益を上げられるメカニズムです。

それではなぜオプションのデルタがこのように変化するのでしょうか。それはオプションが正の曲率（ガンマ）を持つからに他なりません。もしもオプションのガンマが0であれば、株価にかかわらずデルタは一定ですから、株の値動きから利益を上げることはできません。先ほどの例で言えば、株価が97.5ドルのときも102.5ドルのときも100コールのデルタが0.5のままであれば、100コールの損益と−50株の損益が完全に相殺しあうことになります。

つまり、それがコールであれプットであれ、オプションが正のガンマを持つからこそ、株価が動くことで利益を上げることができるのです。ここにこそ、オプションを買う最大の理由があります。そして株価の変動からガンマによって得られる利益が（8.7）式なのです。

オプションは、コールであれば正、プットであれば負のデルタを持ちます。したがって、オプション取引によって株に対するロングやショートのポジションをとることができます。当然こういった取引もオプションの大きなメリットの一つです。しかし、オプションを際立たせる最大の性質はデルタではありません。今述べたガンマや、これから説明するセータ、ベガといったオプショナリティに関連する指標を取引できることにオプション取引の固有性があるのです。

なおガンマも、ブラックショールズモデルにおいてヨーロピアン型のオプションの場合は解析的に表現でき

$$\gamma = \frac{\Phi'(d_1)}{S\sigma\sqrt{T}} \tag{8.8}$$

ただし

$$\Phi'(x) = \frac{1}{\sqrt{2\pi}} e^{-x^2/2} \tag{8.9}$$

となります。

ところで、ブラックショールズの公式によるオプションのプレミアムおよびデルタ、ガンマの値は表8.9のようになります。

表 8.9. ブラックショールズの公式によるプレミアム、デルタ、ガンマ

コールガンマ	コールデルタ	コールプレミアム	行使価格	プットプレミアム	プットデルタ	プットガンマ
	0.92	12.90	87.5	0.40	−0.08	
0.02	0.87	10.71	90	0.71	−0.14	0.02
0.03	0.80	8.70	92.5	1.20	−0.20	0.03
0.03	0.71	6.89	95	1.89	−0.29	0.03
0.04	0.62	5.31	97.5	2.81	−0.38	0.04
0.04	0.52	3.99	100	3.99	−0.48	0.04
0.04	0.42	2.91	102.5	5.41	−0.58	0.04
0.04	0.33	2.06	105	7.06	−0.67	0.04
0.03	0.25	1.42	107.5	8.92	−0.75	0.03
0.03	0.18	0.95	110	10.95	−0.82	0.03
	0.13	0.62	112.5	13.12	−0.87	

これを表8.6と比べてみてください。いかがでしょうか。紙と鉛筆だけで求めた割にはまずまずの精度と言ってよいでしょう。先ほども述べましたが、我々が表8.6を埋める際、株価の分布は完全な正規分布に従うとして近似しました。したがって表8.6において、同じ額だけインザマネーあるいはアウトオブザマネーのコールとプットは同じ絶対値のデルタ、プレミアムを持つようになりました。しかしブラックショールズモデルでは、株価は対数正規分布に従います。このため、表8.9のコールのデルタは表8.6よりもわずかに大きなデルタを持ちます。またインザマネーのコールのプレミアムは表8.6よりもわずかに小さくなり、アウトオブザマネーのコールのプレミアムは表8.6よりもわずかに大きくなっています。プットコールパリティから、このプレミアムの違いはそのまま同じ行使価格のプットのプレミアムの違いとなります。インザマ

ネーのオプションは、プレミアム自体が大きな値ですから、この誤差は割合で言うと小さなものですが、アウトオブザマネーのオプションにとっては大きな割合の誤差となって表れます。

8.3. セータ (Theta)

オプションをロングしている場合、ガンマのおかげで、どちらの方向にせよ原資産が動くことで利益を上げられることが分かりました。それでは、オプションを買えば絶対に儲かるのでしょうか。そんなことはありません。

(オプションの価値) = (本質的価値) + (時間的価値)

でした。実はこのうち、時間的価値は刻一刻と減少していくのです。1章で、時間的価値に支払うプレミアムとは、株価が将来に大きく動くかもしれないことに対して支払う期待料だと言いました。この期待料は満期に近づくにつれて安くなります。例えば、100ドルの株が1年以内に10ドル変動する確率と、あと1日で10ドル変動する確率は、前者の方が高いのは言うまでもないでしょう。したがって、その他のインプットが変化しないとき、オプションの価値は満期までの時間が短くなるにつれて減少していきます。この、オプションの価値の1日あたりの減少分がセータです。

数式では

$$\theta = \frac{\partial O}{\partial t} \tag{8.10}$$

と表されます。

それでは、先ほどの例を用いてこのセータを計算してみましょう。

現在の株価：$S = 100$ ドル
ボラティリティ：$\sigma = 20\%$

ですから、1日あたりの標準偏差（1σ）が、だいたい

$$100 \times 0.2 \times \sqrt{\frac{1}{252}} \simeq 1.25$$

となります。つまり、「だいたい1日あたり1.25ドル動く」ことが期待されるわけです。

　1日1.25ドル動く場合、この値動きから上げられる利益はいくらでしょうか。

　先ほどはコールをロングした場合を例にとりましたので、今度はプットをロングした場合を考えてみましょう。

　アトザマネーのプットをロングした場合、デルタニュートラルとするためには50株買う必要があります。

　さて、期待通り株が1.25ドル動いて1日後に101.25ドルに上がったとしましょう。するとガンマが0.04ですから、プットのデルタは

$$-0.5 + 0.04 \times 1.25 = -0.45$$

となります。株価が100ドルから101.25ドルに上昇した際にデルタが-0.5から-0.45に増大したわけです。したがってこの間の平均のデルタを-0.475とすれば、プットのプレミアムは

$$1.25 \times (-0.475) = -0.59375 \text{ ドル}$$

だけ減少します。つまり100プットの損益はマルティプライアを考慮すると

$$-0.59375 \times 100 = -59.375 \text{ ドル}$$

となります。

一方、ロング50株のポジションからは

$$(101.25 - 100) \times 50 = +62.5 \text{ ドル}$$

の利益が上がりますので、トータルでは

$$62.5 - 59.375 = 3.125 \text{ ドル}$$

だけ利益を上げたことになります。

表 8.10. 各ポジションの価値の変化
　　　　（株価が 100 ドルから 101.25 ドルに上昇したとき）

ポジション	$S = 100$ ドルのとき	$S = 101.25$ ドルのとき	ポジションからの損益
100 コール (+1)	4 ドル	3.40625 ドル	$(3.40625 - 4) \times 100 = -59.375$
株 (−50)	100 ドル	101.25 ドル	$(101.25 - 100) \times 50 = +62.5$
トータル	+5,400 ドル	+5,403.125 ドル	+3.125 ドル

つまりオプションをロングしているだけで、株の値動きから1日あたりだいたい3.125ドルの利益を上げることが期待されるわけです。そしてこれこそが、株価変動に対する期待料として1日あたりに支払わなければならないコストであり、セータなのです。マルティプライアを100としましたから、この100プットのセータは3.125を100で割って

$$-\frac{3.125}{100} = -0.03125$$

となります。最初の − は、その他の条件が一定のとき、オプションの価値が時間とともに減少することを表しています。

今見てきたことを一般に式で表してみましょう。先ほどと全く同じです。

1日あたりの1σの値動きをΔS_1とすると

$$\Delta S_1 = S \times \sigma \times \sqrt{\frac{1}{252}}$$

です。株価がSから$S + \Delta S_1$になったとき、オプションのデルタδは、ガンマγを用いて

$$\delta \to \delta + \gamma \Delta S_1$$

に変化しますから、この間の平均のデルタは

$$\delta + \frac{1}{2}\gamma \Delta S_1$$

となります。したがって、この1σの値動きによって生じた1日のオプションの損益は

$$\left(\delta + \frac{1}{2}\gamma \Delta S_1\right) \times \Delta S_1$$

となります。一方、オプションのデルタをヘッジするためにとった株のポジションの損益は

$$-\delta \times \Delta S_1$$

ですから、トータルでは

$$\left(\delta + \frac{1}{2}\gamma \Delta S_1\right) \times \Delta S_1 - \delta \times \Delta S_1 = \frac{1}{2}\gamma \left(\Delta S_1\right)^2$$

となります。これだけの利益が、1日の株の値動きからガンマを通して得られるわけです。これが株価変動に対する期待料として1日あたりに支払わなければならないセータでした。したがってこれに－をつければ

$$\theta = -\frac{1}{2}\gamma(\Delta S_1)^2 \tag{8.11}$$

と求まります。ただし、ΔS_1 は1日あたりの 1σ の値動きです。

あなたが、アトザマネーのオプションを買って、株でデルタをヘッジしたとします。そして残念なことにその日全く株が動かなかったとしましょう。するとガンマから得られる利益はゼロであり、セータを支払っただけとなります。つまり買ったオプションはセータ分の価値を失うわけです。したがって、その日の損益はセータ分だけマイナスとなります。

逆に、株価が 1σ 以上動けば、ガンマから得られる利益がセータを上回ってプラスの損益となるでしょうし、もしも株価がインプライドボラティリティの通り 1σ 動けば、デルタヘッジから得られる利益とセータが相殺しあって、プラスマイナスゼロとなるわけです。

例えば、20%のボラティリティを1日あたりに直すと、それは約

$$\frac{20}{16} = 1.25\%$$

ですから、1日あたりの 1σ の値動きとして、1.25%程度株が動くと期待されます。実際にその通り 1σ だけ動いた場合、(8.7) 式において

$$\Delta S = \Delta S_1$$

となって、ガンマから得られる利益

$$\frac{1}{2}\gamma(\Delta S_1)^2$$

と（8.11）式のセータ

$$\theta = -\frac{1}{2}\gamma(\Delta S_1)^2$$

が相殺しあいます。もしも、2σ（2.5％）の値動きをとった場合、ガンマから得られる期待利益は

$$\frac{1}{2}\gamma(2\times\Delta S_1)^2 = 2\gamma(\Delta S_1)^2$$

となります。これはセータの4倍（4θ）に相当しますから、この場合は差し引き3θ分の利益

$$\frac{3}{2}\gamma(\Delta S_1)^2$$

を上げることが期待されるわけです。

　このように、最終的にオプショントレードの損益は満期までの日々のガンマとセータの綱引きによって決まります。もしも株がインプライドボラティリティよりも大きな変動を示した場合、ガンマとセータの綱引きはガンマに軍配が上がり、オプションをロングしていた人はデルタヘッジにより利益を得ることができます。反対にインプライドボラティリティよりも実際の株の値動きが小さかった場合は、セータに軍配が上がり、オプションをショートしていた人がデルタヘッジによって利益を得るわけです。

　なお、ブラックショールズモデルにおいて、ヨーロピアン型オプションのセータは

$$\text{コールセータ}: \theta = -\frac{S\Phi'(d_1)\sigma}{2\sqrt{T}} - rKe^{-rT}\Phi(d_2) \qquad (8.12)$$

$$\text{プットセータ}: \theta = -\frac{S\Phi'(d_1)\sigma}{2\sqrt{T}} + rKe^{-rT}\Phi(-d_2) \tag{8.13}$$

となります[*5]。一般にセータはコールとプットとで異なる値をとります。ただし、無リスク金利 $r = 0$ の場合、上の2式は一致します。図8.13は、株価が100ドルのときの各行使価格のオプションのセータを表したものです。この図は、大雑把に言えば、図8.9のガンマの図を上下ひっくり返したような形になっています。これは、オプションの損益がガンマとセータの綱引きによって決まり、ガンマとセータが表裏一体の指標であることを考えれば理解できるでしょう。

図 8.13. 株価が100ドルのときの各行使価格のコールのセータ

図8.9を上下ひっくり返したような形となっている。

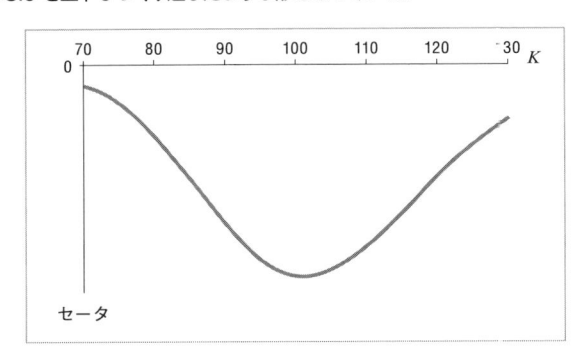

[*5] この式を見ると分かるように、ヨーロピアン型のプットのセータは、無リスク金利 r が大きな時、正の値をとる場合があります。2章で

$$S + r/c = S + K(1 - e^{-rT}) - D$$

こそが行使価格 K のオプションにとっての実質的な株価であると言いました。この値は、金利が大きいほど大きな値となります。すると当然プットの価値は下がります。ところが、満期までの時間が少なくなるにつれて、この値は小さくなります。実質的な株価が下がるので、これはプットのプレミアムを上げるように作用します。この効果によるプットのプレミアムの1日あたりの上昇分が1日あたりの時間的価値の減少分を上回る場合、セータは正の値をとります。しかし、セータが正と言っても、オプショナリティが増大しているわけではないことに注意してください。オプショナリティは時間とともに必ず減少していくものなのです。

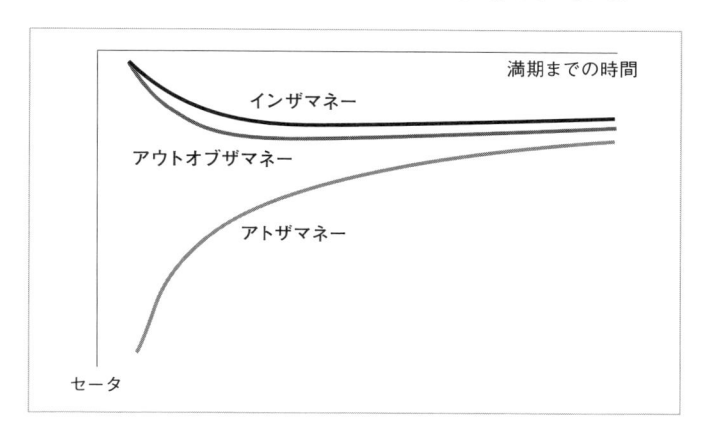

図 8.14. 時間の経過によるセータの変化
　図 8.11 のガンマの正負の符号をひっくり返したような形となっている。

また、コールのセータが時間とともにどのように変化するかを表したものが図 8.14 です。これもまた、大雑把に言えばガンマが時間とともに変化するさまを表した図 8.11 を上下ひっくり返したようなものとなっています。

8.4. ベガ (Vega)

オプションのベガは、その他のインプットを一定としたときに、インプライドボラティリティが1ポイント上昇したときにオプションの価値がどれほど上昇するかを表した指標です。つまり、オプションの価値をボラティリティで偏微分した値として定義されます。

$$V = \frac{\partial O}{\partial \sigma} \tag{8.14}$$

3章で述べたように、ボラティリティが上がれば必ずオプションの価値が上がりますから、ベガは常に正の値をとります。デルタ、ガンマ、

セータを紙と鉛筆だけで求めたように、ベガも計算してみましょう。

再び、アトザフォワードストラドルの公式を思い出してください。

$$C + P \simeq 0.8\, \sigma S \sqrt{T}$$

ですから、アトザフォワードのオプションのプレミアムはこれを2で割って

$$O = 0.4\, \sigma S \sqrt{T}$$

となります。ベガは、インプライドボラティリティが1ポイント（1%）上昇したときのオプション価値の増分ですから

$$V \simeq 0.4\,(\sigma + 0.01)\, S\sqrt{T} - 0.4\, \sigma S \sqrt{T} = 0.004\, S\sqrt{T} \tag{8.15}$$

と求まります。つまり、株価Sと満期までの時間Tの平方根に比例します。

先ほどの例では、アトザマネーのベガはおよそ

$$V = 0.004\, S\sqrt{T} = 0.004 \times 100 \times \sqrt{1/4} = 0.2$$

と求まります。つまり、インプライドボラティリティが1ポイント増えると、この場合アトザマネーのオプションは0.2ドル価値が増します。

ブラックショールズモデルにおいて、ヨーロピアン型オプションのベガは

$$V = S\, N'(d_1)\, \sqrt{T} \tag{8.16}$$

と表されます。

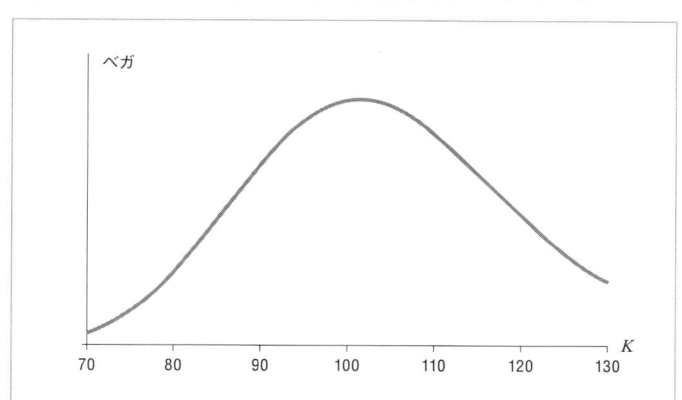

図 8.15. 株価が 100 ドルのときの各行使価格のオプションのベガ

図 8.16. 時間の経過によるベガの変化
ベガは満期が近づくにつれて減少する。

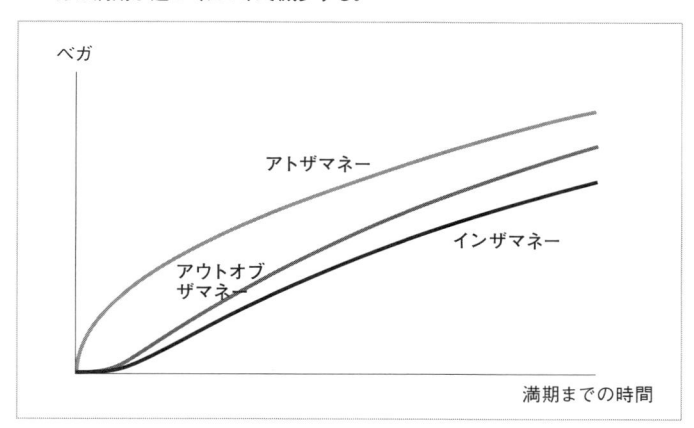

　また、図8.16は、ベガが時間とともにどのように変化するかを表したものです。図を見ると分かるように、一般にベガは満期が近づくにつれて減少します。つまり、満期の遠いオプションのプレミアムほどインプライドボラティリティの変化に敏感であることが分かります。

8.5. ロー (Rho)

オプションの金利に対する偏微分係数をローと呼びます。つまり

$$\rho = \frac{\partial O}{\partial r} \tag{8.17}$$

です。金利が上がると、満期における株価の期待値が上がるため、コールのローは正、プットのローは負の値をとります。

先ほどの例を用いて、アトザマネーのオプションのローを大まかに計算してみましょう。金利が0から1%になったとすると、3ヶ月後の満期における株価の期待値は

$$100 \times e^{0.01/4} \simeq 100.25$$

となります。満期時の株価が0.25ドル上昇するわけですから、およそ0.5のデルタを持つ行使価格100のコールの価値は

$$0.25 \times 0.5 = 0.125 \text{ドル}$$

程度上がることになります。これがローのおよその値だと見積もることができます。

実は、これまで出てきたリスクパラメタの中で、ローはもっとも重要度が低いと言えます。オプショントレーディングの中でローを直接意識することはあまりありません。通常、予想外の金利の変動が起きた場合、株価やボラティリティが大きく変動し、オプションの価値はデルタやベガによる影響を大きく受けるため、ローによる影響はほとんど無視できるのです。

8.6. 配当リスク

配当の変化がオプションの価値に及ぼす影響については、グリークとして何らかの名称を持っているわけではありません。満期までに支払う配当の額が増えると、満期における株価の期待値は減少するので、コールの価値は減少し、プットの価値は上昇することになります。つまり、金利と反対の影響を及ぼすわけです。非常に大雑把に言えば

$$（配当の変化分）\times（デルタ）$$

程度、オプションのプレミアムが変化すると見積もることができます。
　ヨーロピアン型の場合は、上述の方法で配当の影響を推定することができます。しかしアメリカン型の場合、オプションの早期行使が可能ですからそれほど単純ではありません。例えば、株がオプションの満期日に権利落ちとなる予想外の配当の支払いを発表したとします。満期における株価の期待値が配当分だけ減少しますから、プットはだいたい

$$（配当）\times（デルタ）$$

分だけ価値が増えることになります。ところがこの場合、コールの価値はほとんど変化しません。満期に株価が下がるとしても、前日に権利行使して株に変換して配当を受け取るという選択肢があるからです。この場合コールの価値は、1日分のオプショナリティを失うだけです。配当落ち日がいつになるかも重要な要素なのです。したがって配当リスクをきちんと分析するためには、コンピュータを用いたシミュレーションが有効となります。

8.7. グリークによる損益計算

これまでに学んだグリークを用いてオプションのポートフォリオのリスクを見積もることができます。以下の例を用いて考えてみましょう。

今あなたが、種々の限月、行使価格にわたるA株のオプションのポートフォリオを保有しているとします。すべてのオプションのグリークを総計すると、ポートフォリオ全体として以下のようなグリークを持っていたとしましょう。

デルタ：$\delta = +10,000$
ガンマ：$\gamma = +70,000$
セータ：$\theta = -50,000$
ベガ：$V = +55,000$

A株が65ドルで取引されていたところ、予想よりも悪い決算発表により株価が下落し、62ドルで取引が終了しました。また、インプライドボラティリティが1.5ポイント上昇したとします。するとあなたのポートフォリオの価値はどう変化するでしょうか。グリークを用いて損益を計算してみましょう。

まず、デルタに由来する損益は、単純にデルタに株価の変化分を掛けたものですから

$$P_\delta = +10,000 \times (-3) = -30,000 \text{ ドル}$$

となります。ガンマから来る損益は、(8.7) 式を用いて

$$P_\gamma = +\frac{1}{2} \times (70,000) \times (-3)^2 = +315,000 \text{ ドル}$$

と推定できます。セータから来る損益はずばりセータそのものですから

$$P_\theta = -50{,}000 \, \text{ドル}$$

となります。この場合、1日あたり50,000ドルだけオプションの価値は目減りするわけです。

最後に、ベガによる含み損益は

$$P_V = +55{,}000 \times 1.5 = +82{,}500 \, \text{ドル}$$

ですから、トータルで

$$P = P_\delta + P_\Gamma + P_\theta + P_V = +317{,}500 \, \text{ドル}$$

となって、3ドルの株価の下落と1.5ポイントのインプライドボラティリティの上昇によって約317,500ドル、ポートフォリオの価値は増加したと見積もることができます。

8.8. グリークの規格化

前節のように、グリークからおよその損益をシミュレーションすることができました。このように、オプショントレーダーはとっているポジションのグリークから、そのリスクの大きさを見積もります。株価が何ドル下がり、インプライドボラティリティが何ポイント上がったら、どの程度の損失となるだろう、といった感じです。

その際、先ほどの例では、定義通りのデルタ、ガンマを用いましたが、これはなかなか直感的に理解しづらい数値です。例えば、ともにオプションのデルタが $\delta = +1{,}000$ のリスクであっても、株価が20ドルのA株と500ドルのB株とではその意味合いは大きく異なります。A株は +20,000ドル分ロングしているにすぎませんが、B株は +500,000ドル分もロングしていることになります。ともに株価が1%下がった場合、A

株からは−200ドルの損失を被るにすぎませんが、B株からの損失は−5,000ドルにも上ります。

通常オプショントレーダーは、デルタをドルデルタ（$\$\delta$）に換算してリスクを判断します。

この場合のドルデルタは

A：$\$\delta = +20{,}000$ ドル
B：$\$\delta = +500{,}000$ ドル

となります。

ガンマも同様に、感覚的に理解しやすい値に変換しましょう。定義通りのガンマは、「株価が単位価格（1ドル）上がったときに、デルタがどれだけ上がるか」を表した値です。しかし、ともにガンマが $\gamma = +1{,}000$ のリスクであっても、20ドルのA株と500ドルのB株とでは意味が違います。1ドルの上昇は、20ドルのA株にとっては＋5％もの変化ですが、500ドルのB株にとってはわずか＋0.2％の変化です。どちらが起こりやすいかは明白でしょう。そこで、ともに＋1％の値動きがあった場合にドルデルタがどう変化するかを見る方がより自然です。

A株にとっての＋1％の値動きは＋0.2ドルですから、＋1％の値動きによってA株のデルタは

$$+1{,}000 \times 0.2 = +200$$

だけ変化することになります。したがって、ドルデルタは

$$+200 \times 20 = +4{,}000 \text{ ドル}$$

の変化です。つまり、A株にとっての $\gamma = +1{,}000$ という値の意味は、A株が±1％動いたときに、とっているポジションの大きさが±4,000ドル

分変化するという意味だったのです。これをドルパーセントガンマ（$\$\%\gamma$）とでも呼びましょう。同様にB株のドルパーセントガンマを求めてみましょう。B株にとっての＋1％の値動きは＋5ドルですから、＋1％の値動きによってB株のデルタは約

$$+1,000 \times 5 = +5,000$$

も変化することになります。これは実に

$$+5,000 \times 500 = +2,500,000 \text{ドル}$$

ものドルデルタの変化です。つまり、B株にとっての $\gamma = +1000$ という値の意味は、B株が±1％動いたときに、とっているポジションの大きさが実に±2,500,000ドル分も変化するという意味だったのです。

$$A : \$\%\gamma = +5,000 \text{ドル}$$
$$B : \$\%\gamma = +2,500,000 \text{ドル}$$

　定義通りのガンマの値（$\gamma = +1000$）を比較することに何の意味もないことが理解できるでしょう。

　これでも十分理解しやすいガンマになったのですが、さらにもう一段階規格化することができます。実は、A株のボラティリティが16％で、B株のボラティリティが32％だったとしたらどうでしょう。±1％の値動きは、B株のほうがA株よりもほぼ2倍起こりやすいことになります。5.2節で述べたように、これはA株がだいたい1日あたり1％、B株がだいたい1日あたり2％程度動くと解釈できます。したがって、「1日あたりにだいたいこの程度、とっているポジションの大きさが変化するだろう」という、言わば1日あたりのドルワンシグマガンマ（$\$\sigma\gamma$）とでも言うべき値を求めることができます。

A：$\$\sigma\gamma = +5,000$ ドル
B：$\$\sigma\gamma = +5,000,000$ ドル

こうして初めて、A株とB株との間で意味のあるガンマの比較ができることになります。

セータについては、「1日に何ドルオプションが価値を失うか」という、すでにこれ以上規格化できない、とても分かりやすい値となっています。

ベガは「インプライドボラティリティが1ポイント上がったときに、オプションの価値が何ドル上がるか」を表した値ですから、ともに$V = +1000$であってもインプライドボラティリティが16％のA株と32％のB株とでは意味合いが少々異なりますが、これもすでに十分理解しやすい値と言えるでしょう。

8.9. デルタヘッジの実際

オプショントレーダーは、デルタをフラットに保つヘッジを通して損益を実現するということを述べました。しかしながら、すべての銘柄について常に株やオプションをトレードしてデルタをフラットに保つというのは現実的ではありません。

通常トレーダーは、種々の銘柄の株やオプションから成るポートフォリオ全体のデルタを、構成銘柄に近い指数先物でヘッジします。

例えば、A株とB株があったとします。そして、それぞれに以下のような大きさのデルタをとっていたとしましょう。

A：$+10,000$ ドル $(\beta = 1.5)$
B：$-15,000$ ドル $(\beta = 1.0)$

この場合、A株を10,000ドル分売り、B株を15,000ドル分買えば、完全にデルタヘッジされたことになります。

　ところが、これらの株のマーケットに対するβ（ベータ）が、それぞれ1.5と1.0だったとしましょう。

　ベータというのは、それぞれの株のマーケットに対する感度を表したもので、例えばマーケットに対するβが1.5のA株は、マーケット全体が1％上がったら、だいたい1.5％上がるだろうという意味です。

　するとこの2つの銘柄の株とオプションから構成されるポートフォリオは、ポートフォリオ全体として見た場合、マーケットに対するデルタリスクはヘッジされていることになります。

　例えばマーケットが1％上がれば、A株は＋1.5％、B株は＋1％上がると予想されるので、それぞれのポジションからの損益は

$$A：10,000 \times 0.015 = +150 ドル$$
$$B：-15,000 \times 0.01 = -150 ドル$$

となってキャンセルしあうことになります。

　つまり、ポートフォリオ全体を見た場合、ゆるやかなデルタニュートラルが成り立っており、必ずしも各銘柄ごとにデルタをフラットに保つ必要はありません。

　デルタヘッジにはコストがかかります。手数料を支払わなければなりませんし、買値と売値にはスプレッドがあります。

　当然、マーケットとは独立した各銘柄固有のリスクをヘッジするには、各銘柄ごとにデルタをフラットに保つ必要がありますが、ヘッジにはコストがかかるということは常に意識しておく必要があります。

　さて、種々の銘柄から成るポートフォリオ全体のデルタを計算したところ

$$+1,000,000 ドル$$

であったとしましょう。

　それでは、この分のデルタは先物でヘッジすべきでしょうか。

　実は必ずしもそうとは限りません。オプションを含んだポートフォリオはガンマを持つからです。実は種々の銘柄から成るポートフォリオ全体のガンマを正確に求めるのはそう簡単ではないのですが、仮にポートフォリオ全体のドルパーセントガンマを

$$+1{,}000{,}000 \text{ ドル} / \%$$

と見積もったとしましょう。つまりマーケットが±1％の動きをすれば、ほうっておいてもデルタが

$$\pm 1{,}000{,}000 \text{ ドル}$$

変化するということです。マーケットのボラティリティが16％だったとしましょう。すると±1％の動きは1日あたりの1σに対応します。

　この場合、マーケットが1σだけ下がれば、デルタは勝手にフラットとなるわけです。逆に1σだけ上がれば、デルタは＋2,000,000ドルとなりますから、ヘッジの必要が出てくるでしょう。

　そこで、マーケットに対するエクスポージャをヘッジした場合（ケースA）と、しなかった場合（ケースB）の損益を、ヘッジにかかるコストという観点から比較してみましょう。

　手数料およびスプレッドをまたぐ分として、ヘッジにはトータルで0.1％のコストがかかるとしましょう。

　すると1,000,000ドル分のデルタをヘッジするには$1{,}000{,}000 \times 0.001 = 1{,}000$ですから、1,000ドルのコストがかかります。したがってケースAにおける損益の期待値は

$$E_A = -1{,}000 \text{ ドル}$$

となります。

　デルタをヘッジした場合、デルタから来る損益のゆらぎ（標準偏差）はゼロです。

$$\sigma_A = 0 \text{ ドル}$$

　逆に、デルタヘッジしなかった場合（ケースB）はどうでしょう。
　ヘッジコストはかかりませんから、損益の期待値はゼロです。

$$E_B = 0 \text{ ドル}$$

　しかし、＋1,000,000ドルのデルタから、マーケットが1σ上がれば、＋10,000ドルの利益、1σ下がれば－10,000ドルの損失となります。つまり損益のゆらぎは

$$\sigma_B = 10,000 \text{ ドル}$$

です。
　デルタヘッジするには1,000ドルのコストがかかりますが、±10,000ドルものデルタによる損益のゆらぎをなくすことができます。どちらをとるかは各人の判断です。
　それでは、これを100日続けたとしたらどうでしょう。期待値は時間に比例し、そのゆらぎは時間の平方根にしか比例しないことを思い出してください。
　すると100日後の損益の期待値、およびそのゆらぎは以下のようになります。

ケースA

$E_A(100) = E_A \times 100 = -100{,}000$ ドル

$\sigma_A(100) = 0$ ドル

ケースB

$E_B(100) = 0$ ドル

$\sigma_B(100) = \sigma_B \times \sqrt{100} = 100{,}000$ ドル

です。つまり、デルタヘッジのコストは、デルタヘッジをしなかった場合の-1σの損失に対応します。

　それでは900回続けた場合はどうでしょう。

ケースA

$E_A(900) = E_A \times 900 = -900{,}000$ ドル

$\sigma_A(900) = 0$ ドル

ケースB

$E_B(900) = 0$ ドル

$\sigma_B(900) = \sigma_B \times \sqrt{900} = 300{,}000$ ドル

　ここまで来ると、Bの方が優れているのは明白です。

　900,000ドルの損失は、ケースBにとっての-3σに対応するのですから、それほどの額を失うことはほとんどありません。

　いつ、どのようにヘッジすべきかという質問に対する明確な答えはありません。それぞれの余剰資金、トレーディングスタイル、戦略に多分によります。ある特定の銘柄のデルタだけは常にヘッジしておきたいという場合もあるでしょう。大切なのは、ヘッジコスト、そしてデルタがガンマに比してどの程度なのか、また何に由来するデルタをヘッジすべきなのかを常に意識してトレードすることです。

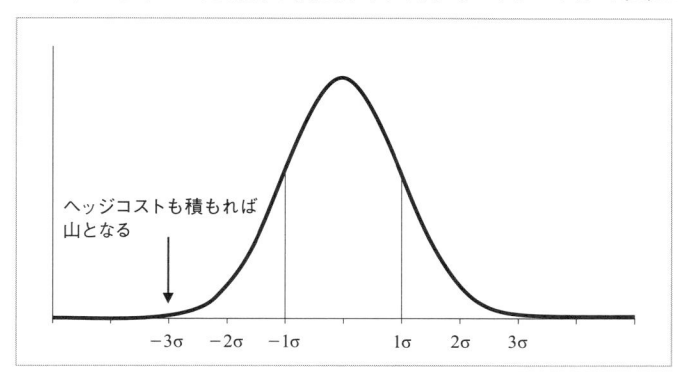

図 8.17. ヘッジをしなかった場合の損益分布に対するヘッジコストの位置づけ

ヘッジコストも積もれば山となる

8章のまとめ

この章では、オプションの価値を決める要素が変動するとき、それぞれがどの程度の影響を与えるのかを表す、グリークと呼ばれる指標を見ました。

デルタは、原資産が単位価格上昇したときに、オプションの価値がどれだけ上昇するかを表した値です。

$$\delta = \frac{\partial O}{\partial S}$$

コールは0から1、プットは-1から0のデルタを持ちます。デルタは、絶対値を無視すれば、オプションがインザマネーとなるおよその確率を表しています。アトザフォワードのオプションがインザマネーとなるかどうかは五分五分に近いですから、約0.5のデルタを持ちます。また、デルタはヘッジレシオとしての側面も持っています。例えば、-0.3の

デルタを持ったプットを買った場合、デルタをヘッジするためには30株の株を買う必要があります。4章で述べたように、デルタは株価や満期までの時間とともに変化します。

ガンマは、原資産が単位価格上昇したときに、オプションのデルタがどれだけ上昇するかを表した値です。

$$\gamma = \frac{\partial \delta}{\partial S} = \frac{\partial^2 O}{\partial S^2}$$

ガンマは常に正の値をとり、ヨーロピアン型の場合、コールとプットのガンマは等しくなります。ガンマは、オプションの価値を原資産に対してプロットした曲線の曲率を表し、正のガンマは曲線が下に凸であることに対応しています。このガンマによって、デルタニュートラルなポートフォリオは原資産がどちらの方向であろうと変動することで利益を上げられることを見ました。

セータは、その他のインプットを一定としたときの、1日あたりのオプションの価値の減少分を表します。

$$\theta = \frac{\partial O}{\partial t}$$

金利が無視できる場合、セータはオプショナリティの1日あたりの減少分に他なりません。ガンマとセータは表裏一体のグリークです。ガンマをロングしているだけで、株の値動きから利益を上げられるわけですが、1日あたりにガンマから得られる利益に対する期待料として支払わなければならないコストがセータであると言えます。そして、オプショントレードの損益は日々のガンマとセータの綱引きによって決まることを見ました。

ベガは、インプライドボラティリティが1ポイント上昇したときにオプションの価値がどれだけ上昇するかを表した値です。

$$V = \frac{\partial O}{\partial \sigma}$$

　インプライドボラティリティが上昇すればオプションの価値は必ず上昇するため、これは常に正の値をとります。そして、ベガは満期までの時間が長いほど大きな値をとります。つまり、長期のオプションほど、インプライドボラティリティの増減に敏感です。アトザフォワードのベガは、時間の平方根に比例して増大することを見ました。

　ローは、金利が1％上昇したときにオプションの価値がどれほど上昇するかを表した値です。

$$\rho = \frac{\partial O}{\partial r}$$

　コールは正、プットは負の値をとります。ローは、グリークの中ではあまり重要度が高いとは言えません。予想外の金利の変動は、原資産価格やボラティリティに影響を及ぼし、オプションの価値はデルタやベガからの影響を大きく受けるため、ローによる影響は軽微な場合がほとんどです。

　配当額が上昇した場合、満期における株価の期待値が減少するために、コールの価値は減少し、プットの価値は上昇します。基本的には、金利と反対の影響を及ぼします。

　次に、原資産価格やインプライドボラティリティに変動があったときに、ポートフォリオの価値がどの程度変化するのかを、グリークから計算しました。この方法は1次的には非常に有効で、オプショントレーダーはポートフォリオの各グリークの大きさからリスクを分析します。

　また、デルタやガンマをより直感的に意味のある数字へと規格化することを学び、最後に、実際のデルタヘッジの際に意識しておくポイントを学びました。

> **Q** 章末問題 ....

7章にて、アトザフォワードのストラドルに対して

$$C + P = \sqrt{\frac{2}{\pi}}\, \sigma S \sqrt{T} \tag{7.2}$$

という式が成り立つと言いました。

簡単のため金利と配当を無視しましょう。するとこれはアトザマネーのストラドルに対する式となります。

5章で述べたように、ボラティリティがσである株の、期間Tにおける1σの値動きはだいたい

$$\sigma S \sqrt{T}$$

です。つまり、株は

$$\pm \sigma S \sqrt{T}$$

程度動いていることが期待されるわけです。

図8.18を見ると分かるように、ストラドルは、満期において支払ったプレミアム以上動いていれば利益を上げられるスプレッドです。そうで

図 8.18. ストラドルの満期における損益図

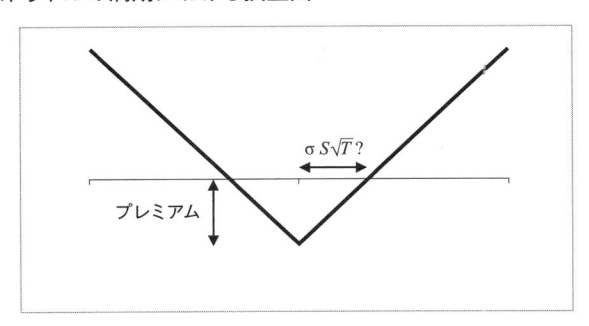

あるならば、ストラドルの価格は $\pm \sigma S \sqrt{T}$ であるべきように思えます。しかし（7.2）式には頭に

$$\sqrt{\frac{2}{\pi}} \simeq 0.8$$

がついています。これはいったいなぜでしょうか。考えてみましょう。

Column 8

シナリオシミュレーション

　8.7節でグリークを用いてポートフォリオの損益をシミュレーションしました。しかしながらこの方法によるリスク分析は完璧ではありません。株の値動きが小さな範囲では非常に有効なのですが、株価が大きく動くような場合には、この方法は破綻します。

　この章で見たグリークは特に「ファーストオーダーグリークス（First Order Greeks）」と呼ばれるもので、オプションプレミアムの原資産価格やボラティリティに関する1階の微分係数となっています。ガンマは原資産価格に関する2階の微分値ですが、これはオプションを理解する上で非常に大切で、その他のファーストオーダーグリークスと同じく重要な役割を担います。

　株価が大きく動くような場合は、このファーストオーダーグリークスによる計算だけでは不十分です。なぜなら、株価が動くことによってガンマやベガといったグリーク自体が変動するからです。これを説明する指標として、「セカンドオーダーグリークス（Second Order Greeks）」、さらには「サードオーダーグリークス（Third Order Greeks）」があります。例えば、ベガの原資産価格に関する微分、ヴァンナ（Vanna）

$$(Vanna) = \frac{\partial V}{\partial S} = \frac{\partial^2 O}{\partial S \, \partial \sigma}$$

や、ガンマの原資産価格に関する微分、スピード（Speed）

$$(Speed) = \frac{\partial \gamma}{\partial S} = \frac{\partial^3 O}{\partial S^3}$$

などです。

　また、通常株価の変動よって、インプライドボラティリティも変化するため、グリークスはその変動の影響も受けます。

より正確なリスクの分析にはこうしたセカンドオーダーグリークやサードオーダーグリークを考慮しなくてはなりません。しかし、こうした高次のグリークを真剣に考慮する必要がある場合はそう多くはありません。実際には、トレーダーは各自で、株価が大きく何％下げて、ボラティリティが何％上がったときはどうなるか、はたまた株が配当をこれだけ増額したらどうなるか、などといったシナリオを想定し、シミュレーションを走らせます。こうして、最悪のシナリオが起こった場合にはどの程度のロスが発生するのかを考慮するわけです。

　トレーダー全体、あるいは会社のとっているポジション全体のリスクを考える際には、さらにさまざまなシナリオを想定します。例えば、2国以上でトレードをしている場合、為替変動リスクを考慮する必要があります。また、特定の国でポジションをとっている場合は、政治リスクを考慮する必要もあります。タイでは頻繁にクーデターが発生しますし、韓国は北朝鮮の動向で株価が変動します。急に数日間取引ができなくなってしまう可能性もあるわけです。

　株のポートフォリオと異なり、オプションのポートフォリオのリスク分析はなかなか簡単ではありません。オプションのショートが組み込まれている場合、ときには大きなロスにつながることがあります。こうしたリスクの想定は非常に難しいものですが、常にありとあらゆる可能性を頭に浮かべておくことが肝要です。

　余談ですが、取引所時代、近くの大柄なイタリア人トレーダーの口ぐせが
「F＊＊k theta!（セータのクソ野郎！）」
でした。彼はブック全体で常にオプショナリティをロングしており、値動きの乏しい時にはこう叫ぶのでした。ある時私がオプションの売りをすすめると、笑いながら
「そしたら今度はF＊＊k gamma!と叫ぶようになるだけさ」
と返してきました。なるほど、結局負けている時は、大声を張り上げて発散したいわけです。

　私も当時、ブック全体でオプショナリティをロングしており、彼が叫ぶと
「あ、自分もやられてるな」
と思ったものです。

グリークの視点からのスプレッド

9

前章にてグリークを学んだところで、7章で登場したいくつかのスプレッドを、グリークの観点から評価してみましょう。オプションのポートフォリオのリスクプロファイルが、株価の変化や時間の経過とともにどのように変動するかを理解できるようになりましょう。

9.1. ストラドル

ロングストラドルは、単純に株価が将来に大きく動くことを期待したスプレッドです。ストラドルの価値は、図9.1の点線で示されるようなカーブをとります。満期が近づくにつれてこのカーブは実線で示された図7.1のような満期時のラインに近づくわけです。

コールとプットを買うわけですから、ロングストラドルは正のガンマとベガを持ち、負のセータを持ちます。ストラドルのガンマ、セータ、ベガはそれぞれ図9.2、9.3、9.4のようになります。横軸は株価Sです。

ストラドルのガンマは常に正の値を持ちますから、実際に株価が動けばデルタヘッジを通して利益を上げられます。ガンマは、株価がストラドルを構成するオプションの行使価格に近いときに最大のガンマをとります。これは、図9.1のストラドルの価値を表すカーブの曲率がストラドルの行使価格付近で最大となることに対応します。

セータは、ガンマの正負の符合を反転させたような形をとります。負のセータを持つことから、株価やインプライドボラティリティが動かな

図 9.1. ストラドルの価値の変化
満期に近づくにつれ、図 7.1 に近づく。

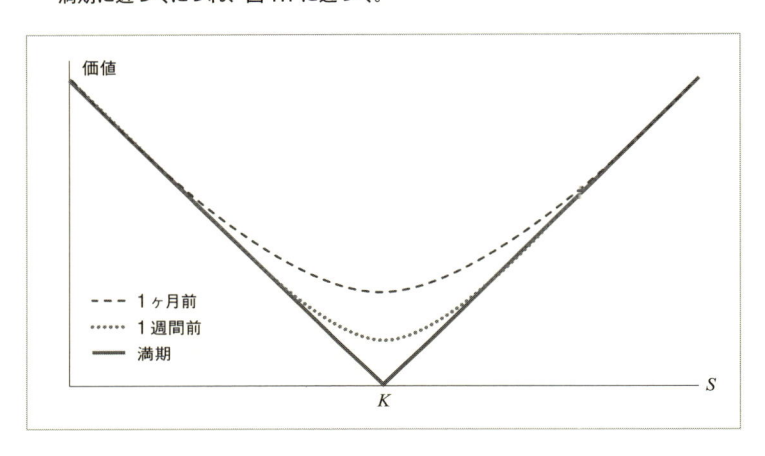

図 9.2. ストラドルのガンマ

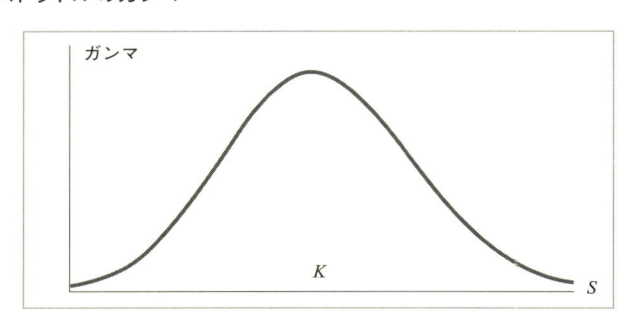

図 9.3. ストラドルのセータ

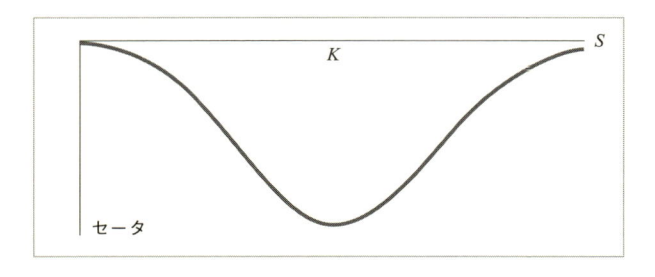

図 9.4. ストラドルのベガ

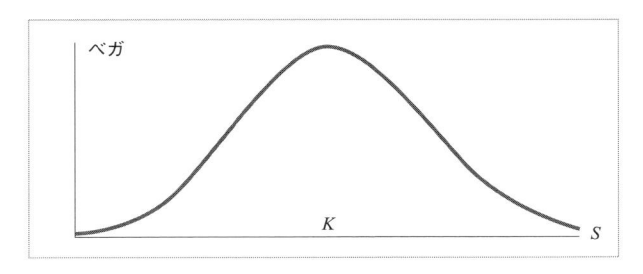

(図：横軸 S、縦軸ベガ、K 付近で最大となる釣鐘型の曲線)

ければ、ストラドルは刻一刻と価値を失っていきます。

ベガは、ガンマと似たような形をとり、行使価格付近で最大となる正の値をとります。つまり、株価が将来どれくらい動くと思われているかを表すインプライドボラティリティが増えると、ストラドルの価値は増すわけです。

9.2. バタフライ

バタフライは、構成するオプションの行使価格と株価の関係によってグリークが変化します。

ロングバタフライの価値は、図9.5の点線で示されるようなカーブをとります。満期が近づくにつれてこのカーブは実線で示された満期時のラインに近づくわけです。7章で述べたように、ロングバタフライは株価がミート（中央の行使価格 K_2）に近いときに最大の価値を持ちます。

デルタは、オプションの価値を原資産価格で微分したものですから、バタフライのデルタはこのカーブの傾きを表します。図を見ると分かるように、通常、株価がミートに近いとき、デルタはゼロに近い値をとります。そして株価が下がるにつれデルタは増えて正の値をとり、反対に株価がミートよりも高くなると、今度はマイナスのデルタをとるようになります。ところが、株価がさらに大きく動き、ウイングから離れていくと、バタフライの価値はゼロに近い一定値をとるようになり、少々の

図 9.5. バタフライの価値の変化
満期に近づくにつれ、図 7.6 をプレミアム分上側にシフトした図に近づく。

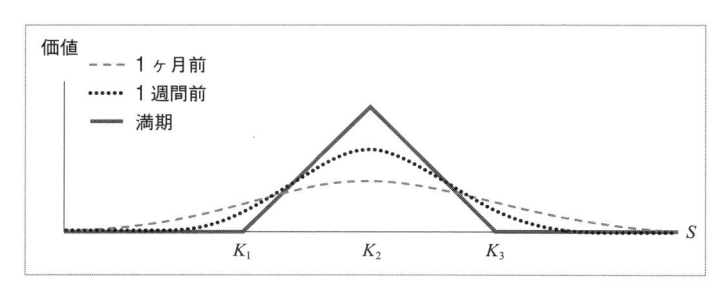

図 9.6. バタフライのデルタ

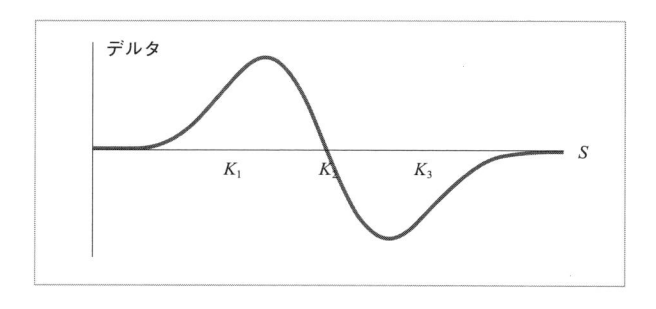

　株価の変動ではバタフライの価値は変化しませんから、デルタはゼロに近づいていきます。これは図9.5のカーブの傾きがウイングより外側に行くにつれてゼロに近づくことに対応します。これらをまとめると、図9.6のようになります。

　株価が下がったときに正のデルタ、株価が上がったときに負のデルタになるのはあまりうれしいことではありません。

　なぜこのようなことが起こるのでしょうか。それは、株価がミートに近いとき、バタフライが負のガンマを持つからに他なりません。

　これは、図9.5を見れば理解できます。バタフライは、株価がミートに一致するときに最大の価値を持ち、株価がそこから離れるにつれて価値が減少していくスプレッドです。つまり、株価がミートに近いときに

図 9.7. バタフライのガンマ

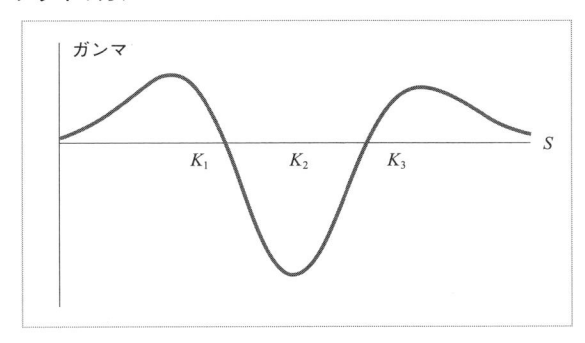

[図: 縦軸ガンマ、横軸 S。K_1, K_2, K_3 を示し、K_2 付近で大きく負、K_1 と K_3 の外側で正のピークを持つ曲線]

図 9.8. バタフライのセータ

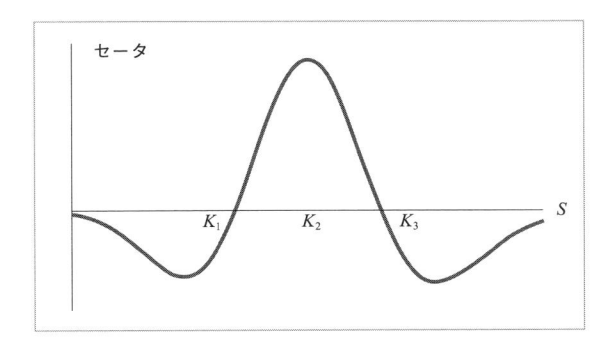

[図: 縦軸セータ、横軸 S。K_1, K_2, K_3 を示し、K_2 付近で大きく正、K_1 と K_3 の外側で負となる曲線]

は、株価はそこから動かない方がよいのです。ミート付近における、上に凸のカーブ（負のガンマ）は、まさしくそれを表現しています。ところが、株価がミートから離れていくと、今度はプラスのガンマをとるようになります。これは、図9.5のカーブが下に凸となることに対応します。あるいは、ガンマが図9.6のカーブの傾きであることからも理解できるでしょう。そして、株価がウイングから外側に遠ざかっていくと、デルタはゼロで一定となりますから、デルタの微分であるガンマもゼロに収束していきます。したがって、バタフライのガンマは図9.7のようになります。

図 9.9. バタフライのベガ

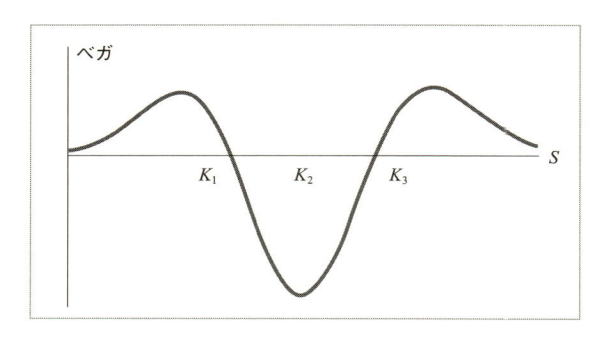

やはりセータは、基本的にはガンマの正負の符号を反転させたような図になります。つまり、ミート付近では正となり、株価がそこから離れるにつれて負の値をとるようになり、そしてさらに大きく離れていくと、ゼロに近づいていきます。図9.8がバタフライのセータを表したものです。

ベガは、ガンマと似た動きをとります。株価がミートに近いときは、株価が動いてほしくないのですから、株価が将来どの程度動くと思われているのかを表すインプライドボラティリティは、下がった方がうれしいことになります。つまりベガは負の値をとります。逆にウイング外では、今度は正のベガをとるようになります。株価が動く確率が高まり、ミートに接近する可能性が高くなるからです。しかしその他のグリーク同様、ウイングから大きく離れてしまえば、少々のインプライドボラティリティの上昇は、バタフライの価値にさほど影響を及ぼさなくなりますから、ベガはゼロに近づいていきます。図9.9がバタフライのベガです。

9.3. カレンダースプレッド

カレンダースプレッドは、グリークの観点から言えば、とても複雑で

図 9.10. 短期のコールと長期のコールの価値
この差がコールカレンダーの価値を表す。

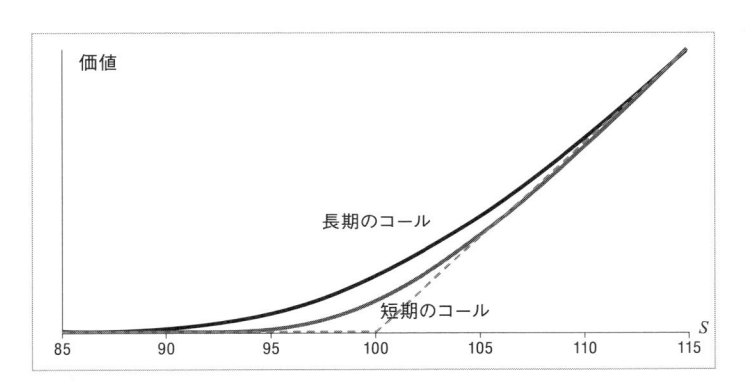

図 9.11. コールカレンダーの価値の変化
短期のオプションが満期に近づくにつれ、コールカレンダーの価値を表すカーブはより鋭い形となり、長期のオプションのオプショナリティに近づく。

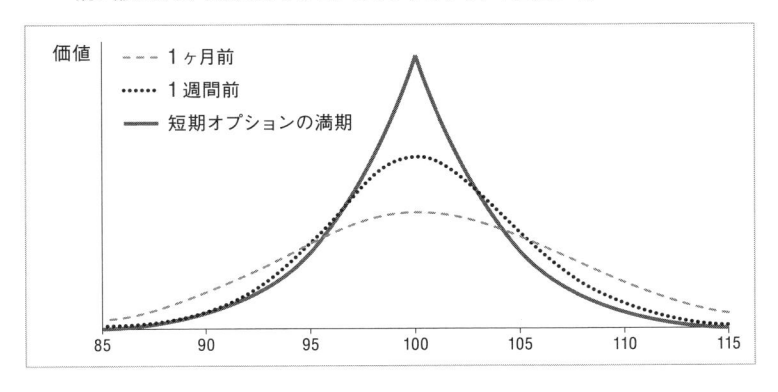

興味深い特性を示します。単純な例として、株価が100ドルのときに、1月/2月100コールカレンダーをロングした場合を考えてみましょう。

つまり、1月100コールをショートし、2月100コールをロングしたポジションです。

それぞれのオプションの価値は図9.10の2つの実線で表されますから、コールカレンダーの価値はその差となり、図9.11のようなカーブを

描きます。そして、このコールカレンダーの価値は、短期のオプションが満期に近づくにつれて図9.11のようにより鋭いカーブをとるようになります。1月コールの満期直前では、1月コールの価値はほぼ本質的価値に等しくなりますから、このカーブは2月コールのオプショナリティを表すようになります。

このポジションのガンマ、セータ、ベガはどうなるでしょうか。

図8.11を見てください。アトザマネーのオプションのガンマは、満期が近づくにつれて大きくなります。したがって、1月100コールのショートと2月100コールのロングで構成されるこのコールカレンダーは、正味で負のガンマを持つことになります。つまり、株価は100ドルから動かない方がよいのです。これは、図9.11において、株価が100ドル付近にあるときは上に凸のカーブをとることからも分かります。

セータはどうでしょう。ガンマとセータは表裏一体です。図8.14を見ると、アトザマネーのオプションのセータは、満期が近づくにつれて大きな（負の）値をとるようになります。つまり、株価が動かずにオプションがアトザマネーでいる場合、満期の近いオプションほど、その価値を大きく減らすのです。したがって、ショートしている1月コールは大きく価値を下げ、ロングしている2月コールはそれほど価値を下げないということが起きます。このことからも、コールカレンダーをロングしている人にとっては、株価がアトザマネーにとどまってくれた方がよいことが分かります。

これは、図9.11を直接観察することからも理解できます。株価が常に100ドルで動かなかったとしましょう。すると、時間とともにコールカレンダーの価値は図9.12の中央から真上に伸びた矢印のような変化をたどります。コールカレンダーの価値は時間とともに増大するわけです。

ところが、株価が時間とともに上昇したとしましょう。例えば、中央から斜め横に伸びた矢印のような変化をたどった場合、コールカレンダーの価値は減少しています。理想的なのは、株価がまったく動かず、ロングしている長期のオプションが最大のオプショナリティを保持したま

図 9.12. コールカレンダーの価値の変化
株価が動くことで、コールカレンダーの価値は減少することが分かる。

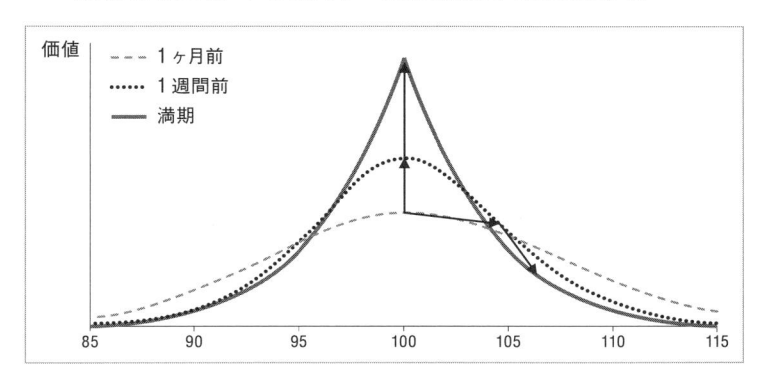

ま、ショートしている短期のオプションが満期を迎えることです。

ベガはどうでしょう。図8.16を見てください。満期の遠いオプションほど、大きなベガを持ちますから、このコールカレンダーは、正のベガを持つことが分かります。つまり、インプライドボラティリティは上がってほしいのです。たった今、このポジションは株価に動いてほしくないと言いました。ところが、株価が将来にどのくらい動くかを表すインプライドボラティリティは上がってほしいのです。カレンダースプレッドは、ひとたび短期オプションが満期を迎えれば、ただ単に長期オプションのロングとなります。そうなれば、株価が動いてほしいのは明白です。7章でも述べましたが、カレンダースプレッドは、短期オプションの満期から、長期オプションの満期までのボラティリティを買うスプレッドです。したがって、今は動いてほしくないけど、将来は動いてほしいというスプレッドなのです。これが、負のガンマ、正のセータ、正のベガというグリークに表現されます。

9章のまとめ

　この章では、7章で学んだスプレッドのいくつかを、グリークの視点に立って評価しました。ストラドルは、純粋に株価が大きく変動することを期待した戦略で、正のガンマ、ベガおよび負のセータをとります。
　バタフライは、株価がミートに近いときには、株価の変動を望まないスプレッドです。それゆえ、負のガンマとベガ、正のセータをとります。株価がずっとミート付近にとどまってほしいわけです。しかし株価がミートから離れるにつれて、今度は変動を望むスプレッドへと変化します。
　アトザマネーのカレンダースプレッドは、負のガンマと正のセータを持ち、正のベガを持ちます。短期のオプションが満期を迎えるまでは、オプションがアトザマネーにとどまり、日々セータを稼ぐことが良いシナリオとなります。しかし、インプライドボラティリティは増えてほしいというスプレッドです。これは、カレンダースプレッドが、短期オプションの満期から、長期オプションの満期までのボラティリティを買う戦略だからです。つまり、今は動いてほしくないけど、将来は動いてほしいというスプレッドなのです。

Q 章末問題

　7章で登場したその他のスプレッドに対しても、本章で行ったのと同様の考察をしてみましょう。

Column 9

ボックスによる資金調達

　7章で述べたように、オプションがヨーロピアン型の場合、ボックスは、満期において行使価格の差 ΔK のキャッシュとなります。したがってボックスの価格は、行使価格の差 ΔK の現在値に等しくなります。逆に言えば、ボックスを価格 A でショートすれば、現在キャッシュ A を受け取って、満期に ΔK のキャッシュを支払うことになりますから、これは、

$$Ae^{RT} = \Delta K$$

$$R = \frac{1}{T} \ln\left(\frac{\Delta K}{A}\right)$$

という金利 R でお金を借りたことに他なりません。
　反対に、ボックスのロングはお金を貸したことになります。
　Column3で述べたように、投資銀行や証券会社は通常、キャッシュを貸し出す際に政策金利よりも高いレートを課します。
　例えばアメリカでは、決済する会社によっても異なりますが、だいたい短期金利の目安となるフェデラル・ファンド・レート（FFR）よりも0.3％程度以上高い金利が適用されます。
　したがって、もしもボックスのショートによってそれよりも安いレートで資金を調達できれば、それを行わない手はありません。このようなケースはしばしば存在します。
　ボックスの買い手、つまりお金の貸し手は通常、銀行などの金融機関です。このような金融機関は、その預金者やあるいはその他の金融機関から、割安なレートでキャッシュを借りることができます。そして、ボックスのロングを通してそれよりも割高なレートでキャッシュを貸し付けることができるのです。
　それではなぜこうした金融機関は、直接借り手に貸し付けるのではなく、ボ

ックスのロングなどをするのでしょうか。
　それは、1章で述べたカウンターパーティリスクが排除できるからです。オプション取引はOCCによって保証されています。したがって、金融機関にとっては、誰に貸したかを気にする必要はなく、ボックスのロングを通して安心してキャッシュを貸し出せるわけです。

コールとプットの等価性

10

　金利と配当が無視できる場合、アメリカン型、ヨーロピアン型を問わず同じ行使価格のコールとプットのガンマ、ベガ、セータは等しくなります。オプションを売買する最大のポイントは、このガンマ、セータ、ベガを取引できることにあると言いました。株価が動くとき、あるいは動きそうだと思うときはオプションを買って、ガンマとベガをロングします。先ほど述べたようにガンマとセータは表裏一体ですから、この際にはセータを支払わなければなりません。逆に株価が安定すると思えば、オプションをショートすることでセータを稼げばよいわけです。ただし、ガンマとベガをショートすることになりますから、株価が大きく動けばロスとなりますし、皆が株が大きく動くと考えれば、ショートしたオプションの価値が増えるために、含み損となります。

　これらは、株価の方向性には依存しない、株のボラティリティ（不安定性）に関連した数値です。

　一方で、デルタやロー、配当に対するプレミアムの変動は、株価の方向性に関連した数値です。株価の上昇や金利の上昇、配当の減額はコールの価値を高め、プットの価値を低下させます。

　金利と配当の影響を無視した場合、コールとプットの唯一の違いはデルタだけとなります。

　しかし、我々は株を取引することで、トータルのデルタを操作し、等しくすることができます。このような場合、実はコールとプットは全く同じ役割を果たすことになります。これが2章で述べた、プットコール

パリティの表すコールとプットの等価性です。この章では、実際の例を通してそれを体感してみましょう。「Buying a call is a buying a put, Selling a call is a selling put（コールの買いはプットの買い、コールの売りはプットの売りだ）」というコンセプトが理解できるようになるはずです。

10.1. プットコールパリティの体感

以下のような場合を考えてみましょう。

あなたが、100ドルの株を100株買い、株価の下落に備えた保険として、80プットを1つ購入するとします。マルティプライアは100とします。

表 10.1. ポジションその1

コールデルタ	コールプレミアム	行使価格	プットプレミアム	プットデルタ
		70		
		80	+1（1ドル）	-0.1
		90		
		100		
		110		
		120		
		130		

このとき、80プットのデルタは-0.1で、プレミアムが1ドルだったとします。

するとこのとき、トータルのデルタは+90となります。

さて、株価が実際に70ドルまで下落してしまったとしましょう。そして、80プットのプレミアムが14ドルになったとします。すると損益はどうなるでしょうか。

1ドルで買ったプットが14ドルになったので、オプションの損益は

$$(14 - 1) \times 100 = +1{,}300 \text{ ドル}$$

です。次に、100 ドルで買った株が 70 ドルに下がってしまったので、株の損益は

$$(70 - 100) \times 100 = -3{,}000 \text{ ドル}$$

です。つまりトータルでは

$$+1{,}300 - 3{,}000 = -1{,}700 \text{ ドル}$$

となります。プットを買わなければ、単純に株から －3,000 ドルの損失を出していたわけですから、プットを保険として買ったことで、損失を減らすことができました。

さて、金利と配当がなければコールとプットは同じだと言いました。そこで、プットの代わりに、コールを用いて株に保険をかけることを考えましょう。

先ほどと同様に、100 ドルで買った株を 100 株ロングしています。80 プットの代わりに 80 コールを買いましょう。80 プットのプレミアムは 1 ドルでしたから、金利と配当がない場合のプットコールパリティ

$$C - P = S - K$$

より、80 コールのプレミアムは

$$C = S - K + P = 100 - 80 + 1 = 21 \text{ ドル}$$

と分かります。また、80 プットのデルタは －0.1 でしたから、80 コールのデルタは ＋0.9 です。これではトータルのデルタが異なってしまいま

すので、株を売って調整します。先ほどのトータルデルタは+90でした。したがって株を100株売って、トータルデルタを+90にしましょう。つまり、株のポジションは0となります。

表 10.2. ポジションその2

株：+0　トータルデルタ：+90

コールデルタ	コールプレミアム	行使価格	プットプレミアム	プットデルタ
		70		
+0.9	+1（21ドル）	80		
		90		
		100		
		110		
		120		
		130		

さて、先ほどと同じように株価が70ドルに下がったとします。このとき80プットのプレミアムは14ドルでしたから、80コールのプレミアムは

$$C = S - K + P = 70 - 80 + 14 = 4 ドル$$

となります。したがって損益は、21ドルで買ったコールが4ドルに下がってしまったので

$$(4 - 21) \times 100 = -1,700 ドル$$

となります。どうでしょう。先ほどと全く同じ-1,700ドルの損失となります。つまり、A株をロングし、保険としてプットを購入した場合と、単純にコールをロングした場合は全く同じことなのです。

10.2. 一般のポートフォリオに見るプットコールパリティ

もう一つ違った例を見てみましょう。

以下のような2つのポートフォリオを考えてみます。

表 10.3. ポートフォリオ A

株：−150（100ドル）　トータルデルタ：−100

コール デルタ	コールポジション （プレミアム）	行使価格	プットポジション （プレミアム）	プット デルタ
		70		
		80		
＋0.7	−2（13ドル）	90		
＋0.5	＋1（8ドル）	100	−1（8ドル）	−0.5
		110	−1（13ドル）	−0.7
＋0.1	＋2（1ドル）	120		
		130		

表 10.4. ポートフォリオ B

株：＋250（100ドル）　トータルデルタ：−100

コール デルタ	コールポジション （プレミアム）	行使価格	プットポジション （プレミアム）	プット デルタ
		70		
		80		
＋0.7	−3（13ドル）	90	＋1（3ドル）	−0.3
		100		
＋0.3	−1（3ドル）	110		
＋0.1	＋1（1ドル）	120	＋1（21ドル）	−0.9
		130		

ポートフォリオAは、ショート150株および表に示したオプションのポジションから構成されます。トータルのオプションのデルタは

$$+0.7 \times (-200) + 0.5 \times 100 + 0.1 \times 200 - 0.5 \times (-100) - 0.7 \times (-100) = +50$$

ですから、株と合わせたポートフォリオ全体のデルタに−100となります。
　またポートフォリオAの価値は

（株のポジションの価値）
＋（コールのポジションの価値）
＋（プットのポジションの価値）
＝ (100 × (−150)) + (13 × (−200) + 8 × 100 + 1 × 200) + (8 × (−100) + 13 × (−100))
＝ −18,700 ドル

です。
　一方ポートフォリオBはロング250株および図に示したオプションのポジションから構成されます。トータルのオプションのデルタは

＋ 0.7 × (−300) + 0.3 × (−100) + 0.1 × 100 − 0.3 × 100 − 0.9 × 100 = −350

ですから、株と合わせたポートフォリオ全体のデルタは、ポートフォリオAと同じく−100です。
　ポートフォリオBの価値は

（株のポジションの価値）
＋（コールのポジションの価値）
＋（プットのポジションの価値）
＝ (100 × 250) + (13 × (−300) + 3 × (−100) + 1 × 100) + (3 × 100 + 21 × 100)
＝ ＋23,300 ドル

となります。
　さて、100ドルの株価が、満期直前に130ドルに急騰したとしましょう。すると各ポートフォリオの損益はどうなるでしょうか。
　インザマネーのオプションは行使し、アウトオブザマネーで終わった

オプションは放棄します。

　ポートフォリオAにおいて、株価が130ドルになったとき、90コールは割り当てられ、100コールおよび120コールは行使することになります。プットはすべて無価値ですから割り当てられることはありません。つまり、90ドルで200株売り、100ドルで100株、120ドルで200株買うことになりますから、これにともなうキャッシュフローは

$$+90 \times 200 - 100 \times 100 - 120 \times 200 = -16{,}000 \text{ ドル}$$

です。正味で100株買うことになるので、残ったポジションは－50株となります。したがって残ったポジションの価値は

$$130 \times (-50) = -6{,}500 \text{ ドル}$$

となります。以上をまとめると、－18,700ドルの価値だったポートフォリオAは、満期において16,000ドルを支払った後、－6,500ドルの価値になったわけです。したがって満期における一連の損益は

$$-6{,}500 - 16{,}000 - (-18{,}700) = -3{,}800 \text{ ドル}$$

となります。

　次に、ポートフォリオBに対してまったく同じシナリオが起こった場合のことを考えてみましょう。

　株価が130ドルになった場合、90コール、110コールは割り当てられ、120コールは行使しますから、90ドルで300株、110ドルで100株売り、120ドルで100株買うことになります。ロングしているプットは無価値ですから、放棄します。これにともなうキャッシュフローは

$$+90 \times 300 + 110 \times 100 - 120 \times 100 = +26{,}000 \text{ ドル}$$

です。正味で300株売るので、残ったポジションはポートフォリオAの場合と同じく－50株となり、その価値は

$$130 \times (-50) = -6,500 \text{ ドル}$$

です。これをまとめると、＋23,300ドルの価値だったポートフォリオBは、満期において26,000ドル受け取った後、－6,500ドルの価値になったわけです。したがって満期における一連の損益は

$$-6,500 + 26,000 - 23,300 = -3,800 \text{ ドル}$$

となります。つまり、ポートフォリオAとポートフォリオBは、満期において－3,800ドルという全く同じ損益をたどり、－50株という全く同じポジションをとるのです。

　今度は80ドルに下落した場合を考えましょう。
　ポートフォリオAにおいて、株価が80ドルに下落した場合、100プットと110プットが割り当てられます。つまり100ドルで100株、110ドルで100株買わなければならないので、これにともなうキャッシュフローは

$$100 \times (-100) + 110 \times (-100) = -21,000 \text{ ドル}$$

となります。正味で200株買いますから、残ったポジションは＋50株で、その価値は

$$80 \times 50 = +4,000 \text{ ドル}$$

です。つまり、－18,700ドルの価値ポートフォリオAは、満期において21,000ドルを支払った後、＋4,000ドルの価値になったわけです。した

がって満期における一連の損益は

$$+4{,}000 - 21{,}000 - (-18{,}700) = +1{,}700 \text{ ドル}$$

となります。

　一方ポートフォリオBにおいて株価が80ドルになった場合、90プットと120プットを行使しますから、90ドルで100株、120ドルで100株売ることになります。キャッシュフローは

$$+90 \times 100 + 120 \times 100 = +21{,}000 \text{ ドル}$$

です。正味で200株売るので、残されたポジションはこの場合もやはりポートフォリオAと同じく+50株となり、その価値は+4,000ドルです。

　つまり、23,300ドルの価値だったポートフォリオBは、満期において21,000ドル受け取った後、+4,000ドルの価値になったわけです。したがって満期における一連の損益は

$$+4{,}000 + 21{,}000 - 23{,}300 = +1{,}700 \text{ ドル}$$

となります。つまり、株価が下落した場合も、ポートフォリオAとポートフォリオBは+1,700ドルという全く同じ損益をたどり、+50株という全く同じポジションをとるのです。他のシナリオも自分で計算してみてください。全く同じ損益、ポジションをとるはずです。

　以上のことから、ポートフォリオAとポートフォリオBは等価であることが分かります。これは偶然でしょうか。違います。これは起こるべくして起こったことです。

　それではなぜこのようなことが起こるのでしょうか。ポートフォリオAとポートフォリオBとでは、とっている株のポジションも違えば、オプションのポジションも違います。

しかしながら、両者には2つの共通点があるのです。それがこのポートフォリオを等価たらしめている要因です。

一つは、ポートフォリオ全体のデルタが等しいことです。トータルのデルタはともに-100でした。そしてもう一つは、各行使価格におけるコールの数とプットの数を合わせた「正味のオプションの数」が等しいのです。

表10.5. ポートフォリオAとBの各行使価格におけるオプションの数

Aオプションの数	Aコールの数	Aプットの数	行使価格	Bコールの数	Bプットの数	Bオプションの数
			70			
			80			
-2	-2		90	-3	+1	-2
0	+1	-1	100			0
-1		-1	110	-1		-1
+2	+2		120	+1	+1	+2
			130			

先ほど、金利と配当がない場合、デルタを除けばコールとプットは全く同じものであると言いました。そうであるならば、「コール」と「プット」を区別する必要はもはやありません。どちらも同じ「オプション」なのです。要は、どの行使価格にいくつのオプションを保持しているかだけが問題となります。さらに言えば、現在の株価よりも低い行使価格（ダウンサイド）にいくつのオプションがあり、現在の株価よりも高い行使価格（アップサイド）にいくつのオプションがあるかによってリスクのプロファイルを大雑把に把握できるわけです。

ポートフォリオAとポートフォリオBは、各行使価格において、全く同数の「オプション」を持ち、さらにポートフォリオ全体として等しいデルタを持ちます。したがってこれらのポートフォリオは等価であり、上で見たような現象が起きるのです。これが2章で述べたプットコールパリティの表現するところであり、「コールの買いはプットの買い、コ

ールの売りはプットの売り」という言葉の意味だったわけです。

10章のまとめ

　この章では、具体例を通してコールとプットの等価性を体感しました。
　金利と配当が無視できる場合、アメリカン型、ヨーロピアン型を問わずプットコールパリティ

$$C - P = S - K$$

が成り立ちます。これは、同じ行使価格のコールとプットは、それが持つ原資産に対するポジション（デルタ）を除けば完全に等価であることを表現しています。実際に、金利と配当が無視できる場合、同じ行使価格のコールとプットのオプショナリティに関する指標であるガンマ、ベガ、セータは等しくなります。
　つまり原資産を売買してデルタを調整すれば、もはや「コール」と「プット」を区別する必要はありません。どの行使価格にいくつの「オプション」があるかだけが問題となるのです。
　これが2章で学んだプットコールパリティの意味するところです。
　ただし、株の配当額が変わる可能性がある場合、仮に原資産でデルタを調整したとしても、「コール」と「プット」はこれらに対して全く逆の反応をとりますから、注意が必要です。

Q 章末問題

　本章で説明したことは、配当と金利がある場合でもオプションがヨーロピアン型であれば成立します。それらの値が変動しなければよいのです。

3ヶ月後（$T = 0.25$）に満期を迎えるA株のオプションから成る、以下の2つのポートフォリオCとポートフォリオDがあります。A株は現在75ドルで取引されており、無リスク金利は3％です。オプションはヨーロピアン型だとします。

　ボラティリティが30％だとして、各ポートフォリオのオプションの価値とデルタをブラックショールズの公式を用いて計算してみましょう。

　そして、両ポートフォリオのトータルのデルタが等しくなるようにポートフォリオCおよびDに適当な株数を設定してください。

　すると、

（1）株価が70ドルでボラティリティが40％になった場合
（2）株価が80ドルでボラティリティが25％になった場合

の2つの場合について、両ポートフォリオの損益が全く等しくなることを確認してみましょう。

　ただし、金利があるためにこれら2つのポートフォリオは異なるセータを持ちます。つまり、時間の経過とともに異なる損益をとるようになります。またオプションがアメリカン型であれば早期行使が可能となるため、たとえ金利や配当額が変わらなかったとしても、株価およびボラティリティの変動に対して異なる損益をとることになります。

表 10.6. ポートフォリオ C

コールポジション	行使価格	プットポジション
	70	
−2	72.5	
+1	75	−1
	77.5	−1
+2	80	

表 10.7. ポートフォリオ D

コールポジション	行使価格	プットポジション
	70	
−3	72.5	+1
	75	
−1	77.5	
+1	80	+1

Column 10

世界最大のオプションマーケット

オプション取引がもっとも活発な国はアメリカですが、単独の銘柄（原資産）で見たとき、世界でもっとも多くのオプションが取引されているものは何かと言えば、実はそれは韓国の株価指数（KOSPI200）オプションです。図10.1はある日のKOSPI200のオプションスクリーン（の一部）です。

Volm（1日の取引量）に注目してください。KOSPI200オプションのマルティプライアは500,000です。また、2013年2月現在、KOSPI200株価指数は約250ウォンですから、1つのオプションはノーショナルで言うと

$$250 \times 500{,}000 = 125{,}000{,}000 \text{ウォン}$$

に対応することになります。1JPY=12KRWとして円に直すと、これは

図 10.1. KOSPI2 オプションスクリーン

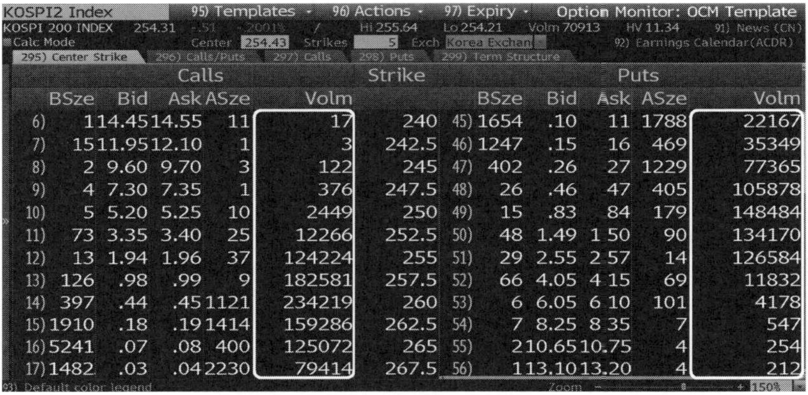

	Calls					Strike		Puts				
	BSze	Bid	Ask	ASze	Volm			BSze	Bid	Ask	ASze	Volm
6)	1	14.45	14.55	11	17	240	45)	1654	.10	11	1788	22167
7)	15	11.95	12.10	1	3	242.5	46)	1247	.15	16	469	35349
8)	2	9.60	9.70	3	122	245	47)	402	.26	27	1229	77365
9)	4	7.30	7.35	1	376	247.5	48)	26	.46	47	405	105878
10)	5	5.20	5.25	10	2449	250	49)	15	.83	84	179	148484
11)	73	3.35	3.40	25	12266	252.5	50)	48	1.49	1 50	90	134170
12)	13	1.94	1.96	37	124224	255	51)	29	2.55	2 57	14	126584
13)	126	.98	.99	9	182581	257.5	52)	66	4.05	4 15	69	11832
14)	397	.44	.45	1121	234219	260	53)	6	6.05	6 10	101	4178
15)	1910	.18	.19	1414	159286	262.5	54)	7	8.25	8 35	7	547
16)	5241	.07	.08	400	125072	265	55)	2	10.65	10.75	4	254
17)	1482	.03	.04	2230	79414	267.5	56)	1	13.10	13.20	4	212

$$\frac{125{,}000{,}000}{12} \sim 10{,}000{,}000 \text{円}$$

です。日によって異なるのですが、1日平均だいたい2,500,000個程度取引されていますから、これは

$$10{,}000{,}000 \times 2{,}500{,}000 \sim 25兆円程度$$

に相当します。この取引量は圧巻です。1日の取引量が5,000,000個に上ることもあります。

　これを日経オプションと比較してみましょう。日経オプションは、マルティプライアが1,000で、1日約150,000個のボリュームがありますから、2013年1月現在の日経平均株価を約11,000円とすればだいたい1日あたりのオプション取引量は、ノーショナルで

$$11{,}000 \times 1{,}000 \times 150{,}000 \sim 1.65兆円程度$$

となります。一つの目安として、どれほどKOSPI200オプションの取引量が膨大かお分かりになると思います。取引量という意味では、アメリカの代表的な株価指数S&P500オプションやヨーロッパのEURO STOXX50オプションもKOSPI200には及びません。

　このKOSPI200オプションの取引量の最大の理由に、オプションマーケットへの個人投資家の参加が挙げられます。

　Korea Exchangeは、オプション取引量を取引者の属性ごとに公開しています。それによると、オプション取引の実に約30%が「Individual（個人）」によるものです。つまりノーショナルに換算して約10兆円程度が個人投資家によるものですから、驚きです。

　ところで、KOSPI200オプションに関連して、ドイツの取引所Eurexでは、一風変わった商品が取引されています。それは、KOSPI200オプションの1日先物（Daily Future）です。「オプションの先物」で、なおかつ日々現物決済されるという変わったものです。

例えば、「KOSPI200 Mar（3月）250コール 1日先物」をヨーロッパで買うと、その先物のポジションは、買ったその日の終わりに消失し、翌日に強制的にKorea Exchangeの「KOSPI200 Mar 250コール」のポジションへと変わるのです。
　あくまでも「オプションの先物」ですから、得るのはオプションであり、その後そのオプションを韓国で売ることができます。
　そもそも株価指数自体がデリバティブですから、これは「株価指数のオプションの1日先物」というデリバティブのデリバティブのそのまた一風変わったデリバティブが、別の証券取引所で取引されているというおもしろいことになります。

オプションアービトラージ 11

7章で、オプションを組み合わせたスプレッドを売買することで、多種多様な投資戦略を実装できることを見ました。そして10章では、プットコールパリティの意味するところの、コールとプットの等価性を体感できたことと思います。

この章では、それらの性質を踏まえた上で、オプションマーケットの非合理性から利益を上げるオプションのアービトラージを紹介します。そこには、小難しいグリークなどは出てきません。現実の世界において、この章に出てくるような古典的なオプションのアービトラージができる機会は非常に稀です。たとえそのような機会があったとしても、誰かがそれを利してトレードを行い、すぐにアービトラージを行う機会は消え去ってしまうことがほとんどです。しかし、この章で述べるトレードを把握することは、オプションの理解を深める上でとても重要な役割を果たします。また、実際にアービトラージ機会が眼前に訪れた場合、誰よりも早くトレードを執行する必要があります。そのときに備えて、いくつかの例を見ていくことにしましょう。この章では、あなたがオプションのマーケットメイカーとなって、他のマーケットメイカーやブローカーと、どのようなトレードをすべきか自分で考えてみてください。

11.1. スクリーン上に存在するアービトラージ

A株に対して、表11.1のようなオプションマーケットがあります。オ

プションはアメリカン型で、満期までには配当は支払わず、金利は無視できるとしましょう。A株のマーケットは

$$97.4 - 97.41$$

です。つまり、97.4ドルで売ることができ、97.41ドルで買うことができます。オプションマーケットも同様に、例えば

$$14.70 - 14.88$$

であれば、14.7ドルで売り、14.88ドルでそのオプションを買うことができます。

$$0.00 - 0.07$$

というのは、買い手がいないことを表しています。さて、このオプションマーケットを見て何かおかしなことに気づくでしょうか。このマーケットには、非合理な点が3つ隠されています。そして、そこを突いて無リスクで利益を上げることができるのです。まずは自分で考えてみてください。

表 11.1. オプションマーケット例 1

A株：97.4 − 97.41

コール		行使価格	プット	
買値	売値		買値	売値
14.70 − 14.88		82.5	0.00 − 0.07	
12.40 − 12.57		85	0.09 − 0.12	
9.94 − 10.16		87.5	0.14 − 0.18	
7.65 − 7.85		90	0.41 − 0.45	
5.47 − 5.62		92.5	0.60 − 0.64	
3.61 − 3.70		95	1.21 − 1.28	
2.08 − 2.17		97.5	2.19 − 2.29	
1.09 − 1.13		100	3.62 − 3.79	
0.40 − 0.43		102.5	5.65 − 5.82	
0.20 − 0.23		105	7.80 − 8.00	
0.05 − 0.11		107.5	10.08 − 10.40	

正解

1．82.5コール

82.5コールを見てください。

$$14.70 - 14.88$$

ですから、14.88ドルで買うことができます。株が97.4 − 97.41ですから、パリティは

$$97.4 - 82.5 = 14.9$$

です。つまりパリティ以下でオプションを買うことができます。アメリカン型のオプションの価値がパリティを下回ることはありません。したがってあなたは、14.88ドルを支払って82.5コールを買うべきです。同

時に株を97.4ドルで売って、82.5コールを行使すれば

$$97.4 - 82.5 - 14.88 = 0.02 \text{ ドル}$$

の利益を確定できるわけです。

2. 102.5コンボ

　102.5のラインを見てください。0.43ドルで102.5コールを買い、5.65ドルで102.5プットを売ることができます。満期までの配当がなく、金利が無視できる場合、オプションが早期行使の対象となることはありませんから[*1]、このポジションは必ず満期において102.5ドルで株を買うことになります。つまり、2章で述べたように株の先物を買ったのと同じことです。102.5ドルで株を買う契約を負うに際して

$$5.65 - 0.43 = 5.22 \text{ ドル}$$

のキャッシュを得たわけです。つまり、実質的には株を

$$102.5 - 5.22 = 97.28 \text{ ドル}$$

で買えることになります。したがって、現時点で株を97.4ドルで売れば

$$97.4 - 97.28 = 0.12 \text{ ドル}$$

を得ることができます。コールを買って、プットを売り、株を売ったので、これはリバーサルをしたことに他なりません。リバーサルをする際

[*1]　もしもこの場合ショートした102.5プットが満期前に割り当てられたら、それは喜ぶべきことです。アメリカン型オプションの早期行使については12章で詳しく説明します。

に0.12ドルのキャッシュを得たわけです。金利と配当がない場合、リバーサル・コンバージョンは0ですから、その分利益を確定できたのです。

3. 87.5 – 90 – 92.5プットバタフライ

87.5、90、92.5プットのマーケットを見てください。

87.5プットを0.18ドルで、92.5プットを0.64ドルで買い、90プットを2つ0.41ドルで売れば87.5-90-92.5プットバタフライのロングの完成です。その際のコストは

$$0.41 \times 2 - 0.18 - 0.64 = 0 \text{ ドル}$$

です。つまり、ただでバタフライをロングできたわけです。8章で見たように、行使価格が2.5ドルのロングバタフライは必ず0以上2.5ドル以下の価値を持ちますから、これはアービトラージです。

11.2. スプレッドと組み合わせたアービトラージ その1

さて、今度はマーケットメイカーであるあなたに、ブローカーがオーダーを持ってくることも想定してみましょう。今回考えるオプションのスクリーンマーケットは表11.2です。B株は満期までに0.5ドルの配当を支払うことが確定しています。金利は無視でき、オプションはヨーロピアン型だとします。また、いずれのオプションも買値と売値のサイズは100だとしましょう。つまり100個までは以下の提示値でオプションを売買できるものとします。また、マルティプライアは100です。

表 11.2. オプションマーケット例 2

B株：62.67 − 62.69
配当：0.5

コール		行使価格	プット	
買値	売値		買値	売値
12.35 − 12.8		50	0.27 − 0.32	
10.04 − 10.40		52.5	0.46 − 0.50	
7.86 − 8.19		55	0.76 − 0.82	
5.90 − 5.99		57.5	1.25 − 1.33	
4.19 − 4.30		60	2.02 − 2.10	
2.79 − 2.89		62.5	3.06 − 3.15	
1.75 − 1.79		65	4.54 − 4.66	
1.02 − 1.04		67.5	6.30 − 6.42	
0.56 − 0.62		70	8.15 − 8.50	
0.30 − 0.34		72.5	10.27 − 10.69	
0.13 − 0.20		75	12.95 − 13.15	

このスクリーンマーケット自体におかしなところはありません。

今、とあるブローカーが、投資家から62.5ストラドルの買いのオーダーを持ってきました。

$$6.00 \text{ for } 100$$

という買いオーダーです。つまり62.5ストラドルを100個、6ドルまでなら買いたいというオーダーです。スクリーンに提示されている62.5ストラドルのマーケットは

$$5.85 - 6.04$$

ですから、スクリーンよりも良い値で買ってもよいというわけです。さて、あなたはどうすべきでしょうか。ブローカーに6ドルでストラドル

を売って、スクリーン上でストラドルを6.04ドルで買ってもアービトラージにはなりません。ストラドル1つあたり0.04ドル損をするだけです。

正解　あなたはストラドルを50個だけ売るべきです。

　これを理解するためには再びコールとプットの等価性を思い出す必要があります。62.5コールの価格を C、62.5プットの価格を P としましょう。62.5ストラドルを6ドルで売ることができるので、

$$C + P = 6$$

です。一方、プットコールパリティより、株価としてビッドとオファーの中間62.68ドルを用いれば

$$C - P = 62.68 - 0.5 - 62.5 = -0.32$$

が成り立ちますから、上の2式より

$$C = \frac{6 - 0.32}{2} = 2.84$$

$$P = \frac{6 + 0.32}{2} = 3.16$$

が成り立ちます。つまり、62.5ストラドルを6ドルで売るということは、62.5コールを2.84ドルで売り、62.5プットを3.16ドルで売ることと等価です。今、62.5プットが3.15ドルでオファーされていますから、これを買って62.5ストラドルを6ドルで売り、株でヘッジすればアービトラージとなります。実際にアービトラージとなることを以下のキャッシュフローで確認してみましょう。

現在
- 62.5 ストラドルを 6 ドルで 50 個売る：

$+6 \times 50 \times 100 = +30{,}000$ ドル

- 62.5 プットを 3.15 ドルで 100 個買う：

$-3.15 \times 100 \times 100 = -31{,}500$ ドル

さて、この時点で 62.5 コールを 50 個ショートし、62.5 プットを 50 個ロングしています。したがって満期で 62.5 ドルで 5,000 株売ることになりますから、今 5,000 株を買ってヘッジする必要があります。

- 62.69 ドルで 5,000 株買う：

$-62.69 \times 5{,}000 = -313{,}450$ ドル

正味、この時点で、コールを 50 個ショート、プットを 50 個ロング、そして 5,000 株をロングしていますからコンバージョンをしたことになります。

配当支払日
- ロングした 5,000 株に対して、配当を受け取る：

$+0.5 \times 5{,}000 = +2{,}500$ ドル

満期
- 62.5 ドルで 5,000 株売る：

$+62.5 \times 5{,}000 = +312{,}500$ ドル

この時点ですべてのポジションは解消され、トータルのキャッシュフローは

$$+ 30{,}000 - 31{,}500 - 313{,}450 + 2{,}500 + 312{,}500 = + 50 \text{ ドル}$$

となります。

　プットコールパリティを計算する際には株価として中値の62.68ドルを用いましたが、実際にアービトラージを行うためには、ビッドで売るかオファーで買わなくてはなりません。したがって正確には、行うトレードを考えて株価を意識する必要があります。

　また、トレードを行う数量にも注意が必要です。この場合、スクリーンで取引できるサイズは100個ですから、アービトラージを完成させるには、ストラドルを50個だけ売る必要があります。もしも100個全部売ってしまったらポジションをヘッジすることはできません。

　さて、スクリーン上で、62.5プットを3.15ドルで100個全部買ってしまいました。次のオファーは3.16ドルです。3.16ドルで買ったのではアービトラージとはなりません。62.5ストラドルはまだ残っており、6ドルで50個まで売ることができます。

　このような状況で、別のブローカーが57.5–62.5プットスプレッドのマーケットを持ってきました。すでに他のマーケットメイカーからのマーケットを提示されており

$$1.81 - 1.83 \ (100 \text{ up})$$

というのが現在のマーケットです。100 up とは、買値、売値ともにサイズが100であることを表します。スクリーンは現在

$$57.5 \text{ プット} : 1.25 - 1.33$$
$$62.5 \text{ プット} : 3.06 - 3.16$$

ですから、スクリーンにおける57.5–62.5プットスプレッドのマーケットは

$$1.73 - 1.91$$

です。1.81 – 1.83というマーケットはちょうどその中間に位置します。当然他のマーケットメイカーとトレードすることもできますから、あなたは57.5-62.5プットスプレッドを1.81ドルで100個まで売ることができ、1.83ドルで100個まで買うことができます。さて、あなたはどうすべきでしょうか。あるいは何もすべきではないでしょうか。

正解　あなたはプットスプレッドを100個すべて買うべきです。

　いろいろな考え方がありますが、もっとも簡単なのは、ボックスをコールスプレッドとプットスプレッドの和と捉えることでしょう。先ほど述べたように、62.5ストラドルにおける6ドルのビッドは、62.5コールにおける2.84ドルのビッドおよび62.5プットにおける3.16ドルのビッドと考えることができます。今、57.5コールのオファーが5.99ですから、62.5ストラドルのビッドが示す、62.5コールの2.84ドルのビッドと合わせて考えれば、57.5-62.5コールスプレッドが

$$5.99 - 2.84 = 3.15 \text{ドル}$$

でオファーされていることになります。つまり、57.5-62.5コールスプレッドを3.15ドルで買うことができるわけです。9章のボックスを思い出してください。ヨーロピアン型の場合、ボックスの価値は行使価格の差（この場合5ドル）の現在値ですから、金利がなければそのまま5ドルとなります。つまり5ドル以下で買う、あるいは5ドル以上で売ることができればアービトラージとなります。コールスプレッドを3.15ドルで買い、プットスプレッドを1.83ドルで買うことができれば

$$3.15 + 1.83 = 4.98 \text{ドル}$$

でボックスを買ったことになります。したがって、1.83ドルでプットスプレッドを買うべきなのです。

先ほどと同様に、実際に行うべきトレードおよび満期までのキャッシュフローを確認してみましょう。

現在
- 62.5ストラドルを6ドルで50個売る：
+6×50×100＝＋30,000ドル

- 57.5－62.5プットスプレッドを1.83ドルで100個買う：
－1.83×100×100＝－18,300ドル

- 57.5コールを5.99ドルで100個買う：
－5.99×100×100＝－59,900ドル

これによって以下のようなポジションをとることになります。

コール	行使価格	プット
+100	57.5	−100
−50	62.5	+50

57.5コンボのロングが100個と62.5コンボのショートが50個ですから、これは満期に57.5ドルで10,000株買い、62.5ドルで5,000株売ることになります。よって今5,000株を62.67ドルで売ってアービトラージを完成させる必要があります。

- 62.67ドルで5,000株売る：
+62.67×5,000＝＋313,350ドル

配当支払日

- ショートした5,000株に対して配当金を支払う：

$-0.5 \times 5,000 = -2,500$ ドル

満期

- 57.5ドルで10,000株買う：

$-57.5 \times 10,000 = -575,000$ ドル

- 62.5ドルで5,000株買う：

$+62.5 \times 5,000 = +312,500$ ドル

したがってトータルで

$30,000 - 18,300 - 59,900 + 313,350 - 2,500 - 575,000 + 312,500 = +150$ ドル

となります。

11.3. スプレッドと組み合わせたアービトラージ

C株およびそのオプションが以下のようなマーケットで取引されています。オプションはアメリカン型で、満期までの配当の支払いはなく、金利は無視できるとしましょう。先ほどと同様に各オプションのビッドとオファーのサイズは100個とします。

表 11.3. オプションマーケット例 3

C株：6.70 – 6.71

コール		行使価格	プット	
買値	売値		買値	売値
1.20 – 1.35		5.5	0.03 – 0.04	
0.90 – 1.05		5.75	0.04 – 0.05	
0.75 – 0.82		6	0.06 – 0.07	
0.56 – 0.59		6.25	0.11 – 0.12	
0.36 – 0.39		6.5	0.17 – 0.20	
0.24 – 0.27		6.75	0.28 – 0.31	
0.14 – 0.16		7	0.42 – 0.44	
0.08 – 0.09		7.25	0.60 – 0.63	
0.04 – 0.05		7.5	0.82 – 0.85	
0.02 – 0.04		7.75	1.05 – 1.08	
0.01 – 0.03		8	1.25 – 1.32	

さて、ブローカーが7バイライトの買いオーダーを持ってきました。

$$0.45 \text{ for } 200$$

です。7バイライトを200個、0.45ドルで買いたいというオーダーです。9章で述べたようにこれは、「7コールに、$(S - K)$ よりも0.45ドル多く支払い、株を売る」というオーダーです。

さて、どうすべきでしょうか。

正解：あなたはバイライトを100個売るべきです。

つまり「7コールを100個売って、株を10,000株買う」べきです。

「7コールに、$(S - K)$ よりも0.45ドル多く支払い、株を売る」ということは、たとえば株を6.7ドルで売る場合、それは7コールに

$$(6.7 - 7) + 0.45 = + 0.15 \text{ ドル}$$

支払うということを意味します[*2]。配当がなく、金利が無視できる場合アメリカン型のオプションにもプットコールパリティ

$$C - P = S - K$$

が成り立ちます。したがって、コールにおける0.15ドルのビッドは

$$P = C - S + K = 0.15 - 6.7 + 7 = 0.45$$

から、プットにおける0.45ドルのビッドに対応します。スクリーンで7プットが0.44ドルで100個オファーされていますから、これを買って、バイライトを0.45ドルで売ればアービトラージとなります。

実際のトレードおよびキャッシュフローを見てみましょう。

現在
● 7バイライトを0.45ドルで100個売る：

これは、例えば7コールを0.15ドルで100個売り、C株を6.7ドルで10,000株買うことを意味します。したがって、これにともなうキャッシュフローは

$$+ 0.15 \times 100 \times 100 - 6.7 \times 10,000 = - 65,500 \text{ ドル}$$

● 7プットを0.44ドルで100個買う：
$$- 0.44 \times 100 \times 100 = - 4,400 \text{ ドル}$$

[*2] 6.71ドルで株を取引する場合は、7コールを0.16ドルで取引することになります。

我々は、これで7コールを100個ショート、7プットを100個ロング、そして10,000株ロングしたので、コンバージョンのポジションを取ったことになります。満期に7ドルで10,000株売ることになり、ポジションはクローズされます。

満期
● C株を7ドルで10,000株売る：
＋7 × 10,000 ＝ ＋70,000 ドル

したがってトータルで

$$-65,500 - 4,400 + 70,000 = +100 \text{ ドル}$$

を無リスクで得たことになります。

さて、7プットのスクリーンオファーは0.45ドルになりました。7バイライトのビッドはまだ100個残っています。別のブローカーが以下のような6.5-7リスクリバーサルのマーケットを持ってきました。

$$0.045 - 0.050 \quad 200 \text{ by } 100 \text{ put over}$$

です。9章で述べたように、リスクリバーサルは、行使価格の高いコールと行使価格の低いプットの一方を買い、一方を売ることを意味します。トレードするコールとプットのプレミアムによって、正味でキャッシュを支払うこともありますし受け取ることもあります。したがって、どちらを買ってどちらを売るのかをトレードの際に明確にしておく必要があります。Put overというのは、プットを買ってコールを売る際に、正味でキャッシュを支払うということを表します。したがってこの場合、6.5プットを買って、7コールを売るという一つのパッケージのビッ

ドが0.045ドルで、オファーが0.05ドルという意味です。200 by 100というのはビッドとオファーのサイズを表しており、ビッドのサイズが200個で、オファーのサイズが100個であるということです。

つまりあなたは、0.05ドル支払って、6.5プットを買い7コールを売るというトレードを100個まで行うことができ、0.045ドルを得て6.5プットを売り7コールを買うというトレードを200個まで行うことができます。どうすべきでしょうか。

正解 6.5-7リスクリバーサルを0.045ドルで100個売るべきです。

先ほど述べたように、7バイライトを通して7コールを0.15ドルで売ることができます。6.5-7リスクリバーサルを0.045ドルで売るということは、7コールを買ってそれよりも0.045ドル高いプレミアムで6.5プットを売るということですから、例えば7コールを0.15ドルで買って6.5プットを0.195ドルで売ることに対応します[*3]。すると7バイライトを売って6.5-7リスクリバーサルを売れば、7コールのポジションはキャンセルし、正味で6.5プットを0.195ドルで100個売り、C株を10,000株6.7ドルで買うことになります。6.5プットを0.195ドルで売ることは、プットコールパリティより

$$C = P + S - K = 0.195 + 6.7 - 6.5 = 0.395$$

ですから、コールを0.395ドルで売ることに対応します。今、6.5コールはスクリーン上で0.39ドルでオファーされていますから、これを0.39ドルで買って株でヘッジすればこれはアービトラージです。実際のトレー

[*3] あるいは7コールを0.16ドルで買って6.5プットを0.20ドルで売ることも同じです。要は取引をする者にとっては、正味のキャッシュが重要なわけですから、ここでは簡単のため7コールを0.15ドルでトレードすると考えましょう。

ドとキャッシュフローを見てみましょう。

現在

● 6.5 − 7 リスクリバーサルを0.045ドルで100個売る：
+0.045 × 100 × 100 = ＋450ドル

　これは6.5プットを100個ショートし、7コールを100個ロングすることです。

● 7バイライトを0.45ドルで100個売る：

　これは7コールを100個ショートし、株を10,000株買うことでした。

＋ 0.15 × 100 × 100 − 6.7 × 10,000 = − 65,500ドル

　以上のトレードによって、7コールのポジションはキャンセルし、正味で6.5プットを100個ショートし、株を10,000株ロングしたことになります。6.5コールを0.39ドルで買えば、以下のようなポジションをとることになります。

● 6.5コールを0.39ドルで100個買う：
− 0.39 × 100 × 100 = − 3,900ドル

C株：+10,000

コール	行使価格	プット
+100	6.5	−100

　これは、満期に株を6.5ドルで10,000株買うことになりますから、株を20,000株売ってポジションをヘッジする必要があります。

- C株を6.7ドルで20,000株売る：
+6.7 × 20,000 = +134,000ドル

これで正味6.5コンボを100個ロングし、株を10,000株ショートしたことになり、リバーサルの完成です。あとは満期に6.5ドルで株を10,000株買ってポジションを解消することになります。

満期
- C株を6.5ドルで10,000株買う：
−6.5 × 10,000 = −65,000

したがってトータルで

+450 − 65,500 − 3,900 + 134,000 − 65,000 = +50ドル

となります。

11章のまとめ

　この章では、オプションマーケットに歪みがあった場合、そこを突いて無リスクで利益を上げるいくつかのオプションアービトラージを学びました。本章のトレードを把握することは、オプションの理解を深める上でとても重要な役割を果たします。
　そこで大切なのは、フォワード、プットコールパリティを意識することと、それぞれのスプレッドの性質を把握しておくことです。
　現実の世界において、このような古典的オプションアービトラージの機会に出くわすことはそう頻繁にありません。しかしそれは、すべての

オプションマーケットが完全に効率的だからというわけではありません。そのような機会が現れたとき、優れたオプショントレーダーがすぐにそこを突いて、そのような機会が長続きしないからです。

Q 章末問題

　日経のオプションはヨーロピアン型で、毎月第2金曜日のオープニングに満期を迎えます。決済価格は構成銘柄のオープニング価格を元に計算され、オプションは自動的に差金決済されます。株式オプションにとっての株価が、日経オプションにとっては日経平均株価となります。

　ところが株式指数は一定間隔おきにしか更新されません。例えば日経平均株価は15秒に1回です。構成銘柄すべての取引価格からリアルタイムで指数を計算してもよいのですが、通常株式指数のオプショントレーダーは、対応する先物の価格を原資産価格として用います。これには便利な点があります。先物は、1章でフォワード価格を求めたのと同様に、現物価格に満期までの金利と配当を加味して計算されます。したがって、オプション価格を計算する際、金利と配当をゼロとして、先物価格をそのまま原資産価格に用いればよいことになります[*4]。

　ところが日経の場合、一つ問題があります。日経先物は3ヶ月ごとの限月（3月限、6月限、9月限、12月限）しか取引されません。したがって、対応する先物を持たない限月のオプション（例えば1月に満期を迎えるオプションなど）を計算するには注意が必要です。

　このような場合、原資産価格をロールの価格で調整してやります。ロールとは異なる限月の先物の価格差のことで、限月間の金利および配当から計算されます。例えば、3月限の先物を元に1月限のオプションプレミアムを計算するには、1月第2金曜日から3月第2金曜日までの金利

[*4] ここで言う金利とは、原資産価格にかかる金利のことです。この場合でも、一般にオプションのプレミアムにかかる金利はゼロではありません。

と配当で、原資産価格を調整するのです。

今、日経先物のマーケットが

$$9,070 - 9,080$$

で、オプション限月から先物限月へのロールが0だとしましょう。これは、金利と配当がなく、現在の株価が9,070 - 9,080である株と同じことです。

このとき、下の日経のオプションマーケットにはアービトラージ機会が2つひそんでいます。それは何か考えてみましょう。

表 11.4. 日経のオプションマーケット

日経先物：9,070 - 9,080

コール		行使価格	プット	
買値	売値		買値	売値
2,070 -	2,090	7,000	4 -	5
1,820 -	1,840	7,250	5 -	6
1,570 -	1,590	7,500	7 -	8
1,320 -	1,340	7,750	10 -	11
1,080 -	1,100	8,000	15 -	16
840 -	855	8,250	25 -	26
610 -	625	8,500	38 -	39
385 -	395	8,750	60 -	65
235 -	240	9,000	165 -	170
80 -	85	9,250	260 -	275
48 -	49	9,500	460 -	465
18 -	19	9,750	680 -	700
7 -	8	10,000	925 -	945
3 -	4	10,250	1,160 -	1,200
1 -	2	10,500	1,410 -	1,450
0 -	2	10,750	1,660 -	1,700
0 -	1	11,000	1,900 -	1,950

Column 11

デルタをめぐる争い

　8章で述べたように、オプショントレードの大きな目的の一つは、オプショナリティのトレードにあります。つまり、ガンマ、セータ、ベガをトレードすることです。

　もちろん、保険として、あるいは手軽にデルタを得るためにオプションをトレードすることも至極正しいオプション取引です。

　しかしそうでなければ、ほとんどの場合オプションについてくるデルタは不要となります。

　例えば、株が103ドルで取引されているときに、将来の株価の変動を見込んで100ストラドルを取引するとします。

　この場合ほしいのはガンマ、ベガであり、デルタではありません。

　しかし100コールのデルタが0.55で、100プットのデルタが−0.45であれば、ストラドル1つにつき+0.1（正味+10株分）のデルタがついてきます。

　この場合、もしも100ストラドルを100個買った直後に株価が103ドルから102ドルに下がれば、ガンマから利益を上げることはできますが、ロングしたデルタからは

$$100（ストラドル数）\times 0.1（デルタ）\times 100（マルチプライア）\times (102 - 103)$$
$$= -1,000 ドル$$

の損失を出すことになります。

　そこで、このような事態を避けるためにブローカーマーケットでは、デルタニュートラルトレードという取引が頻繁に行われます。

　オプションだけではなく、デルタをニュートラルとするために、原資産も含めてトレードを行うのです。

　例えば上記の例で言えば、デルタニュートラルトレードは

「100ストラドル、+ 0.1デルタ、基準価格103ドル（100 straddle tied to 10 delta with 103）」という形で指定されます。

それはストラドル1つにつき株を10株売買し、株に値動きがあった場合、103ドルの株価における+ 0.1デルタを基準にしてオプションのプレミアムを調整するという意味です。

もしも株価が103ドルのままであれば話は簡単です。

100ストラドルを100個買い、103ドルで1,000株売ればよいだけです。余計なデルタはついてきません。

それでは、「100ストラドル、+ 0.1デルタ、基準価格103ドル」という形で指定されたストラドルを10ドルで100個買った直後に、株価が102ドルに下落したとしましょう。

先ほど見たように、デルタニュートラルトレードにしていなければ、ただちにデルタから1,000ドルの損失を出してしまいます。1ドル下落したわけですから、+ 0.1のデルタを持った100ストラドルはおよそ0.1ドル分価値を下げるからです。

ところが、103ドルに対して+ 0.1デルタでオプションを指定した場合、オプションの売買価格をデルタで調整するということをします。

この場合、102ドルで1,000株売ると同時に、10ドルではなく9.9ドルでストラドルを買ったことにするのです。

するとどうでしょう。100ストラドルを10ドルで100個買い、A株を1,000株103ドルで売った場合の損益と比較してみましょう。

103ドルで1,000株売った場合に比べて、102ドルで1,000株を売った場合、株のトレードは

$$(102 - 103) \times 1{,}000 = -1{,}000 \text{ ドル}$$

の損失となります。ところが、オプションの売買価格を+ 0.1のデルタで調整し、10ドルではなく9.9ドルでストラドルを買うことになるので、オプションのトレードは

$$(10 - 9.9) \times 100 \times 100 = +1{,}000 \text{ ドル}$$

のプラスとなります。つまりデルタを指定したおかげで、株価が103ドルから102ドルに下落した影響を受けずにすんだわけです。

例えば株価が105ドルに上がった場合は、105ドルで1,000株売り、オプションを10.2ドルで買うことになります。こうして、オプションのデルタに対する影響を取り除くことができるのです。

逆に言えば、オプションのデルタによる影響を排除できるので、計算したオプション価格を逐一株価の変動に合わせて再計算する必要がなくなります。

株価が103ドルのときに10ドルの価値があると思った100ストラドルは、株価が102ドルに下がると9.9ドルの価値になり、105ドルに上がれば10.2ドルの価値を持つことになります。

もしもデルタニュートラルトレードを指定していない場合は、株価の変動とともに買値を逐一変動させる必要があります。ところが、「100ストラドル、＋0.1デルタ、103ドル」と指定しさえすれば、そのオプションの理論価格は10ドルのままです。株価が多少上下したとしても、それに合わせてオプションの売買価格が調整されるので、結局株価が103ドルのときに100ストラドルを10ドルで買ったのと同じことになるからです。

デルタニュートラルトレードを執行する際には、あらかじめブローカーとの間でデルタについて合意しておくことが肝要です。

仮に、ストラドルの買い手が＋0.1のデルタを想定しており、売り手が+0.11のデルタを想定していたとしましょう。

株価が105ドルのときにストラドルの売買が成立した場合、買い手は105ドルで1,000株売り、ストラドルを10.2ドルで買えると思ってトレードを行ったわけです。

ところが売り手は105ドルで1,100株買い、ストラドルを10.22ドルで売ろうとします。

現在の株価が105ドルである限り、株の売買は損益に影響しませんが、ストラドルの売買価格は大いに影響します。

買い手からすれば、10.2ドルで買うつもりが10.22ドルも要求され、売り手からすれば10.22ドルで売るつもりが、10.2ドルしか支払わないと言われるのです。

すると、「お前のデルタは気に食わない」と喧嘩が始まるわけです。実際にこ

のような状況になったことが何度もあります。

　そうなる前に、デルタに関して合意しておくことが大切なのです。

　また、やたらとデルタをつけたがるブローカーもいます。ブローカーは、オプションや原資産を執行することで手数料を稼ぐのがビジネスです。彼らからすれば、少しでも多めのデルタをつけて原資産を執行させることで、その分手数料を稼ぎたいのです。

アメリカン型オプションの早期行使 12

　これまで何度か述べたように、アメリカン型のオプションは満期までのいつの時点でも権利行使ができます。それでは、どのようなときにオプションを権利行使すべきでしょうか。

　オプションとは、満期までに株を特定の値段で売買することのできる権利のことです。その権利を満期に満たない途中で行使して株のポジション（コールの場合はロング、プットの場合はショート）に変えてしまうということは、オプションの持つ時間的価値（オプショナリティ）を途中で捨て去ってしまうということです。

　オプションを買ったときには、購入時点から満期までの時間分の時間的価値を支払って買ったわけですから、満期に満たない途中でそれを捨て去って株のポジションに変えるということはあまり得策ではないように思えます。事実、オプションの早期行使が最適となる場合は、それほど頻繁にはありません。

　本章では、どのようなときにアメリカン型オプションを早期行使すべきなのか、コールとプットそれぞれの場合について考えてみましょう。

12.1. コールの早期行使

　先ほど述べたように、オプションを早期に行使するということは、そのオプションが持つ満期までのオプショナリティを放棄することです。そうまでしてコールを行使して株のロングポジションに変えるべきとき

とは、すでにコールにオプショナリティがほとんどなく、そのオプショナリティ以上にコールの価値が下落すると分かっているときです。

それはどのようなときでしょうか。コールの価値が下落すると予期される唯一のケースが存在します。それは株が配当を支払うときです。株が配当を支払うとき、その配当の権利落ち日に株価が配当分下がることが予測されます。すると、当然コールの価値は下がることになります。

しかし、コールを権利落ち日の前日に行使して株のロングポジションに変換したらどうでしょうか。株価は配当分だけ値下がりしても、配当を受け取ることができるため、損益はプラスマイナスゼロとなります。

それでは、どのようなコールを配当落ち日の前日に行使すべきでしょうか。先ほど述べたように、行使によって放棄するオプショナリティが配当落ちによって失うコールの価値よりも小さくなければなりません。そうでなければ、コールを保持すべきです。

例えば、ボラティリティが20％の100ドルの株に対して、1ヶ月後に満期を迎える80コールを考えてみましょう。そして翌日に1ドルの配当落ちを迎えるとします。このコールは、ほぼ確実にインザマネーで満期を迎えることになります。つまりデルタは1に等しく、株をロングしていることと実質的に同じです。そのプレミアムは本質的価値に等しく、オプショナリティはほとんどないでしょう。ただ一つ株と異なる点は、80コールを所持していても配当を受け取ることはできないことです。したがって、配当落ちによってプレミアムが下落する前に、株に変換して配当を受け取ることで損失を防ぐべきなのです。

105コールはどうでしょうか。このコールは本質的価値は持たず、プレミアムはオプショナリティに一致します。当然このコールも配当落ちによる影響を受けるため、プレミアムはわずかに下落します。しかしながらこのコールは行使せずに保持すべきです。なぜならば行使によって放棄するオプショナリティが配当落ちによって失うコールの価値よりも大きいからです。

このように、「オプショナリティを持たない、ほぼ株のロングポジシ

図 12.1. コールの早期行使の概念図

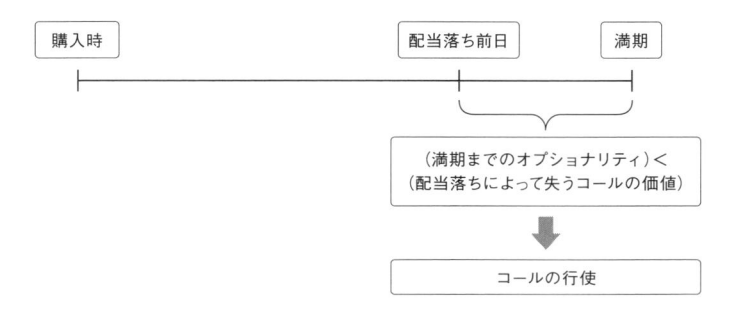

```
購入時                     配当落ち前日      満期
|————————————————————|——————|
                            ⎫
                            ⎬
                            ⎭
                     ┌─────────────────────────┐
                     │（満期までのオプショナリティ）＜│
                     │（配当落ちによって失うコールの価値）│
                     └─────────────────────────┘
                                ↓
                     ┌─────────────────────────┐
                     │       コールの行使        │
                     └─────────────────────────┘
```

ションのようなディープインザマネーのコール」は、権利落ち日の前日に行使して株のロングポジションに変換すべきなのです。

それでは、コールの持つオプショナリティはどうすれば分かるでしょうか。オプショントレーダーがよく使うとても簡単な方法があります。

プットコールパリティ
$$C - P = S + r/c - K$$

を思い出してください。P を右辺に持ってきて

$$C = (S + r/c - K) + P$$

となります。2章で、行使価格 K のオプションにとって $S + r/c$ が実質的な株価であると言いました。すると

$$S + r/c - K$$

はコールの実質的な本質的価値となります。

$$（オプションの価値）=（本質的価値）+（時間的価値）$$

ですから、実はプットの価値 P がコールの持つオプショナリティを表しているのです。オプショントレーダーはおおまかに、配当落ち日前日に、同じ行使価格のプットの価値が配当額よりも小さければコールを行使し、そうでなければ保持するというやり方をします。

12.2. プットの早期行使

コールの場合、株のロングポジションとの違いは配当を受け取れるかどうかにありました。プットの場合はどうでしょうか。プットを行使した場合、株を売ることになります。そして株を売って得たキャッシュは金利を稼ぐことができます。ただ単にプットを保持しているだけではキャッシュを受け取ることはできませんから、ここにプットの早期行使を考慮する理由があります。

しかし、プットの場合も早期行使によって満期までのオプショナリティを放棄することに違いありません。したがって、早期行使をすべきときは、早期行使を通して株を売って得たキャッシュが満期までに稼ぐ金利の額が、放棄するオプショナリティ以上のときだけです。つまり、早期行使の対象となるのは、「オプショナリティを持たないほぼ株のショートポジションのようなディープインザマネーのプット」に限られます。

コールの場合、配当落ち日の前日が早期行使を考慮すべき唯一のタイミングでした。プットの場合はどうでしょうか。配当落ち日前にプットを株のショートポジションに変換した場合、配当を支払わなくてはなりません。しかしプットを保持しているだけでは配当を支払う必要はありませんから、配当落ち日の前にプットを早期行使するのは得策ではありません。

例えば、100ドルの株に対して、デルタが -1 の120のプットを保有

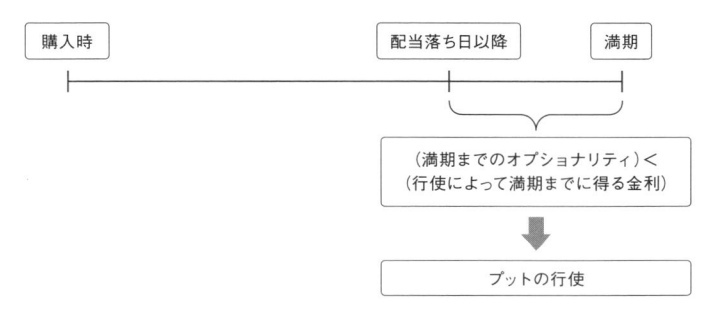

図 12.2. プットの早期行使の概念図

```
[購入時]              [配当落ち日以降]    [満期]
  |———————————————————|———————|
                        \_____/
                           ↓
              （満期までのオプショナリティ）＜
              （行使によって満期までに得る金利）
                           ↓
                      [プットの行使]
```

しているとしましょう。そして株が2ドルの配当を支払い、明日が配当の権利落ち日だとします。今日プットを早期行使すると、株を120ドルで売ることになります。株価が実質的に変わらなければ、翌日の株価は配当分の2ドル下がって98ドルとなります。しかし下がった配当分の2ドルはあなたが支払わなければなりませんから、この場合のプットの早期行使によって得た実質的な利益は20ドルです。

逆に、1日待って配当落ちの当日にプットを早期行使すると、98ドルの株を120ドルで売ることになります。そしてすでに株は配当落ちしており、配当の支払い義務はありませんから、この場合の利益は22ドルとなります。

このように、株が配当を支払う場合は、配当落ちを待ってプットを早期行使すべきです。

株が配当落ちした後は、一日でも早く早期行使をすることで、より多くの金利を稼ぐことができますから、一般的には配当落ち当日がプットの早期行使の最有力タイミングとなります。

しかし、配当落ち当日はデルタが−1ではなかったインザマネーのプットも、その後株価が下落したり、満期が近づくにつれてオプショナリティを失うことでデルタが−1に近づいていきます。したがって、その都度早期行使の考慮が必要となります。

さて、インザマネーのプットの持つオプショナリティはどうすれば分かるでしょうか。さきほどと同様にプットコールパリティを変形すると

$$P = (K - (S + r/c)) + C$$

となります。

$$K - (S + r/c)$$

はプットの実質的な本質的価値を表しますから、今度はコールの価値がインザマネーのプットの持つオプショナリティに対応します。つまり、対応するコールの価値が、プットを行使して得られるキャッシュが満期までに稼ぐ金利よりも小さければプットを行使し、そうでなければ保持すればよいことになります。

12.3. 配当スプレッド

12.1節で、アメリカン型のディープインザマネーのコールは配当落ちの前日に行使すべきだと言いました。権利落ち日に株価が配当分下落すると、ディープインザマネーのコールはほぼ同じだけ下落するため、株に変換して配当を受け取ることで損失を防ぐべきです。

逆に言えば、もしもあなたがディープインザマネーのコールをショートしていた場合、そのコールが「割り当てられない」ことで利益を上げることができます。

権利落ち日の前日にディープインザマネーのコールが割り当てられた場合、あなたは株を売り、さらに配当を支払うことになります。しかし株価は配当分下落することが予測されるので、損益はプラスマイナスゼロとなります。

しかし、割り当てられなかった場合はどうでしょうか。その場合、シ

ョートしているコールの価値は権利落ち日におよそ配当分下落しますから、その分利益を上げられることになります。

株の権利落ち日前日に、あなたがショートしているディープインザマネーのコールをロングしている人が、行使するのを忘れたとしましょう。オプションの割り当てはOCCによってランダムに指定されますから、運が良ければディープインザマネーのコールの割り当てを免れることができます。

この、ディープインザマネーのコールをロングしている人が行使し忘れることを期待して、権利落ち日の前日に行うトレードを配当スプレッドと言います。典型的には、配当スプレッドを行うことをあらかじめ合意した二者の間で、ディープインザマネーのコールスプレッドを大量に取引します。そしてコールスプレッドをトレードした両者は、それぞれロングしたコールを行使します。

どういうことか、実際に見てみましょう。以下のような場合を考えます。100ドルで取引されている株があり、その権利落ち日の前日に、Aさん、Bさん、Cさん、Dさんが、デルタが1である70コールと80コールに以下のようなポジションをとっていたとします。OIはオープンインタレストを表します。

表12.1. 各人のポジション

	Aさん	Bさん	Cさん	Dさん	OI
70コール	+100	−100	-	-	100
80コール	-	−100	+200	−100	200

70コールのオープンインタレストは100、80コールのオープンインタレストは200です。そこに、EさんとFさんがやってきて配当スプレッドを実行します。Eさんは70コールを10,000個ロングし、80コールを10,000個ショートします。Fさんはその反対のポジションをとるとしましょう。これによって、70コール、80コールのオープンインタレスト

はそれぞれ 10,100 および 10,200 となります。

表 12.2. E さんと F さんが配当スプレッドを実施した後の各人のポジション

	A さん	B さん	C さん	D さん	E さん	F さん	OI
70 コール	+100	− 100	−	−	+10,000	− 10,000	10,100
80 コール	−	− 100	+200	− 100	− 10,000	+10,000	10,200

そして、E さんは 70 コールを行使し +1,000,000 株のポジション、F さんは 80 コールを行使し同様に +1,000,000 株のポジションをとります。当然 A さんは 70 コールを、C さんは 80 コールを行使すべきなのですが、うっかりして行使し忘れたとしましょう。

すると 70 コールのオープンインタレスト 10,100 個のうち、行使されるのは E さんが行使した 10,000 個だけとなります。この 10,000 個のコールが、ショートしている B さんと F さんにランダムに割り当てられることになります。誰が何個割り当てられるか正確には分かりませんが、期待値としては、10,000 個を B さんと F さんとの間で比例配分し

$$B さん \quad 10,000 \times \frac{100}{10,100} = 99 個$$

$$F さん \quad 10,000 \times \frac{10,000}{10,100} = 9,901 個$$

程度割り当てられることが予想されます。これによって F さんは 990,100 株を売ることになりますから、80 コールの行使によって得た +1,000,000 株を合わせて、F さんの株のポジションは正味で 9,900 株のロングとなります。この株のポジションには何の旨みもありません。先ほど述べたように、利益を生むのは割り当てられずに残ったコールのショートポジションです。

$$\text{B さん} \quad 100 - 99 = 1 \text{ 個}$$
$$\text{F さん} \quad 10{,}000 - 9{,}901 = 99 \text{ 個}$$

のショートポジションが残ることになります。Fさんのポジションは9,900株のロングと99個のディープインザマネーのコールのショートですから、デルタリスクはヘッジされています。しかし、株の損益は配当落ちによる影響は受けないものの、ショートしているコールの価値が下落するために、このポジションは自動的に配当額分の利益をもたらしてくれます。

このポジションは、Aさんが行使し忘れた100個のコールから来るものです。Aさんは、配当落ち日の前日に100個のコールを行使し忘れたために、ロングしているコールの価値の下落による損失を被ります。反対にショートしていたBさんとFさんは、Aさんが行使をし忘れたおかげで、Aさんの損失を利益として享受することができるわけです。そしてその利益の大部分は配当スプレッドによって大量のショートポジションをとっていたFさんの元に渡ります。これが配当スプレッドです。

同様に80コールを見てみましょう。Cさんが200個のコールを行使し忘れたために、オープンインタレスト10,200個のうち、行使されるのはFさんが行使した10,000個だけとなります。この10,000個のコールが、ショートしているBさん、Dさん、Eさんにランダムに割り当てられることになります。これを比例配分すると

$$\text{B さん、D さん} \quad 10{,}000 \times \frac{100}{10{,}200} = 98 \text{ 個}$$

$$\text{E さん} \quad 10{,}000 \times \frac{10{,}000}{10{,}200} = 9{,}804 \text{ 個}$$

個程度割り当てられることが予想されます。Eさんの株のポジションは、10,000個の70コールの行使によって得た+1,000,000株と、9,804個の80

コールの割り当てによって売った − 980,400 株を合わせて正味 19,600 株のロングとなります。そして利益につながる残ったショートポジションは

$$
\begin{aligned}
&\text{B さん、D さん} \quad 100 - 98 = 2 \text{ 個} \\
&\text{E さん} \quad\quad\quad\quad 10{,}000 - 9{,}804 = 196 \text{ 個}
\end{aligned}
$$

となります。E さんのポジションは + 19,600 株のロングと 196 個のディープインザマネーのコールのショートですから、デルタリスクはヘッジされています。しかし、配当落ちによってショートしているコールの価値が下落するために、このポジションは利益をもたらします。この場合の利益の源泉は C さんが 200 個のコールを行使し忘れたことです。C さんはそのために損失を被り、そしてその分 B さん、D さん、E さんが利益を受けるわけです。ここでも、オープンインタレストのほとんどを占めていた E さんが大部分の利益を手にすることとなります。

　上述のように、配当スプレッドの利益の源泉はロングしている人が権利落ち前日にコールを行使し忘れることです。逆に言えば、ロングしている人が皆きちんと行使したならば、配当スプレッドによって利益を出すことはできません。また、個人投資家はオプションを大量に売買するには多額の手数料を支払わなければなりませんから、残念ながら配当スプレッドで利益を上げることはほぼ不可能だと言えるでしょう。

12.4. 金利スプレッド

　12.2 節で、行使によって株を売ることで得られるキャッシュが満期までに稼ぐ金利が、そのオプショナリティよりも大きいプットは、行使すべきだと言いました。

　逆に、行使の対象となるようなディープインザマネーのプットをショートしていた場合、その割り当てを免れることで利益を上げることができます。これを利用した戦略を金利スプレッドと言います。典型的に

は、二者間でディープインザマネーのプットスプレッドを大量にトレードします。そして、ロングしたディープインザマネーのプットを行使して株のショートポジションに変換します。もしも運良く誰かがロングしているディープインザマネーのプットを行使し忘れた場合、ディープインザマネーのプットのショートと、株のショートポジションをとることになります。この、本来ならば行使の対象となるべきプットと株をショートし続けることで、株を売って得たキャッシュから金利を稼ぐことができるわけです。

どういうことか、実際に見てみましょう。先ほどと同様に、以下のような場合を考えてみましょう。株は100ドルで取引されており、120プットと130プットはともにデルタが－1で、ほぼ株のショートポジションのようなものです。

表 12.3. 各人のポジション

	Aさん	Bさん	Cさん	Dさん	OI
120プット	+100	－100	－	－	100
130プット	－	－100	+200	－100	200

120プットのオープンインタレストは100、130プットのオープンインタレストは200です。そこに、EさんとFさんがやってきて金利スプレッドを実行します。Eさんは120プットを10,000個ロングし、130プットを10,000個ショートします。Fさんはその反対のポジションをとるとしましょう。これによって、120プット、130プットのオープンインタレストはそれぞれ10,100および10,200となります。

表 12.4. EさんとFさんが金利スプレッドを実施した後の各人のポジション

	Aさん	Bさん	Cさん	Dさん	Eさん	Fさん	OI
120プット	+100	－100	－	－	+10,000	－10,000	10,100
130プット	－	－100	+200	－100	－10,000	+10,000	10,200

そして、Eさんは120プットを行使し－1,000,000株のポジション、Fさんは130プットを行使して同様に－1,000,000株のポジションをとります。当然Aさんは120プットを、Cさんは130プットを行使すべきなのですが、うっかりして行使し忘れたとしましょう。

　すると120プットのオープンインタレスト10,100個のうち、行使されるのはEさんが行使した10,000個だけとなります。この10,000個のプットが、ショートしているBさんとFさんにランダムに割り当てられることになります。10,000個をBさんとFさんとの間で比例配分し、

$$B さん \quad 10,000 \times \frac{100}{10,100} = 99 個$$

$$F さん \quad 10,000 \times \frac{10,000}{10,100} = 9,901 個$$

程度の割り当てが予想されます。したがって、Fさんの株のポジションは、130プットの行使によって売った1,000,000株のショートと、9,901個のプットの割り当てによって得た＋990,100株から、正味で9,900株のショートとなります。また

$$B さん \quad 100 - 99 = 1 個$$
$$F さん \quad 10,000 - 9,901 = 99 個$$

のショートポジションが残ることになりますから、Fさんは

　　9,900株のショート
　　99個のプットのショート

というポジションをとることになります。これは、なかなか旨みのあるポジションです。このディープインザマネーのプットはほとんど株のシ

ョートポジションのようなものですから、99個のプットのショートポジションは9,900株のロングと同じことです。したがって、このポジションのトータルのデルタはゼロですから、株価の変動に対するリスクはありません[*1]。しかし、株をショートして得たキャッシュは金利を稼ぐことができますから、Fさんはこのポジションをこのまま満期まで保持することで、その間金利を稼ぐことができるわけです。

このポジションの源泉は、Aさんが行使し忘れた100個のプットから来るものです。Aさんが行使し忘れたために、金利を稼ぐ機会がBさんとFさんの元へ渡ってしまったわけです。そしてその大部分はプットスプレッドを大量に実行したFさんの元へと渡ります。これが金利スプレッドです。

130プットについても同様です。Cさんがプットを行使し忘れた場合、Eさんが金利を稼ぐ機会を得ることになります。

金利スプレッドは、アメリカでは現在はあまり行われていない戦略です。低金利だからです。オーストラリアなどの高金利の国では比較的有効なのですが、それでも実際に株をショートする場合には、ショートレート（Column3参照）しか稼げませんし、多くの手数料を支払わなければなりませんから注意が必要です。

また、配当スプレッドと同様に、誰かがプットを行使し忘れなければならないという他力本願な戦略です。

12章のまとめ

本章では、アメリカン型のオプションの早期行使について考察しまし

[*1] ただし、配当リスクはあります。もしも株が予想外の配当を支払う場合、ショートしているプットの価値が増えるために、損失につながります。

た。アメリカン型オプションは、ヨーロピアン型と異なり、いつでもオプションを行使することができます。

コールの場合、早期行使を考慮する唯一の場合が、株が配当を支払うときです[*2]。株が配当を支払う場合、配当落ち日に株価が配当額分下落することが予想されます。

株にポジションをとっている人からすれば、株をロングしていれば、株価が配当額分下がっても配当を受け取るので関係ありません。株をショートしていれば、配当を支払うことになるので、損益には影響ありません。

しかし、コールを保持しているだけでは配当を受け取ることはできません。また、配当落ち日に株価が下がるとコールの価値は下落します。したがって、「ほぼ株のロングポジションのようなコール」は、配当落ち日の前日に株のロングポジションに変換して価値の下落を避けなければなりません。

その際に行使の対象となるのは、オプショナリティが、配当落ちによって失う価値よりも小さいコールです。そうでない場合は、行使せずに保持すべきです。

オプショントレーダーは実務上、同じ行使価格のプットの価値と配当額を比較することで行使の判断を行います。

プットの場合、「ほぼ株のショートポジションのようなプット」が行使対象となります。行使によって株を売って得たキャッシュは満期までに金利を稼ぐことができるからです。しかしこの場合も、そのオプショナリティが、行使によって稼ぐ金利よりも小さいことを確認しておく必要があります。

プットの早期行使のもっとも有力なタイミングは配当落ち日当日となりますが、それ以降の株の変動によってそのときどきに早期行使を考慮

[*2] 1章で触れましたが、株がライツイシューを行う場合、株はあたかも配当を支払ったかのように振舞いますので、オプションの調整が行われない場合には注意が必要です。

する必要があります。

　また、この早期行使を利用した戦略として配当スプレッドと金利スプレッドを見ました。これは、早期行使の対象となるディープインザマネーのオプションを誰かが行使し忘れることを期待した戦略です。この戦略は、OCCがオプションの割り当てをランダムに行うことを利用したもので、大量のオプションをトレードする必要があります。したがって、その際には多くの手数料を支払わなければなりません。

章末問題

　1章で述べたように、欧米では企業の資金調達の手段として、ライツイシュー（Rights Issue）が一般的に行われています。

　ライツイシューは、既存の株主に対して、あらかじめ決められた価格（Subscription Price）で新たに株を買う権利（Rights）を付与することです。Subscription Priceは通常、現在の株価よりも大幅に安く設定されます。ライツは、5株につき2つのライツなどという形で発行されることもありますし、2つのライツで1つの新株という形で規定されることもあります。

　配当に似て、ライツイシューには「ライツ落ち日（Ex-Rights Date）」なる日が設定されます。「ライツ落ち日」の前日に株を購入した場合はライツを受け取ることができますが、「ライツ落ち日」以降はライツをともなわずに株が売買されます。また、ライツ自体に満期日が設定されます。ライツを行使できる最後の日です。ライツ自体がマーケットで取引されることもあります。

　ライツイシューを行う理由はさまざまですが、単純に新株を発行して資金調達をする場合、既存の株主価値の希釈につながりますし、引受けを行う投資銀行や証券会社に多額のコストを支払わなければなりません。また欧米では、株によってはライツイシューでのみしか新株を発行できないように制限されたものもあります。

さて、以下のケースを考えてみましょう。

A株は現在100ドルで取引されており、発行済み株式総数は5,000,000株です。つまり時価総額は500,000,000ドルです。ビジネスの拡大にともない、新たに100,000,000ドルの資金をライツイシューによって調達することにしました。

ライツは1株あたり1つ付与され、4つのライツは、新株を1株80ドルで買う権利となるように発行されました。これにより、すべてのライツが行使された場合

$$\frac{5,000,000}{4} \times 80 = 100,000,000 \text{ドル}$$

の資金を無事調達できることになります。

「ライツ落ち日」は3月18日、ライツの満期日は4月18日だったとします。通常、「ライツ落ち日」以降、ライツの満期日以前に行使されたオプションには、ライツがデリバラブルに含まれます。株価はどのように変化することが予想されるでしょうか。また、オプションをロングしている人は何をすべきでしょうか。考えてみましょう。

Column 12

配当スプレッドに対する批判と
メリルリンチの失敗

　本章ではコールスプレッドの形で配当スプレッドを説明しましたが、実は取引所のマーケットメイカーであればコールスプレッドを執行する必要はありません。

　OCCはマーケットメイカーにのみ、取引日中に一つのオプションに対してロングポジションとショートポジションをとることを許可しています。

　例えば、配当落ちの前日に100個コールを買い、同じコールを100個を売れば、正味のポジションはゼロです。したがって通常であれば行使もできませんし、割り当てられることもありません。

　ところがマーケットメイカーであれば、取引終了後に買った100個を行使して株に換え、そして100個のコールのショートポジションをとるということが可能なのです。

　マーケットメイカーは、これを利用して配当落ちの前日にマーケットメイカー同士で大量のコールの売買を執行して、オープンインタレストの大部分を独占することができます。

　こうして、買った分を行使して株に換え、うまくいけば売った分のいくつかが割り当てられずに残り、配当をかすめ取ることができるというわけです。

　しかし本章で述べたように、すべての人がきちんとインザマネーのコールを行使すれば、配当スプレッドから利益を上げることはできません。支払った手数料分の損をするだけです。

　個人投資家の方がこの戦略を実行できない理由はそこにあります。大量のオプションを執行するためには多額の手数料を支払わなければならないからです。

　マーケットメイカーもある程度の手数料を支払わなくてはならないのですが、取引所によっては上限が設定されているケースがあるので、配当スプレッドが可能となるのです。

　この配当スプレッドに関してはいくつかの批判があります。

1) 通常、コールを行使し忘れるのは個人投資家です。配当スプレッドは言わば、プロがその立場を利用して本来保護されるべき個人投資家のミスにつけこんで利益を上げる取引だと言えます。
2) バイライトのポジション（株のロングとコールのショート）をとっている人にとっては、マーケットメイカーが配当スプレッドを実行することでコールが割り当てられる確率が高まります。
　つまり、本来は配当分の収益を上げられたかもしれないのに、マーケットメイカーが大量の配当スプレッドを実行してオープンインタレストを独占することで、その収益機会がぶんどられてしまうわけです。
3) 配当スプレッドによる大量のオプションの執行と行使による株の受け渡しは、実態を反映した取引とは言えません。あたかも大量の取引がなされたかのように投資家を誤解、混乱させる恐れがあります。

　さて、それでは配当スプレッドを執行しうるような立場にある人は、配当スプレッドを執行した方がよいでしょうか。
　本章でも述べたように、配当スプレッド自体はデルタがヘッジされた取引ですから、ほとんどリスクはないように思えます。
　しかし、実は必ずしもそうとは言えません。あらゆる取引にはさまざまな形のリスクが存在します。
　世界でもっともオプションが取引されている銘柄の一つに、「SPY」というものがあります。
　これはState Streetというアセットマネジメント会社が発行しているS&P500指数連動型のETFです。
　あまり取引されてはいませんが、円建てのものが「1557 JP」という名前で東証でも上場されています。
　2012年9月21日、メリルリンチに口座を持つあるマーケットメイカーがSPYの配当スプレッドを執行します。翌日は配当の権利落ち日でした。買ったコールをその日のうちに行使して株に換え、後はショートしたコールが割り当てられずに値下がりするのを期待して待てばよいわけです。
　ところがクリアリングを行うメリルリンチは、「業務上のエラー(operational err

or)」によってロングしたコールを行使し損ねてしまいます。

　翌日、ロングしたコールは配当分値下がりします。ショートしたコールはほとんどが割り当てられて株のショートポジションとなり、配当を支払う義務が生じます。言わばマーケットメイカー自身が配当スプレッドの餌食になった格好です。この場合、過失は明らかにメリルリンチ側にあります。彼らはこの責任をとり、約1,000万ドルの損失を負ったと言われています。

　いったいどのような「operational error」が起きたのかは知るところではありませんが、このようなミス、見落としはトレーダー側にも十分起こりうることです。私も、配当スプレッドではないのですが、配当落ちの前日に行使すべきインザマネーのコールを、一部行使し忘れるという失敗をおかしたことがあります。

　そして、こうしたわずかなミスが大きな損失につながることもあるのです。

　また先ほど配当スプレッドのデルタはヘッジされていると言いましたが、それはショートしたコールがディープインザマネーにとどまっている範囲でのみの話です。

　翌日に株価が何十％も下落すれば、ショートしたコールのデルタは1ではなくなり、オプショナリティを持った立派な「オプション」となります。そうなればもはやデルタはヘッジされていませんし、あらゆるリスクが出現することになります。

　信用危機のまっただ中にあった2008年には、配当スプレッドの執行数量は減少したと言われています。

　高ボラティリティの状況下では、配当スプレッドもリスキーな取引になりうるのです。

トレーダーの視点

13

この章では、実際にオプショントレーダーが何に注目してトレードの意思決定を行うのか、そのいくつかを簡単に紹介したいと思います。プロと言っても、何か小難しいことばかりしているわけではありません。この章で紹介することは何も特別なことではありません。これまでに述べてきたオプションの基本的事項を押さえた上で、それを応用するだけでもトレードの意思決定に大いに役立つのです。

13.1. フォワードボラティリティ

ある株Aのオプションマーケットを考えてみましょう。各限月の満期までの取引日とアトザマネーのインプライドボラティリティが、表13.1のようであったとします。

表 13.1. A株のアトザマネーのオプションのインプライドボラティリティ

限月	満期までの取引日	インプライドボラティリティ
Jan（1月）	20	25%
Feb（2月）	40	23%
Mar（3月）	59	21%
Apr（4月）	83	19%
May（5月）	103	17%

長期のオプションほど低いインプライドボラティリティを持つダウン

ワードのタームストラクチャです。

しかし、実際のオプションマーケットがこのような構造をとることはありません。もしも仮にこのような構造を持っていたら、必ず行わなくてはならないトレードがあります。

それは、Apr/May カレンダースプレッドのロングです。つまり、Apr オプションのショート、May オプションのロングです。

なぜでしょうか。それはボラティリティを「分解」することで理解できます。定義に立ち返れば、ボラティリティとは「年換算した連続複利表示リターンの標準偏差」でした。標準偏差とは分散の平方根にすぎません。標準偏差は、対象のデータ（この場合は株価のリターン）と次元がそろった直感的に理解しやすい指標ですが、直接的な指標ではありません。より本質的で直接的なのはバリアンス（Variance）、つまり分散です。分散とは、サンプルの平均からのバラつきの2乗を蓄積したものです。そしてその平方根をとったものが標準偏差です。ボラティリティも、単に「年換算した連続複利表示リターンのバリアンス」の平方根でしかないのです。

バラつきの蓄積であるバリアンスは加算的、つまり足し算・引き算ができます。ある期間のバリアンスと別の期間のバリアンスを加えれば、その期間トータルのバリアンスが得られます。

そこで、表13.1をバリアンスに直してみましょう。1月限オプションのインプライドボラティリティが25％ということは、1日あたりのボラティリティは、それを$\sqrt{252}$で割ることで

$$1\text{日あたりのボラティリティ}: \frac{0.25}{\sqrt{252}} \qquad (13.1)$$

となります。したがって、これを2乗することで1日あたりのバリアンスが得られます。

$$1日あたりのバリアンス : \left(\frac{0.25}{\sqrt{252}}\right)^2 \tag{13.2}$$

バリアンスは加算的です。単純に、これに満期までの取引日を掛ければ、現在〜1月限満期までのバリアンスは

現在〜1月限満期までのバリアンス：

$$\left(\frac{0.25}{\sqrt{252}}\right)^2 \times 20 = (0.25)^2 \times \left(\frac{20}{252}\right) \tag{13.3}$$

が得られます。1日あたりに直してから考えましたが、要はインプライドボラティリティを2乗して1年あたりのバリアンスに直し、それに満期までの時間（この場合は20/252）を掛けただけです。一般に、ボラティリティσを2乗して満期までの時間 T を掛ければ、満期までのバリアンス$\sigma^2 T$が得られます。

同様に、現在から2月限満期までのバリアンスは

$$現在〜2月限満期までのバリアンス : (0.23)^2 \times \left(\frac{40}{252}\right) \tag{13.4}$$

と求まります。すると、（13.4）と（13.3）の差は1月限満期から2月限満期までのバリアンスを表します。

1月限満期〜2月限満期までのバリアンス：

$$(0.23)^2 \times \left(\frac{40}{252}\right) - (0.25)^2 \times \left(\frac{20}{252}\right) = 0.00344 \tag{13.5}$$

こうして、各期間のバリアンスを求めると、表13.2のようになります。

表 13.2. 各限月間のバリアンスおよびフォワードボラティリティ

限月	満期までの取引日	インプライドボラティリティ	現在から満期までのバリアンス	各期間のバリアンス	フォワードボラティリティ
Jan（1月）	20	25%	0.00496	0.00496	25%
Feb（2月）	40	23%	0.00839	0.00344	20.8%
Mar（3月）	59	21%	0.0103	0.00193	16%
Apr（4月）	83	19%	0.0119	0.00157	12.8%
May（5月）	103	17%	0.0118	−0.00008	−

ここで、各期間のバリアンスを年換算し、その平方根をとったものをフォワードボラティリティと言います。つまり、フォワードボラティリティは、将来のある期間におけるボラティリティを表します。図13.1はフォワードボラティリティの概念図です。

図 13.1. フォワードボラティリティの概念図

矢印内の値は、対応する期間のバリアンスを表している。$\sigma_{1\text{-}2}$ は1月限満期〜2月限満期までのフォワードボラティリティ、$\sigma_{2\text{-}3}$ は2月限満期〜3月限満期までのフォワードボラティリティを表す。

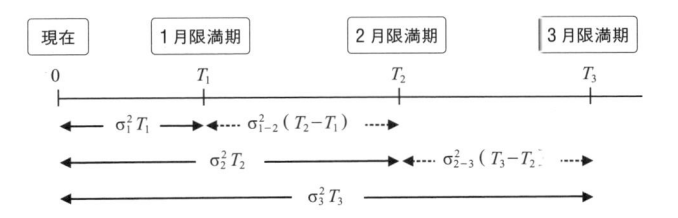

例えば、1月満期から2月満期までのバリアンスを年換算すると、

年換算した1月限満期〜2月限満期までのバリアンス：

$$\sigma_{1\text{-}2}^2 = \left((0.23)^2 \times \left(\frac{40}{252}\right) - (0.25)^2 \times \left(\frac{20}{252}\right) \right) \times \left(\frac{252}{40-20}\right) \quad (13.6)$$

となりますから、この平方根をとれば、1月満期～2月満期までのフォワードボラティリティが得られます。

1月限満期～2月限満期までのフォワードボラティリティ：

$$\sigma_{1-2} = \sqrt{\left((0.23)^2 \times \left(\frac{40}{252}\right) - (0.25)^2 \times \left(\frac{20}{252}\right)\right) \times \left(\frac{252}{40-20}\right)} = 20.8\% \quad (13.7)$$

表13.2を見ると、4月限の満期から5月限の満期までのバリアンスがマイナスとなっており、この間のフォワードボラティリティは計算できません。バリアンスがマイナスとなることは決してありませんから、この場合Aprオプションを売ってMayオプションを買えば、4月限から5月限までのフォワードボラティリティを無料で（あるいは無料より安いレベルで）ロングできたことになります。このトレードを行わない手はありません。

先ほど言ったように、オプションマーケットはこのようにフォワードボラティリティを無料でロングできるようなおかしな構造はとりません。

しかしながら、このようにボラティリティを期間ごとのフォワードボラティリティに分解して考えることによって、将来のある一定期間のボラティリティの異常を発見し、トレードに役立てることができるかもしれません。例えば、ある期間のボラティリティがその前後の期間のボラティリティからずれていれば、そこにはトレードの機会が潜んでいるかもしれません。

13.2. イベントボラティリティ

前節でボラティリティを分解して考えることを見ました。現在から満期までのバリアンスは、いくつもの期間のバリアンスの和として考えることができます。期間を1日単位に分解すれば、現在から20日後までのバリアンスは、1日目から20日目までの日々のバリアンスの和となります。

ここにイベントボラティリティを導入することで、トレードの意思決定に役立てることができます。イベントボラティリティとは、決算発表などの株価に突発的な変動をもたらすイベントによるボラティリティのことです。いくつかやり方はありますが、もっとも原始的で単純なのがイベント日のリターンを推定することです。

例えば、B株は満期まで20取引日の1月のオプションが満期を迎えるまでに決算を発表するとしましょう。過去数年を振り返ると、決算発表を含む日の株価が平均で±3％変動します。そこで、その日は連続複利表示で±3％株価が動くのだと決めてしまいます。するとその日のバリアンスは

$$\text{決算発表日のバリアンス}：\sigma_E^2 T_{day} = (0.03)^2$$

となります。ここでσ_Eは決算発表日のボラティリティ、T_{day}は1日を1年に換算した時間で

$$T_{day} = \frac{1}{252}$$

です。連続複利表示リターンを2乗すればその日1日のバリアンスとなります。

あるいは、決算発表前後で株価が±3％変動するということは、決算発表を含む日のボラティリティは、それを年換算して

$$\text{決算発表日のボラティリティ}：\sigma_E = 3\% \times \sqrt{252} \approx 48\%$$

となりますから、この日1日のバリアンスは

$$\text{決算発表日のバリアンス}：\sigma_E^2 T_{day} = (0.03 \times \sqrt{252})^2 \times \frac{1}{252} = (0.03)^2$$

図 13.1. イベントボラティリティの概念図

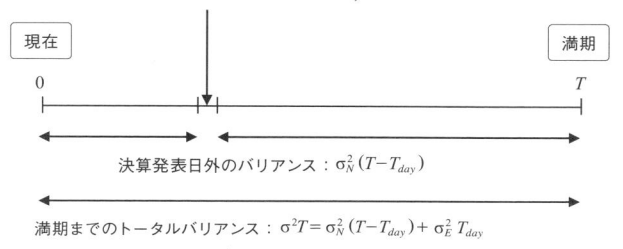

決算発表を含む日のバリアンス：$\sigma_E^2 T_{day}$

現在　　　　　　　　　　　　　　　満期

0　　　　　　　　　　　　　　　　T

決算発表日外のバリアンス：$\sigma_N^2 (T - T_{day})$

満期までのトータルバリアンス：$\sigma^2 T = \sigma_N^2 (T - T_{day}) + \sigma_E^2 T_{day}$

と考えても同じことです。

決算などのイベントを含まない、通常時のボラティリティσ_Nを20%と推定したとしましょう。すると決算発表日外のバリアンスは

$$\text{決算発表日外のバリアンス}：\sigma_N^2 (T - T_{day}) = (0.2)^2 \times \left(\frac{20}{252} - \frac{1}{252}\right)$$

となります。したがって、現在から満期までのバリアンスは

$$\text{現在から満期までのバリアンス}：\sigma^2 T = \sigma_N^2 (T - T_{day}) + \sigma_E^2 T_{day} = 0.003916$$

となります。よって、満期までのボラティリティσは

$$\sigma = \sqrt{\frac{\sigma_N^2 (T - T_{day}) + \sigma_E^2 T_{day}}{T}} = 22.2\%$$

と求まります。

もしもインプライドボラティリティが20%であれば、それはマーケットがあなたと同様に通常時のボラティリティを20%と見積もり、さらに決算発表の日のボラティリティも通常時と同じように考えている可能性があります。あるいは、あなたと同様に決算発表時に高めのボラティリティを用いてはいるものの、通常時のボラティリティとして20%

より低いボラティリティを考えているかもしれません。

いずれにせよ、自分の予測に自信があれば、20％のインプライドボラティリティは低いことになります。

13.3. ボラティリティサーフィスの比較

6章で学んだボラティリティサーフィスを比較することも有効です。

6章では、ボラティリティスマイルを議論する際、横軸に行使価格をとってきましたが、この値に絶対的な意味があるわけではありません。株価が100ドルのものもあれば、20ドルの株もあります。また、株価が100ドルのときの行使価格100のオプションと、株価が120ドルのときの行使価格100のオプションとでは意味が異なります。

そこで、横軸に行使価格Kとフォワードの比

$$\ln\left(\frac{K}{F}\right)$$

をとれば、このような影響を取り除くことができます。さらに、異なる限月間の比較をする際には、この値を満期までの時間の平方根で割って

$$\frac{\ln\left(\frac{K}{F}\right)}{\sqrt{T}}$$

を横軸にとれば、時間に依存しない比較が可能となります。株価のリターンの標準偏差は時間の平方根に比例するので、その値で割って規格化するわけです。さらにボラティリティで割れば、ボラティリティの依存性を取り除くことも可能です。

ボラティリティサーフィスを比較することによって、ある銘柄のアウトオブザマネーのコールが他の銘柄に比べて割高であるといった事実が

浮かび上がってくるかもしれません。また、ほとんどすべての銘柄のタームストラクチャがアップワード（長期のオプションのインプライドボラティリティが短期のオプションのインプライドボラティリティよりも高い構造）である中で、ある銘柄だけダウンワードの構造をとっていれば、その銘柄のカレンダースプレッドをロングすることが有効なトレードとなるかもしれません。

13.4. リアライズドボラティリティとインプライドボラティリティの比較

　過去に実際に実現したボラティリティ（リアライズドボラティリティ）とインプライドボラティリティを比較するのも、トレードの意思決定に役立つことがあります。例えば、直近の1ヶ月間のリアライズドボラティリティと満期まで1ヶ月のオプションのインプライドボラティリティを比較した場合、ほとんどの銘柄において、インプライドボラティリティが10％程度高い値を示していたとしましょう[*1]。

　もしも、ある株がリアライズドボラティリティよりも50％も高いインプライドボラティリティを持っていたら、その株のオプションはマーケットでミスプライスされた割高なオプションの可能性があります。

　しかし、その場合でも満期までに決算発表などの高インプライドボラティリティの理由となるようなイベントがないかを押さえておくべきでしょう。

　また逆に、リアライズドボラティリティに対してインプライドボラティリティが低いオプションに対しても、直近に異常な値動きがなかったかどうかはチェックしておくべきです。異常な値動きを示した株は、たとえそれが短期間であっても、リアライズドボラティリティに大きく影響します。その場合、インプライドボラティリティがリアライズドボラ

---

*1　この場合の10％というのは、ボラティリティポイントに対して10％高いという意味で、例えばリアライズドボラティリティが30％であれば、インプライドボラティリティは33％だという意味です。インプライドボラティリティが10ポイント高い40％という意味ではありません。

図 13.3. 直近に異常な値動きを示した株のリアライズドボラティリティ
　　　直近10日のボラティリティは120％を超えますが、それが向こう1ヶ月も続くでしょうか。

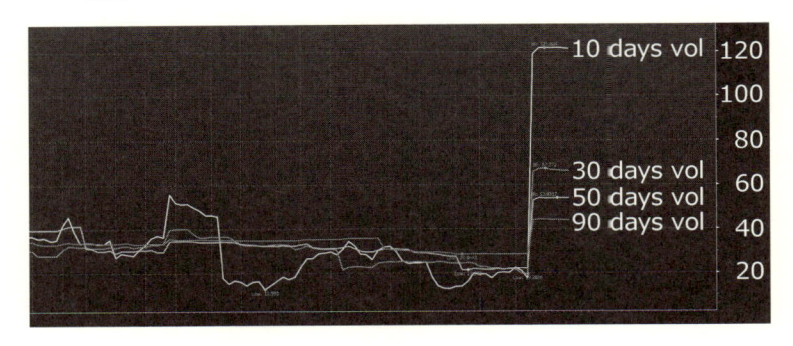

ティリティよりもずいぶん低いからといって、安易に買いに走るのは危険かもしれません。

13章のまとめ

　この章では、オプショントレードの意思決定を行う上で役立つ、いくつかのポイントを簡単に紹介しました。

　将来のある期間におけるボラティリティのことをフォワードボラティリティと言います。現在から満期までのボラティリティを、フォワードボラティリティに分解することで、ある期間のボラティリティの異常を発見し、トレードに役立てることがあります。

　決算発表などの、株価が大きく変動することが予想されるようなイベントによるボラティリティをイベントボラティリティと言います。この章では、イベントを含む日のボラティリティをそれ以外の通常日と分けて考えてボラティリティを分析する手法を見ました。

ボラティリティサーフィスを比較することもトレードの意思決定に役立つことがあります。ボラティリティスマイルを議論する際に、横軸に

$$\frac{\ln\left(\frac{K}{F}\right)}{\sigma\sqrt{T}}$$

をとることで、株価や行使価格の絶対値、また満期までの時間やボラティリティに依存しない分析が可能となります。

リアライズドボラティリティとインプライドボラティリティを比較することも有効です。ある株のインプライドボラティリティがリアライズドボラティリティに比して異常に高い、あるいは低い場合は、そこにトレードの機会が存在するかもしれません。

Q 章末問題

A株のオプションは、表13.3に示されるようなインプライドボラティリティをとっています。また、2月限と3月限のオプションの間には決算発表が控えています。決算日のリターンを±2.5%だと仮定し、各限月間における決算日を除いたフォワードボラティリティを求めてみましょう。

表13.3. A株のオプションの各限月におけるインプライドボラティリティ

限月	満期までの取引日	インプライドボラティリティ
Jan（1月）	20	25%
Feb（2月）	40	26%
Mar（3月）	59	26.5%
Apr（4月）	83	27%
May（5月）	103	27.5%

Column 13

インタラクティブブローカーズの誤算

　オプション取引に興味のある方なら、インタラクティブブローカーズ（Interactive Brokers）というブローカーを耳にしたことがあるかもしれません。Interactive Brokersは、オプションのオンラインブローカーとして世界でもっとも成功している会社です。日本からも口座を開設することができ、アメリカのオプションを取引することができます。

　実はInteractive Brokersは、グループ会社に自己勘定で株やデリバティブのマーケットメイキングを行うティンバーヒル（Timber Hill）という会社を持っています。そもそも、Timber Hillとしてのビジネスが始まりで、Interactive Brokersとしてブローカレッジ事業を開始したのはその後のことです。

　彼らは、ある一つの銘柄のオプション取引で、ほんの数日で3,700万ドル（2007年当時のレートで44億円）の損失を出すという大失態を演じたことがあります。その原因となったのがコーポレートアクション（Ccrporate Action）に関わるオプションのアジャスト（調整）です。

　株式オプションは、株式分割やM&A、特別配当やライツイシュー（Rights Issue）などといった企業のコーポレートアクションがあった場合、その株のオプションにポジションをとっていた人に利益・不利益が生じないようにスペックが調整されます。

　例えば、2 for 1の株式分割が行われた場合、それ以前は行使価格100のオプションは、1株100ドルで100株を売買する権利だったわけですが、株式分割にともない1株50ドルで200株売買する権利へとアジャストされます。行使価格とコントラクトサイズが変更されるわけです。もしもオプションがアジャストされなければ、コールをロング、プットをショートしていた人は大損をしてしまいます。

　2007年5月、化学製品の開発、製造をビジネスとするアルタナ（Altana）というドイツの会社は、製薬部門の売却にともなって得た売却益を投資家に還

元するため、通常の配当1.3ユーロに加えて、33.5ユーロのキャッシュを特別配当として支払うことを決定します。配当の権利落ち日は2007年5月4日（金）で、その1日前までAltana株は52ユーロ程度で取引されていました。つまりこの配当は株価の実に2/3にも上る膨大なものでした。当然オプションはアジャストされます。

　Altanaが上場されていたEurexは特別配当に対して以下のようにオプションをアジャストします。

通常配当額：D_O
特別配当額：D_S
権利落ち日前の株価：S
既存の行使価格：K_{old}
既存のコントラクトサイズ：C_{old}

とすると

$$\text{アジャストメントレシオ}：R = \frac{(S - D_O) - D_S}{(S - D_O)}$$

を用いて

$$\text{アジャスト後の新行使価格}：K_{new} = K_{old} \times R$$

$$\text{アジャスト後の新コントラクトサイズ}：C_{new} = C_{old} \times \frac{1}{R}$$

となるようにします。

　通常配当がない場合は$D_O = 0$となります。例えば、権利落ち日前の株価が$S = 100$ドルで、特別配当額が$D_S = 20$ドルだとすれば、20ドルの特別配当を支払った株の価値は100ドルから80ドルになると考えられます。したがって、$R = 0.8$を掛けることによって既存のオプションの行使価格をアジャストします。そしてそれに対応してコントラクトサイズは125となります。

具体的に見れば、90コールを1つロングしていた人は、1株90ドルで100株買う権利を保持していたわけですから、トータルで

$$(100 - 90) \times 100 = 1{,}000 \text{ ドル}$$

分だけインザマネーの状態だったわけです。ところが、予想外の特別配当によって株価が80ドルになってしまったので、それに合わせて行使価格も90ドルから72ドルにアジャストされる必要があります。ただし、これだけでは不十分です。行使価格が80％に圧縮されてしまったので、コントラクトサイズはそれに対応して1.25倍とならなければなりません。こうすることで、1株90ドルで100株買う権利は、配当後に1株72ドルで125株買う権利となり、株価が80ドルに下がっても

$$(80 - 72) \times 125 = 1{,}000 \text{ ドル}$$

の本質的価値を保持できます。

　さて、Altanaの場合、2007年5月4日が配当の権利落ち日で、アジャストメントレシオはその前日5月3日のクローズ価格（Official Closing Price）から計算されることがあらかじめ発表されていました。

　ところがその5月3日に異様なことが起きます。マーケットのクローズに売りが殺到し、その日のそれまでのトレード価格から約10％も下げた値で取引が成立したのです。

　これによって、既存のオプションのポジションはどのような影響を受けることになるか、考えてみましょう。

　それまでの株価が52ユーロで、それが一気に46ユーロになったとしましょう。まず、株価が何の異常もなく52ユーロで終わった場合、アジャストメントレシオRは

$$\text{アジャストメントレシオ}: R = \frac{(52 - 1.3) - 33.5}{(52 - 1.3)} \simeq 0.339$$

となります。したがって、例えば50コールは

アジャスト後の新行使価格：$K_{new} = K_{old} \times R = 50 \times 0.339 = 16.96$

アジャスト後の新コントラクトサイズ：

$$C_{new} = C_{old} \times \frac{1}{R} = 100 \times \frac{1}{0.339} \simeq 295$$

ですから、1株50ユーロで100株買う権利が1株16.96ユーロで295株買う権利になっていたわけです。

ところが、株価が46ユーロに急落した場合

$$\text{アジャストメントレシオ}：R = \frac{(46 - 1.3) - 33.5}{(46 - 1.3)} \simeq 0.251$$

となります。したがって、50コールをロングしていた人は

アジャスト後の新行使価格：$K_{new} = K_{old} \times R = 50 \times 0.251 = 12.53$

アジャスト後の新コントラクトサイズ：$C_{new} = C_{old} \times \frac{1}{R} = 100 \times \frac{1}{0.251} \simeq 399$

ですから、この場合1株50ユーロで100株買う権利が1株12.53ユーロで399株買う権利へと変更されます。

　5月3日の取引が平穏に終わっていた場合、1株16.96ユーロで295株買う権利だったのが、株価が急落したおかげで1株12.53ユーロで399株買う権利になったわけです。

　コールをロングしていた人からすれば、これほどうれしいことはありません。より低い価格でより多くの株を買えるわけです。逆にコールをショートしていた人にとってはたまったものではありません。

　コールをショートしていたのは主にTimber Hillをはじめとするオプションのマーケットメイカーたちでした。彼らは、ショートしていたコールの行使価格が異常に低く、そしてコントラクトサイズが異常に高くアジャストされたがために、このコールの割り当てに応じるべく大量のAltana株を買う必要に迫られます。こうして、Altana株は次の数日間で80％も急騰することになります。コールを

ショートしている彼らにとっては最悪のシナリオでした。

それではなぜ5月3日にAltana株は急落したのでしょうか。それには2つの理由が考えられます。税金とマニピュレーション（Manipulation）、つまり市場操作です。

ドイツ政府は、ドイツ国外の投資家に対して、配当の15%を税金として徴収していました。Altanaの場合、これは約5ユーロに相当します。50ユーロの株が33.5ユーロの配当を支払い16.5ユーロになると考えれば、この税金は実に配当後の株価の30%にも上ります。多くの海外投資家が配当にかかる税金を避けるために売りに走るのは、想像に難くありません。

マニピュレーションの可能性もあります。先ほど述べたように、コールをロングしていた人にとっては、5月3日のクローズの価格を押し下げることは非常に大きなインセンティブとなります。Timber Hillは当時、複数のオプショントレーダーが結託して株価を操作したと主張しています。

おそらくはこの2つの理由が重なり合ったと考えるのが妥当でしょう。

この事例の最大の問題はオプションのアジャストの仕方にあります。アメリカでは、特別配当に対してこのようなアジャストは行いません。既存のオプションの行使価格を特別配当の分だけ下げるか、あるいは行使価格やコントラクトサイズはそのままに、権利の対象となる資産であるデリバラブル（Deliverable）を変更します。

Altanaの例で言えば、既存のオプションの行使価格を33.5ユーロだけ下げるか、あるいはデリバラブルを100株ではなく「100株プラス3,350ユーロのキャッシュ」と変更するわけです。

これはとても単純かつ合理的なアジャストの仕方です。この方法では、ある日の取引価格がアジャストに関係することはなく、マニピュレーションの心配もありません。

実際、Interactive Brokersの創始者で現CEOでもあるトマス・ペタフィー（Thomas Peterffy）は、Eurexに宛ててオプションのアジャスト方法の変更を求める書簡を送っています。しかしながら、私が知る限りEurexはいまだにこの方法を採用しています。またEurexのみならず、いくつもの証券取引所が、多額の配当に対してアジャストメントレシオを用いたアジャストを行っているのが現状です。

こうしてInteractive Brokersは3,700万ドルの損失を出したのですが、このときその損失をそっくりそのまま補填した人がいます。トマス・ペタフィーその人です。彼はもともと個人で、American Stock Exchangeで株式オプションのマーケットメイカーとして働いていました。それがTimber Hillの始まりであり、そこからブローカレッジ事業を含んだ現在の巨大なInteractive Brokers Groupが生まれたわけです。

　それではなぜ彼が自腹を切って会社に3,700万ドルのキャッシュを差し出したのでしょうか。彼がAltana株のオプションをトレードしていたわけではありません。

　実は偶然にも、Timber Hillが損失を出すことになった2007年5月4日（金）は、まさにInteractive Brokersがナスダック（Nasdaq）に上場して取引された最初の日でした。そして彼は実にInteractive Brokers株の約90％を保有する大筆頭株主でした。彼にとっては、会社の決算を良く見せて株価を下げないことこそが、まさに自分自身の利益に直結することだったのです。

　かくして、良いか悪いかは別として（彼以外の株主にとっては紛れもなく良いことだったでしょうが）、CEOが会社に自腹でキャッシュを注入するという奇妙なことが起きたわけです。

　余談ですが、私が証券取引所にいたころ、隣のブースがまさにTimber Hillのブースでした。アメリカには取引時間に昼休みがないため、取引所のトレーダーは通常近くのレストランからランチをデリバーしてもらいます。Timber Hillに、お昼になるといつもハンバーガーを食べており、ファーストフード大手のBurger Kingにちなんで我々が勝手に「King」と呼んでいたトレーダーがいたのですが、彼はほぼ毎日のようにブローカーや他のマーケットメイカーと喧嘩をしていたのを覚えています。

VIXとは 14

オプション取引のメリットかつ主目的の一つがボラティリティのトレードにあることを述べました。7章では、デルタヘッジを通した日々のガンマとセータの綱引きによって、満期までの損益が決まることを見ました。

しかし、ボラティリティのトレードという観点に立てば、実はオプションは不完全な商品であると言わざるをえません。

日々のガンマとセータの綱引きによって最終的な損益が決まるという考え方は、大雑把に言えば正しいです。

しかしながら、支払ったインプライドボラティリティよりも、原資産が満期までに実現した実際のボラティリティが高ければ勝てるかと言えば、実は必ずしもそうではありません。

この章では、純粋にボラティリティを扱ったいくつかの商品を紹介します。特に、VIXとは何なのか、またどのように計算されるのかを簡単に説明したいと思います。計算式自体はCBOEのウェブサイトに行けば見られます。ここでも大切なことは、その式の背後にあるコンセプトを理解することです。

14.1. ボラティリティ商品としてのオプションの欠陥

以下のような例を考えてみましょう。

現在100ドルで取引されているA株があります。あなたは、A株の向

図 14.1. A株の値動き

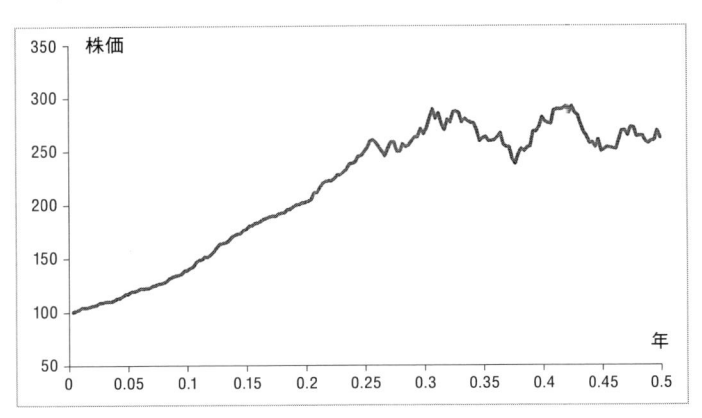

こう半年のボラティリティが30％だと考えたとします。そして、満期まで半年の100プットを25％のインプライドボラティリティで購入しました。

A株は、図14.1のように、それから3ヶ月にわたって、日々上昇したとします。その間のボラティリティは20％でした。そしてその後の3ヶ月は40％のボラティリティでランダムに変動したとします。

それではこの6ヶ月間のボラティリティはいくらでしょうか。12章でフォワードボラティリティを求めたときと同様に、バリアンスに直してから計算しましょう。

最初の3ヶ月のボラティリティは20％です。したがってこの間のバリアンスは

前半3ヶ月間のバリアンス：$\sigma^2_{前半} = 0.2^2 \times 0.25$

となります。同様にして、後半3ヶ月間のバリアンスは

後半3ヶ月間のバリアンス：$\sigma^2_{後半} = (0.4)^2 \times 0.25$

となりますから、トータル6ヶ月間のバリアンスは

6ヶ月間トータルのバリアンス：$\sigma^2_{\text{トータル}} = (0.2)^2 \times 0.25 + (0.4)^2 \times 0.25$

です。このバリアンスを1年あたりに換算すると

1年あたりのバリアンス：$\sigma^2_{\text{トータル}} = ((0.2)^2 \times 0.25 + (0.4)^2 \times 0.25) \times 2$

です。この平方根をとればこの6ヶ月間のボラティリティが求まります。つまり

6ヶ月間のボラティリティ：$\sigma_{\text{トータル}} = \sqrt{((0.2)^2 \times 0.25 + (0.4)^2 \times 0.25) \times 2}$

となります。

　計算すると、この場合

$$\sigma_{\text{トータル}} = 0.316$$

となります。つまり満期までの半年間で、A株は31.6％のボラティリティを実現したわけです。25％のインプライドボラティリティで100プットを買ったので、この間のデルタヘッジで利益を得たはずです。と言いたいところですが、実はそうはなりません。

　前半の3ヶ月間、A株は20％のボラティリティで動きました。あなたは25％のインプライドボラティリティでオプションを買ったわけですから、この間のデルタヘッジによって損失が出ます。

　それでは後半の3ヶ月間のデルタヘッジでその損失を上回る利益を出せるでしょうか。残念なことに、それは起こりません。前半の3ヶ月が終わった時点で、株価は200ドルを超えています。満期まで3ヶ月の行使価格100プットはもはや何の意味も持ちません。ガンマもセータもベ

ガもゼロです。つまり、後半の3ヶ月間に40％のボラティリティで動いたところで、株価が再び100ドル付近に戻って来ない限り、100プットのポジションからは何も生まれないのです。

ガンマとセータの綱引きは株価が100ドル付近で、20％のボラティリティで動いていた期間で終わってしまったわけです。この間の損益はマイナスとなるでしょうから、満期までの6ヶ月間のトータルの損益もマイナスです。

つまり、25％のインプライドボラティリティでオプションを買い、その後原資産が満期までに31.6％のボラティリティで動いたにもかかわらず、デルタヘッジによって損失を出してしまったことになります。

この原因は何でしょうか。それは原資産が行使価格から大きく離れてしまえば、オプションはもはや「オプション」ではなくなってしまうことにあります。オプショナリティを失い、ボラティリティ商品としての性格を失うのです。後半の3ヶ月では、ガンマとセータの綱引き自体が行われていないのです。

反対に、オプションを買ってデルタヘッジをした直後に株価が大きくジャンプすれば、その後一切株価が動かなくても利益を上げることが可能です。

図14.2は、オプションのベガを原資産価格に対してプロットしたものです。原資産価格Sが行使価格Kから離れるにつれてベガはゼロに近づ

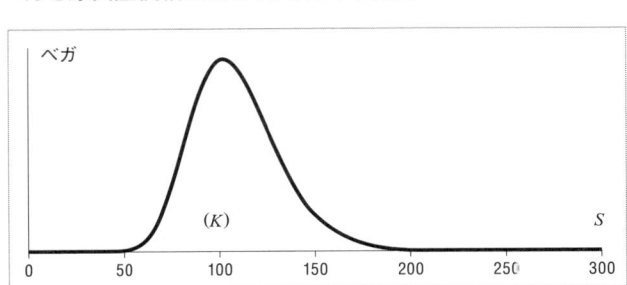

図 14.2. ベガを原資産価格に対してプロットした図

きます。つまり、インプライドボラティリティが上がろうが下がろうが、もはやオプションの価値には関係ないことが分かります。

14.2. バリアンスストリップ

それではオプションをうまく組み合わせて、原資産の価格に影響を受けず、常にインプライドボラティリティの増減とともに価値が一定の値増減するようなデリバティブをつくれないでしょうか。図14.2は、株価が100ドルの株の行使価格100のオプションのベガを表した図でした。アトザマネー付近で最大となり、株価が行使価格から離れるにつれてゼロに近づいています。

ここに、異なる行使価格のオプションのベガを並べてみるとおもしろくなります。

図14.3は、100ドルの株に対して、行使価格50から200までのオプショ

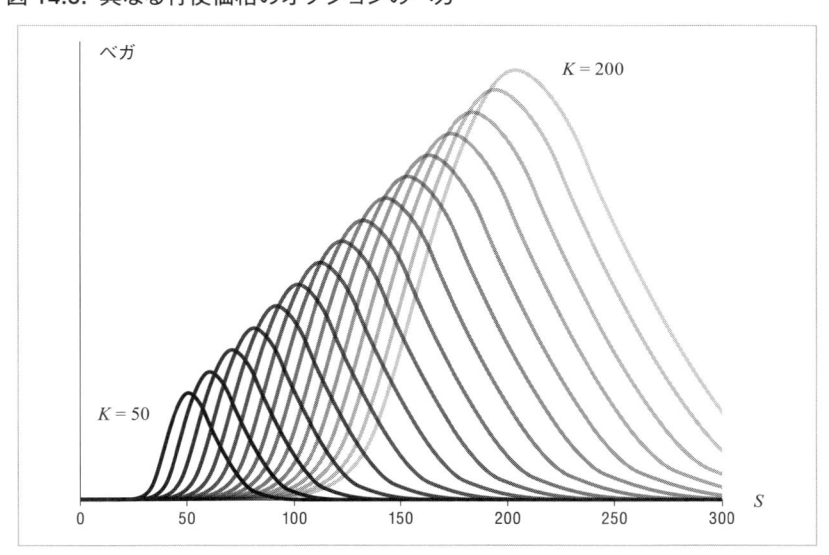

図14.3. 異なる行使価格のオプションのベガ

ンのベガを並べた図です。我々が今かかえている問題は、図14.2のように、株価が行使価格から離れるにつれてベガが減少してしまうことでした。そこで、異なる行使価格のオプションを買うことで、ベガの原資産価格の依存性を取り除くことを考えてみましょう。試しに、それぞれの行使価格のオプションを一つずつ買ったらどうなるでしょうか。すると、その場合のベガは図14.3のベガをすべて足したものですから、図14.4のようになります。

図 14.4. 各行使価格のベガを足し合わせたもの
原資産価格に対する依存性は除去できていない。

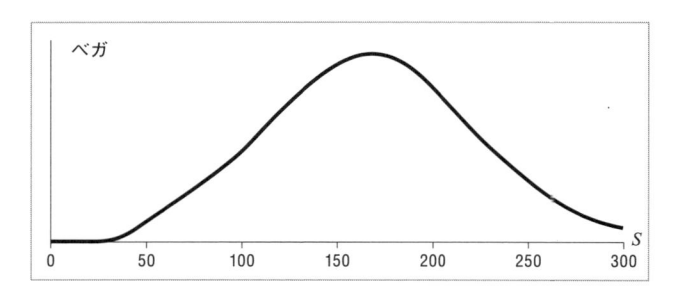

これは我々が求めているものとは違います。原資産価格に対するベガの依存性は取り除けていません。ベガは、行使価格が小さくなるにつれて値自体も小さくなっています。そこで、各行使価格に

$$\frac{1}{K^2}$$

を掛けて、重みづけをして足してみましょう。この値は K が小さいほど大きくなりますから、行使価格の小さなオプションに大きな重みをつけていることになります。すると今度は図14.5のようになります。

図 14.5. 各行使価格のベガに $\frac{1}{K^2}$ の重みをつけてを足し合わせたもの
（$K = 50 - 300$, 10 ドル間隔）

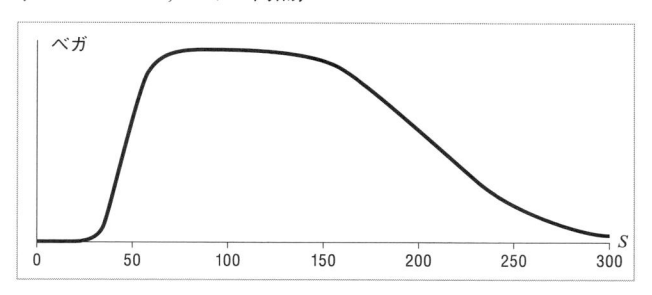

株価が50ドルから150ドル付近では、ベガは一定の値をとるようになりました。今度はこれを30ドルから300ドルまで、10ドル間隔の行使価格のオプションを同様に重みづけして足してみましょう。

図 14.6. 各行使価格のベガに $\frac{1}{K^2}$ の重みをつけてを足し合わせたもの
（$K = 30 - 300$, 10 ドル間隔）

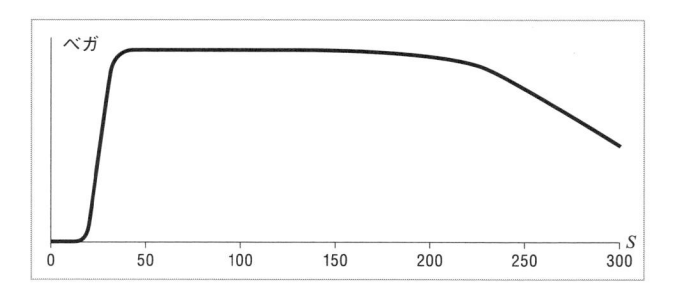

今度は、より広範囲にわたって一定のベガをとることが分かります。

実は、理論上、0から∞まで連続的に行使価格が存在するとして、それらを$\frac{1}{K^2}$の重みづけをしてすべて買えば、そのポートフォリオにおいて

原資産価格に対するボラティリティの依存性は完全に取り除くことができます。つまり、図において、ベガは完全に一直線を示します。

そこで、そのような理想的なオプションのポートフォリオΩを考えてみましょう。オプションの行使価格が0から∞まで連続的に存在するものと仮定し、各行使価格のオプションを$\frac{1}{K^2}$に比例した個数だけ連続的にすべて買うとします。

通常、オプションマーケットはアウトオブザマネーのものほど流動性がありますから、行使価格がある値A以下のオプションについてはプット、A以上のオプションについてはコールを買うとします。行使価格Kのコールおよびプットの価値を$C(K)$、$P(K)$とすると、このオプションのポートフォリオΩの価値は

$$\Omega = \int_0^A \frac{P(K)}{K^2} dK + \int_A^\infty \frac{C(K)}{K^2} dK$$

と書けます。

もう少し計算を進めてみると、さらにおもしろいことが分かってきます。再びファイナンスの大原則を思い出してみましょう。ある資産の現在価値は、世界をリスクニュートラルだと仮定した上で将来の資産価値の期待値を求め、それを無リスク金利でディスカウントすることによって得られました。そこでまず、このポートフォリオの満期における価値を求めてみましょう。満期における株価をS_Tとします。

すると、満期におけるコールとプットの価値はそれぞれ次のようになります。

1) $K \leq S_T$ のとき
$$\begin{cases} C(K) = S_T - K \\ P(K) = 0 \end{cases}$$

2) $S_T < K$ のとき
$$\begin{cases} C(K) = 0 \\ P(K) = K - S_T \end{cases}$$

したがって、ポートフォリオの満期における価値は

1) $A \leq S_T$ のとき

$$\Omega_{\text{満期}} = \int_0^A \frac{P(K)}{K^2} dK + \int_A^\infty \frac{C(K)}{K^2} dK$$

$$= \int_0^A \frac{P(K)}{K^2} dK + \int_A^{S_T} \frac{C(K)}{K^2} dK + \int_{S_T}^\infty \frac{C(K)}{K^2} dK$$

ここで、第1項の $P(K)$ と第3項の $C(K)$ は0ですから、結局第2項だけが残って

$$\Omega_{\text{満期}} = \int_A^{S_T} \frac{C(K)}{K^2} dK = \int_A^{S_T} \frac{S_T - K}{K^2} dK$$

となります。ここで、不定積分

$$\int \frac{1}{X^2} = -\frac{1}{X}$$

$$\int \frac{1}{X} = \ln X$$

を用いれば、

$$\Omega_{\text{満期}} = \left(\frac{S_T}{A} - 1\right) - \ln\left(\frac{S_T}{A}\right)$$

が得られます。

2) $S_T < F$ のとき

$$\Omega_{満期} = \int_0^A \frac{P(K)}{K^2} dK + \int_A^\infty \frac{C(K)}{K^2} dK$$

$$= \int_0^{S_T} \frac{P(K)}{K^2} dK + \int_{S_T}^A \frac{P(K)}{K^2} dK + \int_A^\infty \frac{C(K)}{K^2} dK$$

ここでも、第1項と第3項は0ですから、結局第2項だけが残って

$$\Omega_{満期} = \int_{S_T}^A \frac{P(K)}{K^2} dK = \int_{S_T}^A \frac{K - S_T}{K^2} dK = \left(\frac{S_T}{A} - 1\right) - \ln\left(\frac{S_T}{A}\right)$$

となります。

 つまり、ポートフォリオΩは、満期において必ず

$$\Omega_{満期} = \left(\frac{S_T}{A} - 1\right) - \ln\left(\frac{S_T}{A}\right)$$

の価値を持つわけです。

 それでは、この$\Omega_{満期}$の期待値を無リスク金利でディスカウントして、オプションポートフォリオΩの現在の公正な価値を求めてみましょう。無リスク金利をrとすると

$$\Omega_{現在} = E(\Omega_{満期}) \times e^{-rT} = E\left(\left(\frac{S_T}{A} - 1\right) - \ln\left(\frac{S_T}{A}\right)\right) \times e^{-rT}$$

となります。$E(x)$はxの期待値を表します。一般に、$E(x + y) = E(x) + E(y)$ですから

$$\Omega_{現在} = \left[E\left(\frac{S_T}{A} - 1\right) - E\left(\ln\left(\frac{S_T}{A}\right)\right)\right] \times e^{-rT}$$

が成り立ちます。[　]内の第1項において、リスクニュートラルの世界における満期の株価S_Tの期待値、すなわちフォワード価格Fは、現在の

株価をSとすると

$$E(S_T) = Se^{rT}$$

ですから*1

$$E\left(\frac{S_T}{A} - 1\right) = \frac{Se^{rT}}{A} - 1$$

となります。[　]内の第2項については、再び（3.2）式を思い出してください。

連続複利表示リターン　$\ln\left(\frac{S_T}{S}\right) \sim N\left[\left(\mu - \frac{\sigma^2}{2}\right)T, \sigma\sqrt{T}\,\right]$ 　　　　(3.2)

でした。これを利用すると、リスクニュートラルの世界では、$\mu = r$ですから

$$\begin{aligned}
E\left(\ln\left(\frac{S_T}{A}\right)\right) &= E\left(\ln\left(\frac{S}{A} \times \frac{S_T}{S}\right)\right) \\
&= E\left(\ln\left(\frac{S}{A}\right) + \ln\left(\frac{S_T}{S}\right)\right) \\
&= \ln\left(\frac{S}{A}\right) + E\left(\ln\left(\frac{S_T}{S}\right)\right) \\
&= \ln\left(\frac{S}{A}\right) + \left(r - \frac{\sigma^2}{2}\right)T
\end{aligned}$$

となります。以上から

---

*1　配当がある場合は、配当利回りqを考え、以下無リスク金利rの代わりに$r - q$とすることで全く同じ議論が成り立ちます。

$$\Omega_{\text{現在}} = \left[E\left(\frac{S_T}{A} - 1\right) - E\left(\ln\left(\frac{S_T}{A}\right)\right) \right] \times e^{-rT}$$

$$= \left[\frac{Se^{rT}}{A} - 1 - \ln\left(\frac{S}{A}\right) - \left(r - \frac{\sigma^2}{2}\right)T \right] \times e^{-rT}$$

となります。

　ここで、A は完全に任意の値です。そこで、A としてフォワード価格 F をとりましょう。つまり

$$A = Se^{rT}$$

とします。これは、ポートフォリオ Ω を、行使価格がフォワード価格以下のプットと行使価格がフォワード価格以上のコールで構成することに対応します。すると

$$\Omega_{\text{現在}} = \left[-\ln\left(\frac{S}{Se^{rT}}\right) - \left(r - \frac{\sigma^2}{2}\right)T \right] \times e^{-rT}$$

$$= \left[rT - \left(r - \frac{\sigma^2}{2}\right)T \right] \times e^{-rT}$$

$$= \left(\frac{\sigma^2 T}{2}\right) \times e^{-rT}$$

となります。したがって

$$2 \times \Omega_{\text{現在}} \times e^{rT} = \sigma^2 T$$

という式が導かれます。この式は重要です。

　この式は、0から∞まで連続的に存在する行使価格のオプションのうち、フォワード価格以下のプットとフォワード価格以上のコールに $\frac{1}{K^2}$ の

重みをつけて構成した理想的なポートフォリオ Ω の現在値に

$$2e^{rT}$$

を掛けた値が、実は現在から満期までのバリアンス $\sigma^2 T$ を表しているというのです。当然ですが、将来のことは誰にも分かりませんから、満期までのバリアンスなど誰にも分かりません。あくまで、ポートフォリオ Ω の現在値が、満期までに実現する原資産のバリアンスを示唆しているということです。この値を年換算した値 σ^2 の平方根をとればボラティリティになりますから、これはとりも直さずインプライドボラティリティに他なりません。

　重要なのは、このポートフォリオを買うことによって、バリアンスを（そしてバリアンスだけを）買うことができるという点です。これはオプション単独ではなしえないことでした。実はこの結果は分かっていたことです。なぜなら我々はすでに、$\frac{1}{K^2}$ の重みをつけたオプションのポートフォリオは原資産価格に依存せずに一定のベガを持つ、つまり純粋にバリアンスのみにエクスポージャを持つということを知っているからです。このオプションポートフォリオ Ω のことを、バリアンスストリップ（Variance Strip）と言います。そして、S&P500指数のバリアンスストリップの値が示唆している、向こう30日間のインプライドボラティリティがVIXなのです。

　ところで、バリアンスストリップの満期における価値

$$\Omega_{満期} = \left(\frac{S_T - F}{F}\right) - \ln\left(\frac{S_T}{F}\right)$$

を見て何か気づくでしょうか。これは、単利表示リターンと連続複利表示リターンの差となっています。Column2で述べたように、リターンを表現する際、単利表示の方が必ず連続複利表示より大きくなります。バ

リアンスストリップの満期における価値は、その差に他なりません。図2.4を再び思い出してください。この差は、実線と点線の差です。実は、これがバリアンスに対応しているのです。

14.3. VIXとは

VIXは、S&P500指数のバリアンスストリップ値から得られる向こう30日間のインプライドボラティリティを表したもので、別名「恐怖指数（Fear Index）」恐怖指数と呼ばれます。そのゆえんは、株価が下がると、VIXは上昇する傾向があるからです。図14.7は、2007年1月から2011年12月までのS&P500指数とVIXを並べた図です。見事な負の相関が見てとれるでしょう。

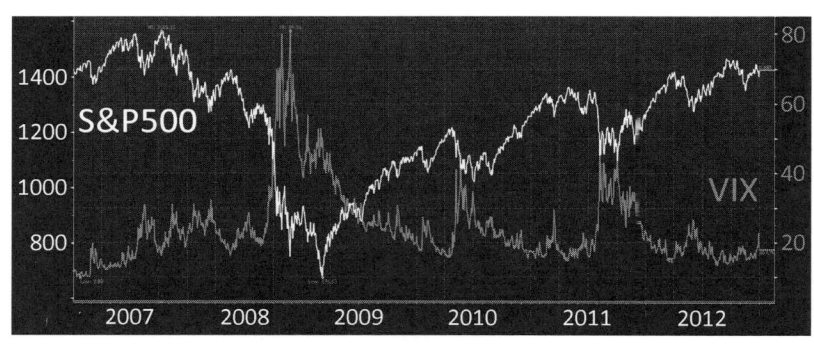

図14.7. VIXとS&P500（2007年1月〜2012年12月）

さて、バリアンスストリップからVIXを計算するといっても、ここまで述べてきたバリアンスストリップΩは理想的なものです。実際には0から∞まで行使価格が連続的に存在するわけではありません。存在する行使価格のオプションの価格からVIXを計算することになります。

VIXはS&P500指数オプションの第1限月および第2限月のアウトオ

ブザマネーのオプションの価格から計算されるバリアンスを求め、その線形補間によって得られる向こう30日間のインプライドバリアンスの平方根をとることで得られます。その際に用いるバリアンスの計算方法が

$$\sigma^2 = \frac{2}{T} \sum_i \frac{\Delta K_i}{K_i^2} e^{rT} Q(K_i) - \frac{1}{T}\left(\frac{F}{K_0} - 1\right)^2$$

ただし

T：満期までの時間（1年＝365日とする暦日ベース）
F：オプションマーケットが示唆するフォワード
K_0：フォワード以下の最初の行使価格（これをアトザフォワードと見なす）
K_i：i番目のアウトオブザマネーのオプションの行使価格
　　（$K_i > K_0$の場合はコール、$K_i < K_0$の場合はプット）
ΔK_i：行使価格の間隔　$\Delta K_i = \dfrac{K_{i+1} - K_{i-1}}{2}$
r：無リスク金利
$Q(K_i)$：行使価格K_iのアウトオブザマネーのオプションのビッドとアスクの中値（平均値）
　　（$K_i > K_0$の場合はコール$C(K_i)$、$K_i < K_0$の場合はプット$P(K_i)$、
　　K_0の場合は$\dfrac{C(K_0) - P(K_0)}{2}$）

です[*2]。第1項はまさにこれまで説明したことを離散化したものになっています。つまり、バリアンスストリップの現在値$\Omega_{現在}$に$\dfrac{2}{T}e^{rT}$を掛けたもので、これは現在から満期までのバリアンスを年換算した値σ^2で

＊2　www.cboe.com/micro/vix/vixwhite.pdf

図 14.8. VIX の求め方を表した概念図　(σ_{30} が VIX を表す)

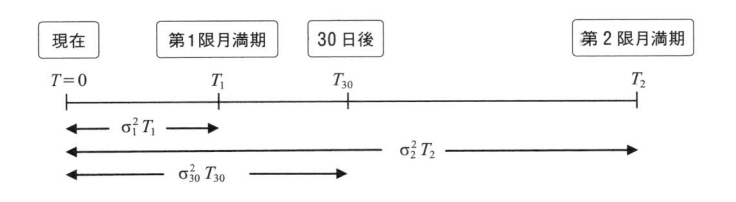

```
     現在      第1限月満期    30日後                    第2限月満期
     T=0         T_1          T_30                      T_2
      |<--- σ_1^2 T_1 --->|
      |<------------------- σ_2^2 T_2 ------------------->|
      |<------- σ_30^2 T_30 ------->|
```

す。第2項は、一般にはフォワードに一致する行使価格が存在しないため、それに対する補正を行う項です。

$$K_0 = F$$

であるようなK_0が存在する場合、この項はゼロとなります。

　このインプライドバリアンスの計算を、S&P500指数の第1限月および第2限月のオプションマーケットに対して行います。

　例えば、第1限月の満期までの時間をT_1、第2限月の満期までの時間をT_2、そして得られた第1限月のインプライドバリアンスをσ_1^2、第2限月のインプライドバリアンスをσ_2^2とすれば

$$\text{第1限月の満期までのバリアンス：} \sigma_1^2 T_1$$
$$\text{第2限月の満期までのバリアンス：} \sigma_2^2 T_2$$

となります。30日を年換算すると

$$T_{30} = \frac{30}{365} = 0.0821918$$

であり、バリアンスを線形補間すれば現在から30日後までのバリアンスは

図 14.9. VIX 先物の決済

S&P500 指数オプションが満期を迎えるちょうど 30 暦日前に VIX 先物は満期を迎える。

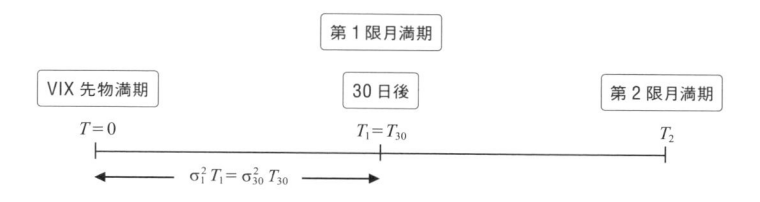

```
                        第1限月満期
   VIX先物満期           30日後                第2限月満期
   ├─────────────────────┼──────────────────────┤
   T=0                  T₁=T₃₀                  T₂
          σ₁²T₁ = σ₃₀²T₃₀
```

$$\sigma_{30}^2 T_{30} = \sigma_1^2 T_1 + (\sigma_2^2 T_2 - \sigma_1^2 T_1) \times \frac{(T_{30} - T_1)}{(T_2 - T_1)}$$

と求まります。

したがって、現在から向こう 30 日間のインプライドバリアンスは

$$\sigma_{30}^2 = \left[\sigma_1^2 T_1 + (\sigma_2^2 T_2 - \sigma_1^2 T_1) \times \frac{(T_{30} - T_1)}{(T_2 - T_1)}\right] \times \frac{1}{T_{30}}$$

であり、この平方根が現在から向こう 30 日間のインプライドボラティリティであり VIX です。つまり

$$\text{VIX} = \sigma_{30} = 100 \times \sqrt{\left[\sigma_1^2 T_1 + (\sigma_2^2 T_2 - \sigma_1^2 T_1) \times \frac{(T_{30} - T_1)}{(T_2 - T_1)}\right] \times \frac{1}{T_{30}}}$$

となります。

VIX 自体は、日経平均株価のように、上記の計算方法によって 15 秒毎に更新される指数にすぎません。VIX には先物が存在します。VIX 先物は各月ごとに存在し、S&P500 指数のオプションが満期を迎えるちょうど 30 暦日前の VIX の清算値によって決済されます。S&P500 指数のオプションは毎月第 3 金曜日のオープニングに満期を迎えます。例えば 2012 年 12 月限の S&P500 指数オプションは 2012 年 12 月 21 日（金）の

S&P500指数のオープニングの値で決済されます。したがって、VIX11月限先物は、そのちょうど30日前の11月21日（水）のオープニングのバリアンスストリップから計算されるVIX値によって決済されることになります。このとき、第1限月までの満期がちょうど30日ですから、線形補間の必要はなく、第2限月のS&P500指数のバリアンスストリップは清算値の算出には用いられません。つまり、VIX11月限先物は、11月21日のオープニング時にマーケットが示唆する、11月21日のオープニングから向こう30日間のインプライドボラティリティ値によって決済されるわけです。

　VIX先物には、オプションが存在します。またVIXに連動したETN（Exchange Traded Note）が上場されており、そのオプションもトレードされています。本書ではこれらについての説明はしませんが、これは、インプライドボラティリティのボラティリティをトレードすることに対応します。

14.4. その他のボラティリティデリバティブ

　VIXは、ある時刻における、その時刻から向こう30日間のインプライドボラティリティを表したものです。そしてVIX先物は、先物が満期を迎える時刻における、その時刻から向こう30日間のインプライドボラティリティによって決済されます。あくまでも、損益はインプライドボラティリティによって決まります。したがって、あるときにVIX先物を20ポイントで買い、それから30日間にS&P500指数が25%のボラティリティで動いたからといって、損益には関係ありません。

　インプライドボラティリティではなく、実際にその間に実現したリアライズドボラティリティによって損益が決まる商品に「バリアンス先物（Variance Future）」や「バリアンススワップ（Variance Swap）」があります。

　例えばCFE（CBOE Futures Exchange）に上場されているS&P500指数

の3ヶ月バリアンス先物は

$$(\text{Realized Variance}) = 252 \times \left(\sum_{i=1}^{Na-1} R_i^2 \Big/ (N_e - 1) \right)$$

によって決済されます。

　R_i は日々の連続複利表示リターンです。N_a は3ヶ月間のうち、実際にバリアンスの計算に用いられたデータ数です。N_e は3ヶ月間のうちに取得できると期待されるデータ数で、取引所が予定外にクローズしたり、システムの不具合があった場合などを除き、これらは一致します。

　指数値のデータ数が N_a であれば、リターンのサンプル数は $N_a - 1$ となります。したがってこれは、S&P500指数が実現した3ヶ月間のゼロ平均バリアンスを年換算したものに他なりません。

　例えば、この間S&P500指数が毎日連続複利表示で1％ずつ上昇した場合、この値は0.0252となります。実際には、バリアンスは10,000を掛けたポイント値で表現されます。この場合は252ポイントです。毎日2％動けば、バリアンスは1,008ポイントとなります。

　バリアンス先物に似たものにバリアンススワップ（Variance Swap）があります。本質的には同じですが、以下の点で異なります。

1. バリアンススワップはOTC（Over The Counter）マーケットで取引されます。要はカウンターパーティリスクを伴う相対取引のことです。バリアンススワップは原資産が大きく動けば、買い手に大きな利益をもたらします。例えば、マーケットがクラッシュするようなときは膨大な利益を生むはずです。しかし、このようなときはまさしくカウンターパーティリスクが最大化するときですから、マーケットの暴落に備えたバリアンススワップのロングは100％安心というわけではありません。
2. バリアンススワップにはしばしば「キャップ」が設定されます。一方が膨大な額を失わないように、支払額に上限を設定するわけです。

3. バリアンススワップは「ストライクバリアンス（Strike Variance）」と「ノーショナルサイズ（Notional Size）」によって規定されます。オプションで言うと、ストライクバリアンスは行使価格、ノーショナルサイズはマルティプライアに対応します。例えば、S&P500指数のストライクバリアンス256、ノーショナルサイズ10,000ドルのバリアンススワップをロングし、実現したバリアンスが272ポイントであれば、売り手は買い手に

$$(270 - 256) \times 10,000 = 140,000 \text{ドル}$$

支払う必要があります。

14章のまとめ

この章では、ボラティリティデリバティブについて紹介しました。

ボラティリティという観点に立てば、オプションは不完全な商品です。原資産価格が行使価格から遠く離れてしまえば、もはやオプションの価値にボラティリティは影響を及ぼさなくなるからです。

バリアンスストリップは、行使価格の2乗の逆数

$$\frac{1}{K^2}$$

で重みづけしたアウトオブザマネーのオプションのバスケットから構成されるオプションのポートフォリオです。その価値は、原資産の価格とは無関係に、バリアンスのみによって決まることを見ました。

VIXは、S&P500指数の第1限月のバリアンスストリップ値と第2限月のバリアンスストリップ値を線形補間して得た、現在から向こう30日間

のインプライドボラティリティを表します。そしてその先物は、S&P500指数先物が満期を迎えるちょうど30日前に満期となり、その時のS&P500指数のバリアンスストリップ値から得られる30日間インプライドボラティリティによって決済されます。

リアライズドボラティリティ先物は、その間に実現した実際のバリアンスによって決済され、損益が決定します。リアライズドボラティリティ先物に似たものに、OTCでトレードされるバリアンススワップがあります。

Q 章末問題

VIXの算出に用いられるバリアンスの計算方法

$$\sigma^2 = \frac{2}{T} \sum_i \frac{\Delta K_i}{K_i^2} e^{rT} Q(K_i) - \frac{1}{T}\left(\frac{F}{K_0} - 1\right)^2$$

において、第2項

$$-\frac{1}{T}\left(\frac{F}{K_0} - 1\right)^2$$

はインプライドフォワードFに等しい行使価格が存在しない場合の補正項の役割を果たします。この項を導出してみましょう。

Column 14

VIXをマニピュレートせよ

　本章でも述べた通り、VIXというのはCBOEが15秒おきに公表している指数値で、各時点におけるS&P500指数のアウトオブザマネーのオプションの「中値」を元に計算されます。ビッドがない行使価格については指数の算出には用いず、そのような行使価格が2つ続いた場合は、それよりアウトオブザマネーの行使価格は用いないことになっています。

　したがって、例えばビッドとアスクのスプレッドが急に広がり中値が大きく変動したり、ビッドが消えたりした場合、VIXも大きく変動することがあります。しかし、VIX自体は単なる指数値にすぎず、トレードできるものではありませんから、ほとんどの人にとってこれは大した問題ではありません。

　ところがVIXには先物があります。そして満期まで保持した先物のポジションは清算値によって強制決済されます。もしもその清算値が実体から離れた値となったら、それは先物にポジションをとっていた人にとっては大問題です。

　実は、VIX先物の決済にはこうした事態がしばしば起こっています。

　VIX先物の清算値は、通常のVIX指数値とは若干異なる方法で算出されます。VIX先物は、S&P500指数オプションが満期を迎えるちょうど30日前のオープニングの「約定値」を用いたバリアンスストリップ値によって決済されます。

　「中値」ではなく「約定値」です。そして、約定値がない場合にのみ中値を用いることになっています。

　ここで、VIX算出に用いるバリアンスストリップの計算式をもう一度見てください。

$$\sigma^2 = \frac{2}{T} \sum_i \frac{\Delta K_i}{K_i^2} e^{rT} Q(K_i) - \frac{1}{T}\left(\frac{F}{K_0} - 1\right)^2$$

　第1項を見ると、各アウトオブザマネーのオプションの価格 $Q(K_i)$ に、行使

価格 K_i の2乗の逆数が係数としてかかってきます。つまり、行使価格の小さなアウトオブザマネーのプットほど、わずかのプレミアムで効果的に清算値に影響を及ぼすことができます。

例えば、通常であればビッドが存在しないようなアウトオブザマネーのプットをすべてオファーで約定させたとしましょう。すると清算値を数％押し上げることもできるわけです。VIX先物をロングしている人からすれば、行使価格の低いプットをわずかのプレミアムで買って、その約定値をVIXの清算値に入れ込むことがインセンティブとなるのです。

こうしたVIX先物の清算値をマニピュレートしようという試みは頻繁に発生します。しかし、当然ながらコストがかかります。ほぼ価値のないプットにお金を支払わなければなりません。価値のあるオプションを買うにしても、ビッドとオファーのスプレッドをまたぐ必要がありますし、当然手数料もかかります。一方、その他のトレーダーにとっては、そうしたオプションを高く売ることができるチャンスでもあります。さまざまな思惑がうごめき、VIXの清算値は決まるのです。

実は、まったく同じことが日本でも起こったことがあります。

大阪証券取引所は、2012年2月27日（月）、日経のボラティリティ指数先物を上場しました。香港取引所がアジア初のボラティリティ指数先物を上場したちょうど1週間後のことでした。日経VIX先物の決済のメカニズムは、本家VIX先物と同じく、日経オプションが満期を迎えるちょうど30日前のオープニングのオプションの約定値によって決まります。

日経VIX先物の場合は、オープニングからの10分間、つまり午前9時から9時10分までの15秒おきの日経オプションの40個の約定値の平均を用いることになっています。そして、直近15秒に約定がなければ、その時点でのビッドとオファーの数量加重平均がデータとして採用されます。

日経VIX先物が最初の決済を迎えたのは、4月限のオプションが満期を迎える2012年4月13日（金）のちょうど30日前にあたる2012年3月14日（水）でした。

そして3月14日当日、午前9時から9時10分まで、日経オプションのマーケットに奇妙なことが起こります。図14.10を見てください。

これは、当日の日経の4月限4,000プットの約定履歴です。9時00分14秒から、9時09分59秒まで、ちょうど15秒おきに1つずつ1円で約定したので

図 14.10. 2012 年 3 月 14 日（水）における 4 月限 4,000 プットの約定履歴
9 時 00 分 14 秒から 9 時 09 分 59 秒まで、15 秒おきに 1 つ 1 円で計 40 個約定した。9 時 09 分 59 秒を最後に、取引はなかった。

Time	Size	Price
09:09:59	1	1.00
09:09:44	1	1.00
09:09:29	1	1.00
09:09:14	1	1.00
09:08:59	1	1.00
09:08:44	1	1.00
09:08:29	1	1.00
09:08:14	1	1.00
09:07:59	1	1.00
09:07:44	1	1.00
⋮		
09:02:59	1	1.00
09:02:44	1	1.00
09:02:29	1	1.00
09:02:14	1	1.00
09:01:59	1	1.00
09:01:44	1	1.00
09:01:29	1	1.00
09:01:14	1	1.00
09:00:59	1	1.00
09:00:44	1	1.00
09:00:29	1	1.00
09:00:14	1	1.00

す。この間の日経平均株価は 10,070 円程度で推移しており、4 月限 4,000 プットにはほぼ価値がありませんでした。実際、ビッドは存在しませんでした。つまり、誰かが 15 秒おきに 1 つずつオファーでプットを買ったのです。

このトレードは、9 時 09 分 59 秒を最後にパタリと止みました。そして、まったく同じことが 4 月限の行使価格 4,000 から 10,000 までのプットおよび行使価格 10,000 から 12,500 までのコールすべてについて発生しました。

まさしく、日経 VIX 先物の清算値の吊り上げを狙ったものだったのです。

図 14.11 を見てください。これは当日の 9 時から 9 時 40 分までの日経 VIX の

図 14.11. 2012 年 3 月 14 日（水）における日経 VIX 値の推移
オプションの買いが止んだ 9 時 10 分を境に VIX 値が下落していることが分かる。

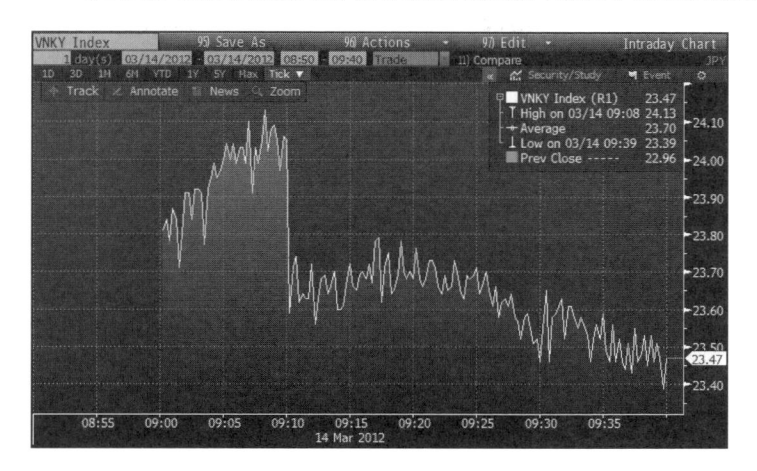

値の推移です。9 時から 9 時 10 分まで徐々に増加し、トレードが止んだ 9 時 10 分を境に、VIX 値が一気に下落していることが分かります。この日の清算値は 23.96 でした。9 時 10 分から 9 時 40 分までの 30 分間の VIX は、23.6 程度ですから、彼らはこれによって 0.35 ポイント程度の吊り上げに成功したと言えるでしょう。

　これは、日経 VIX 先物をロングしていた国内の某大手証券会社の仕業だと言われています。彼らがこのために支払ったプレミアム総額は約 45,000,000 円です。

　日経オプションのスプレッドは、プレミアムが 50 円以下であれば 1 円、50 円以上であれば 5 円です。また、マルティプライアは 1,000 です。大雑把に、オプションのフェアバリューが中値に等しいとすれば、50 円以下のオプションについては

$$(1/2) \times 1{,}000 \times 40 = 20{,}000 \text{円}$$

だけフェアバリューより高い金額を支払ったことになります。
　50 円以上のオプションについては

$$(5/2) \times 1,000 \times 40 = 100,000 円$$

です。彼らが10分間に買ったすべてのオプションについて考えれば、トータルで約1,000,000円、フェアバリューより高い額を支払ったと見積もることができます。

一方、日経VIX先物のマルティプライアは10,000ですから、0.35ポイントの吊り上げにより、先物1個あたり

$$0.35 \times 10,000 = 3,500 円$$

の効果があったことになります。

$$1,000,000/3,500 \approx 285$$

ですから、彼らが日経VIX先物を285個以上ロングしていたかどうかが、一つの判断の目安となります。

以上の計算は大雑把な試算です。真実はトレーダーに聞かなければ分かりません。ただ、もしもこの日決済された598個の日経VIX先物のほとんどを彼らがロングしていたとすれば、45,000,000円のプレミアムを支払い、1,000,000円をあきらめてでも、VIXの清算値を吊り上げた価値があったと言えるかもしれません。

あとがき

　オプションの入門書を読み終えた感想はいかがでしょうか。なかなか簡単ではないところもあるかもしれませんが、オプションというプロダクトの本質を垣間見ることができたのではないでしょうか。

　何事もそうですが、基礎を学ぶというプロセスはあまり楽しいことではありません。しかし、基礎を身につけた上で、それを現実の世界に応用することほどエキサイティングなことはありません。その際に大切なのは、自分自身で考えるということです。

　私が若いころはよく「Always question yourself」と口酸っぱく言われました。トレードをするということは、言わば、トレード相手の意見に反対するということです。自分は何か見落としていないか、自分はなぜこのトレードをしたいのか、常に自問自答せよという意味です。これは、トレードに限らず、あらゆる仕事につながる精神だと言えるでしょう。

　オプションのトレードという意味では、本書より高度なトピックが山のようにたくさんあります。また、本書は特にオプションのボラティリティ商品としての側面にスポットをあてて解説しましたが、オプションを純粋なリスクヘッジのためのプロダクトとして見た場合、本書とはまた異なる観点からの議論が有用となりますし、ポートフォリオを保持するのに必要な資金を減らすためにオプションを用いることもできます。オプションとは、実に奥深く、さまざまな用途に用いることができます。しかし、そうしたあらゆることを考える上での基礎となるものが本書です。まえがきに記したように、本書が我が国におけるオプションの発展に寄与できれば幸いです。

　最後に、本書の執筆にあたって、東京大学名誉教授の松原望氏より貴重なアドバイスを頂きました。氏は我が国における意思決定論の第一人

者であり、まさに確率論や統計学といった基礎学問を現実社会に応用するということを長年研究してきた方でもあります。また、実務の面にて、ダイヤモンド社の真田友美氏より多大なご助力を頂きました。ここに謝意を表します。

付録1 正規分布表

表 A.1. 正規分布表

x	0.00	0.01	0.02	0.03	0.04	0.05	0.06	0.07	0.08	0.09
0.0	0.0000	0.0040	0.0080	0.0120	0.0160	0.0199	0.0239	0.0279	0.0319	0.0359
0.1	0.0398	0.0438	0.0478	0.0517	0.0557	0.0596	0.0636	0.0675	0.0714	0.0753
0.2	0.0793	0.0832	0.0871	0.0910	0.0948	0.0987	0.1026	0.1064	0.1103	0.1141
0.3	0.1179	0.1217	0.1255	0.1293	0.1331	0.1368	0.1406	0.1443	0.1480	0.1517
0.4	0.1554	0.1591	0.1628	0.1664	0.1700	0.1736	0.1772	0.1808	0.1844	0.1879
0.5	0.1915	0.1950	0.1985	0.2019	0.2054	0.2088	0.2123	0.2157	0.2190	0.2224
0.6	0.2257	0.2291	0.2324	0.2357	0.2389	0.2422	0.2454	0.2486	0.2517	0.2549
0.7	0.2580	0.2611	0.2642	0.2673	0.2704	0.2734	0.2764	0.2794	0.2823	0.2852
0.8	0.2881	0.2910	0.2939	0.2967	0.2995	0.3023	0.3051	0.3078	0.3106	0.3133
0.9	0.3159	0.3186	0.3212	0.3238	0.3264	0.3289	0.3315	0.3340	0.3365	0.3389
1.0	0.3413	0.3438	0.3461	0.3485	0.3508	0.3531	0.3554	0.3577	0.3599	0.3621
1.1	0.3643	0.3665	0.3686	0.3708	0.3729	0.3749	0.3770	0.3790	0.3810	0.3830
1.2	0.3849	0.3869	0.3888	0.3907	0.3925	0.3944	0.3962	0.3980	0.3997	0.4015
1.3	0.4032	0.4049	0.4066	0.4082	0.4099	0.4115	0.4131	0.4147	0.4162	0.4177
1.4	0.4192	0.4207	0.4222	0.4236	0.4251	0.4265	0.4279	0.4292	0.4306	0.4319
1.5	0.4332	0.4345	0.4357	0.4370	0.4382	0.4394	0.4406	0.4418	0.4429	0.4441
1.6	0.4452	0.4463	0.4474	0.4484	0.4495	0.4505	0.4515	0.4525	0.4535	0.4545
1.7	0.4554	0.4564	0.4573	0.4582	0.4591	0.4599	0.4608	0.4616	0.4625	0.4633
1.8	0.4641	0.4649	0.4656	0.4664	0.4671	0.4678	0.4686	0.4693	0.4699	0.4706
1.9	0.4713	0.4719	0.4726	0.4732	0.4738	0.4744	0.4750	0.4756	0.4761	0.4767
2.0	0.4772	0.4778	0.4783	0.4788	0.4793	0.4798	0.4803	0.4808	0.4812	0.4817
2.1	0.4821	0.4826	0.4830	0.4834	0.4838	0.4842	0.4846	0.4850	0.4854	0.4857
2.2	0.4861	0.4864	0.4868	0.4871	0.4875	0.4878	0.4881	0.4884	0.4887	0.4890
2.3	0.4893	0.4896	0.4898	0.4901	0.4904	0.4906	0.4909	0.4911	0.4913	0.4916
2.4	0.4918	0.4920	0.4922	0.4925	0.4927	0.4929	0.4931	0.4932	0.4934	0.4936
2.5	0.4938	0.4940	0.4941	0.4943	0.4945	0.4946	0.4948	0.4949	0.4951	0.4952
2.6	0.4953	0.4955	0.4956	0.4957	0.4959	0.4960	0.4961	0.4962	0.4963	0.4964
2.7	0.4965	0.4966	0.4967	0.4968	0.4969	0.4970	0.4971	0.4972	0.4973	0.4974
2.8	0.4974	0.4975	0.4976	0.4977	0.4977	0.4978	0.4979	0.4979	0.4980	0.4981
2.9	0.4981	0.4982	0.4982	0.4983	0.4984	0.4984	0.4985	0.4985	0.4986	0.4986
3.0	0.4987	0.4987	0.4987	0.4988	0.4988	0.4989	0.4989	0.4989	0.4990	0.4990
3.1	0.4990	0.4991	0.4991	0.4991	0.4992	0.4992	0.4992	0.4992	0.4993	0.4993
3.2	0.4993	0.4993	0.4994	0.4994	0.4994	0.4994	0.4994	0.4995	0.4995	0.4995
3.3	0.4995	0.4995	0.4995	0.4996	0.4996	0.4996	0.4996	0.4996	0.4996	0.4997
3.4	0.4997	0.4997	0.4997	0.4997	0.4997	0.4997	0.4997	0.4997	0.4997	0.4998
3.5	0.4998	0.4998	0.4998	0.4998	0.4998	0.4998	0.4998	0.4998	0.4998	0.4998
3.6	0.4998	0.4998	0.4999	0.4999	0.4999	0.4999	0.4999	0.4999	0.4999	0.4999
3.7	0.4999	0.4999	0.4999	0.4999	0.4999	0.4999	0.4999	0.4999	0.4999	0.4999
3.8	0.4999	0.4999	0.4999	0.4999	0.4999	0.4999	0.4999	0.4999	0.4999	0.4999
3.9	0.5000	0.5000	0.5000	0.5000	0.5000	0.5000	0.5000	0.5000	0.5000	0.5000
4.0	0.5000	0.5000	0.5000	0.5000	0.5000	0.5000	0.5000	0.5000	0.5000	0.5000

● 使い方

表A.1.は、$x \geq 0$ なるxに対して、正規分布に従う確率変数が$0 \sim x$シグマの範囲に入る確率を表しています。つまり、図A.1の斜線部に対応する確率です。

図 A.1. 正規分布表の対応図

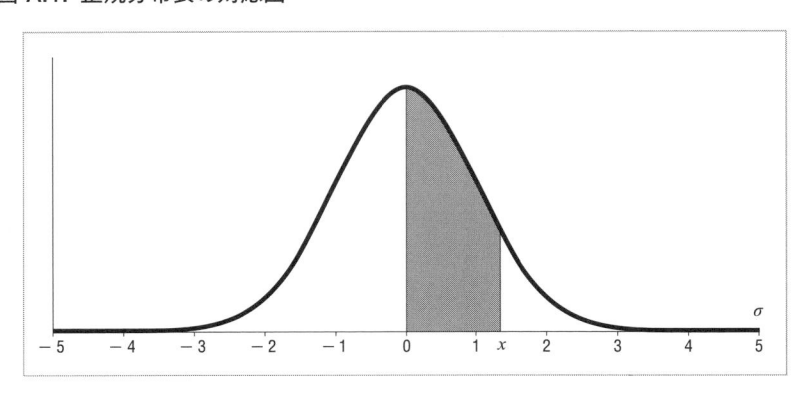

例えば、確率変数が$0 \sim 1.35$シグマに入る確率は、1.3の行と0.05の列を参照することで、0.4115だと分かります。この表の値に2を掛けると、変数が$-x \sim x$シグマに入る確率を表すことになります。

また、表の値に0.5を足せば、図A.2のように、確率変数がxシグマ以下となる確率、つまり累積分布関数の値 $\Phi(x)$ に対応します。例えば、確率変数が1.35シグマ以下となる確率は

$$\Phi(1.35) = 0.5 + 0.4115 = 0.9115$$

です。

図 A.2. $x \geq 0$ における累積分布関数の対応図

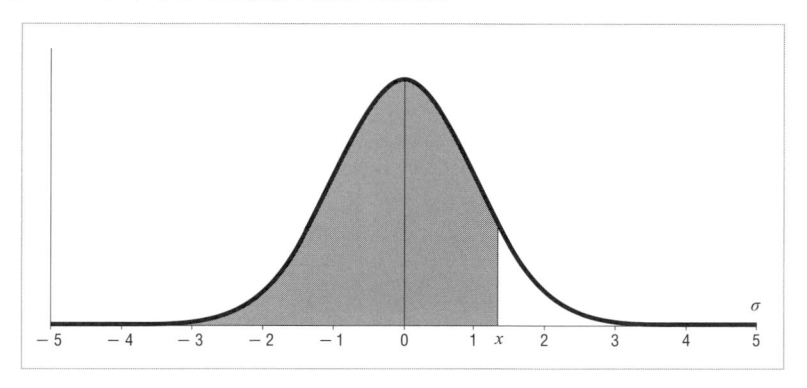

$x < 0$ の場合、0.5 から表の値を引くことで、x シグマ以下となる確率を求めることができます。例えば、確率変数が -1.35 シグマ以下となる確率は

$$\Phi(-1.35) = 0.5 - 0.4115 = 0.0885$$

と求めることができます。

図 A.3. $x < 0$ における累積分布関数の対応図

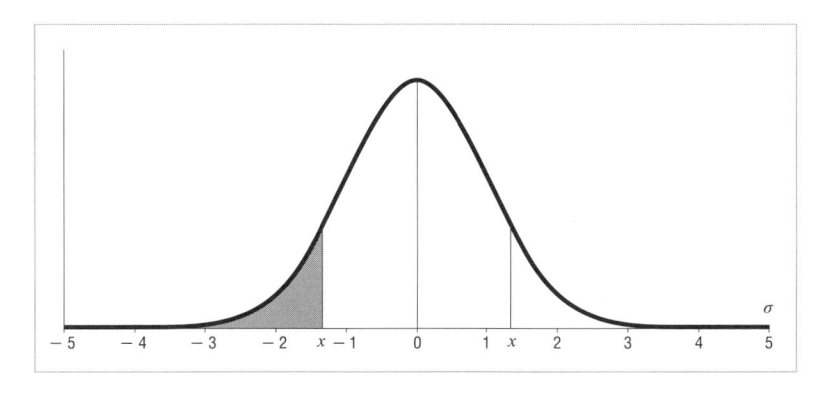

付録2 用語集 (アルファベット、50音順)

Efficient Market Hypothesis
株価は、あらゆる情報を取り込み、それを反映しているという仮説。

OCC（Option clearing corporation）
Option Clearing Corporationの略称。アメリカにおけるオプション取引の決済機関。オープンインタレストのアップデートやコーポレートアクション時におけるオプションの調整などの役目も担う。

VIX（Volatility index）
S&P500指数のバリアンスストリップ値から計算される、向こう30日間のボラティリティの期待値。CBOEが15秒おきに公表している。

アービトラージ（Arbitrage）
裁定取引のこと。

アウトオブザマネー（Out of the money）
現時点が満期であれば価値を持たないオプション。原資産価格よりも行使価格の高いコールおよび原資産価格よりも行使価格の低いプットがアウトオブザマネーとなる。

アスク（Ask）
オファーのこと。

アトザフォワード（At the forward）
行使価格がフォワード価格に等しいオプション。

アトザマネー（At the money）
行使価格が現在の原資産価格に等しいオプション。

アメリカン型オプション（American style option）
満期日までのいつでも行使ができるオプション。

イベントボラティリティ（Event volatility）
決算発表などの株価に突発的な変動をもたらすイベントによるボラティリティ。

インザマネー（In the money）
現時点が満期であれば行使の対象となるオプション。原資産価格よりも行使価格の低いコールおよび原資産価格よりも行使価格の高いプットがインザマネーとなる。

インプライドボラティリティ（Implied volatility）
マーケットで取引されているオプションの価格が示唆しているボラティリティ。

エキゾチックオプション(Exotic option)
バニラオプション以外の特殊なタイプのオプションの総称。

オープンインタレスト(Open interest)
マーケットに存在するポジションの総数。

オファー(Offer)
売値のこと。特に、提示されている最も安いオファーをベストオファーと言う。アスクとも言う。

オプショナリティ(Optionality)
時間的価値のこと。

カートシス(Kurtois)
分布の裾の太さを表すパラメタ。統計学における4次のモーメント。大きなカートシスは、分布が太い裾を持つことを表している。

カウンターパーティリスク(Counterparty risk)
相対取引にともなう、取引相手の信用リスク。

カレンダースプレッド(Calendar spread)
コールカレンダー、プットカレンダーやストラドルスワップなど、異なる限月にまたがるスプレッドの総称。

ガンマ(Gamma)
原資産価格の変化にともなうオプションのデルタの変化率。通常、原資産価格が1ドル上昇したときに、オプションのデルタがどれだけ上昇するかで表現される。1つのオプションは正のガンマを持つ。

幾何ブラウン運動(Geometric Brownian motion)
ブラックショールズモデルにおいて、株価の変動が従うと仮定した確率過程。

$$\ln\left(\frac{S_T}{S}\right) \sim N\left[\left(\mu - \frac{\sigma^2}{2}\right)T,\ \sigma\sqrt{T}\right]$$

で表されるように、現時点から時刻Tまでの連続複利表示リターンが正規分布に従う。

金利スプレッド(Interest rate spread)
ディープインザマネーのプットが行使されないことを期待して、金利を稼ぐことを目的とした戦略。通常、株式の配当落ち当日に執行される。

原資産(Underlying asset)
オプションの権利行使の対象となる資産。

現物決済(Physical settlement)
オプションの決済方式の一つ。対象原資産の売買をともなう決済方式。ほとんどの株式オプションは現物決済であり、オプションの行使は株式の売買をともなう。

行使価格(Strike price)
オプションが行使されたときに、原資産の売買を執り行う価格。

コーポレートアクション(Corporate action)
株式分割やライツイシューなどの株価に大きな影響を与える企業のファイナンス活動。

コール(Call)
特定の資産を、あらかじめ決められた特定の日までに特定の価格で購入する権利。

コールカレンダー(Call calendar)
同じ行使価格のコールのうち、満期の近いコールを1つ売り、満期の遠いコールを1つ買うこと。異なる行使価格で執行されることもある。

コールスプレッド(Call spread)
同じ限月の2つの行使価格のコールのうち、行使価格の低いものを1つ買い、行使価格の高いものを1つ売ること。異なる比率の数量で執行されることもある。

コックス・ロス・ルビンスタインモデル(Cox-Ross-Rubinstein model)
二項分布モデルにおいて、微小時間 ΔT 後の原資産価格の変化率を、ボラティリティを用いて

$$u = e^{\sigma\sqrt{\Delta T}}$$
$$d = e^{-\sigma\sqrt{\Delta T}}$$

のようにとるモデル。

コンシダレーション(Consideration)
オプションの行使時に支払うキャッシュ。

コントラクトサイズ(Contract size)
オプション1つに対して、権利の及ぶ対象原資産の数量。アメリカの株式オプションのコントラクトサイズは通常100であり、1つのオプションは100株売買する権利に相当する。

コンバージョン（Conversion）
ある行使価格のプットを1つ買い、コールを1つ売る（ショートコンボ）と同時に、対応するコントラクトサイズの株式を買うこと。言わば、現物を買い先物を売ることに相当する。

コンボ（Combo）
同じ限月、同じ行使価格のコールを1つ買い、プットを1つ売ること。

裁定取引（Arbitrage）
似通った商品間における価格の乖離を利用して利益を上げる、実質的に無リスクと見なされる取引。アービトラージ。

差金決済（Cash settlement）
オプションの決済方式の一つ。インザマネーのオプションに対して、証券取引所が発表する決済価格と行使価格の差額に対応するキャッシュの授受が発生する。ほとんどの株式指数オプションは差金決済である。

シェアズパーコントラクト（Shares per contract）
コントラクトサイズのこと。

ジェリーロール（Jerry roll）
満期の近いコンボをショートし、満期の遠いコンボをロングすること。

時間的価値（Time value）
原資産が満期までに変動すると期待されることに由来するオプションの価値。インザマネーのオプションは本質的価値と時間的価値を持ち、アウトオブザマネーのオプションは時間的価値のみを持つ。

ショート（Short）
資産や契約に売りのポジションをとること。または売りのポジションをとった状態。

スキュー（Skew）
分布の非対称性を表すパラメタ。統計学における3次のモーメント。負のスキューは分布が平均より左側に広がっていることを表し、正のスキューは分布が右側に広がっていることを表している。

ストラドル（Straddle）
同じ限月、同じ行使価格のコールとプットを1つずつ買うこと。

ストラドルスワップ（Straddle swap）
同じ行使価格のストラドルのうち、満期の近いストラドルを1つ売り、満期の遠

いストラドルを1つ買うこと。異なる行使価格で執行されることもある。

ストラングル（Strangle）
同じ限月、異なる行使価格のコールとプットを1つずつ買うこと。通常、アウトオブザマネーのオプションで構成される。インザマネーのオプションから成るストラングルを特にガッツストラングル（Guts strangle）と言う。

スプレッド（Spread）
コールやプット単独ではなく、種々のオプションの売買を組み合わせたパッケージ取引の総称。

正規分布（Normal distribution）
独立かつ同一のランダムな確率変数の和が従うとされる分布。平均と標準偏差の2つのパラメタで規定される釣鐘状の分布となる。

セータ（Theta）
時間の経過にともなうオプションの価値の変化率。通常、1日あたりオプションの価値が何ドル減少するかで表現される。ほとんどの場合、1つのオプションは負のセータを持ち、オプションの価値は時間とともに減少する。

尖度（Kurtosis）
カートシスのこと。

早期行使（Early exercise）
オプションを満期前に行使すること。

タームストラクチャ（Term structure）
インプライドボラティリティの満期までの時間に対する変化の様子。

対数正規分布（Lognormal distribution）
株価が幾何ブラウン運動に従うという仮定の帰結として得られる、将来の株価の確率分布。

ダイナミックヘッジ（Dynamic hedge）
フィッシャー・ブラックとマイロン・ショールズが、ブラックショールズ方程式を導出する際に用いた、オプションと株のポートフォリオを常に無リスクに保つための連続的で途切れることのない株の売買。

ディープインザマネー（Deep in the money）
インザマネーのオプションの中でも、行使価格と原資産価格の乖離が大きく、大きな価値を持つもの。

ディスカウントレート（Discount rate）
ある資産の現在価値を求めるために、将来の資産価値を割引する割合。ただ単にディスカウントレートと言った場合、無リスク金利を意味する場合もある。

テイルリスク（Tail risk）
正規分布を仮定すると3シグマ外に相当するような、一見ありえないイベントが発生したときのリスク。

デリバラブル（Deliverable）
オプションの行使時に受け取る資産。

デルタ（Delta）
原資産価格の変化にともなうオプションの価値の変化率。通常、原資産価格が1ドル上昇したときにオプションの価値が何ドル上昇するかで表現される。コールは正、プットは負のデルタを持つ。

二項分布モデル（Binomial pricing model）
原資産価格が微小時間後に2つの価格に変動しうるとして時間発展させてゆき、満期における原資産およびオプションのとりうる価格から逆算して現在のオプションのプレミアムを求める手法。

ノーショナル（Notional）
デリバティブが、どの程度の額の原資産に及ぶのかを表したもの。取引サイズの大きさを表す概念。

配当落ち（Ex-dividend）
株が配当を支払うとき、配当落ち日に株価がおよそ配当額分下がると期待される現象。

配当落ち日（Ex-dividend date）
株が、配当を受け取る権利をともなわずに売買される最初の日。

配当スプレッド（Dividend spread）
ディープインザマネーのコールが配当落ち日前日に行使されないことを期待して、ショートしたディープインザマネーのコールが値下がりすることから利益を得る戦略。

バイライト（Buy-write）
コールを1つ売り、対応するコントラクトサイズ（例えば、コール1つに対して100株など）の株式を買うこと。カバードコールとも言う。ただし、「バイライトを買う」

と言った場合、それは通常、コールを買い、株式を売ることを意味するので注意が必要。

パスディペンデントオプション（Path dependent option）
オプションの損益が、満期に至るまでの原資産価格のたどる道筋によるオプション。ルックバックオプションやバリアオプションなどがある。

バタフライ（Butterfly）
3つの等間隔に並んだ行使価格のオプションのうち、両端のオプションを1つずつ買い、中央のオプションを2つ売ること。コールから成るものをコールバタフライ、プットから成るものをプットバタフライと言う。両端のオプションをウイングと言い、中央のオプションをミートと言う。

バニラオプション（Vanilla option）
アメリカン型やヨーロピアン型などの、いわゆる「通常の」タイプのオプション。

バリアンス（Variance）
分散。特にオプショントレーディングにおいては、ある期間からある期間までの、株の連続複利表示リターンの分散のことを言う。

バリアンス先物（Variance futures）
実現したバリアンス値（リアライズドバリアンス）によって損益が決まる、取引所に上場された契約。

バリアンスストリップ（Variance strip）
行使価格Kの逆数の2乗 $\frac{1}{K^2}$ に比例した数量のアウトオブザマネーのオプションで構成されるオプションのバスケット。純粋にバリアンスのみに対するエクスポージャを得ることができる。

バリアンススワップ（Variance swap）
実現したバリアンス値（リアライズドバリアンス）によって損益が決まる契約。バリアンススワップの買い手は、リアライズドバリアンスからストライクバリアンスを差し引いた値にノーショナルサイズを掛けた額のキャッシュを売り手から受け取る。相対取引であるため、カウンターパーティリスクをともなう。

パリティ（Parity）
本質的価値のこと。

ヒストリカルボラティリティ（Historical volatility）
過去に実現したボラティリティ。通常、日々の引値から日次の連続複利表示リタ

ーンをサンプルし、得られた推定標準偏差を1年あたりに直すことで計算する。リアライズドボラティリティとも言う。

ビッド（Bid）
買値のこと。特に、提示されている最も高いビッドをベストビッドと言う。

標準正規分布（Standard normal distribution）
平均0、標準偏差1の正規分布。

ファーアウトオブザマネー（Far out of the money）
アウトオブザマネーのオプションの中でも、行使価格と原資産価格の乖離が大きくほとんど価値を持たないもの。

フォワード契約（Forward contract）
将来のある期日に、特定の資産をあらかじめ合意した価格で売買する契約。相対取引であり、カウンターパーティリスクを含む。先渡契約と訳される。

フォワードボラティリティ（Forward volatility）
将来のある期間におけるボラティリティ。

プット（Put）
特定の資産を、あらかじめ決められた特定の日までに特定の価格で売却する権利。

プットカレンダー（Put calendar）
同じ行使価格のプットのうち、満期の近いプットを1つ売り、満期の遠いプットを1つ買うこと。異なる行使価格で執行されることもある。

プットコールパリティ（Put call parity）
同じ限月、同じ行使価格のヨーロピアン型のコールとプットの価値の間に成り立つ関係式。

プットスプレッド（Put spread）
同じ限月の2つの行使価格のプットのうち、行使価格の高いものを1つ買い、行使価格の低いものを1つ売ること。異なる比率の数量で執行されることもある。

フューチャボラティリティ（Future volatility）
将来に実現するボラティリティ。オプションのプレミアムを求める際には、フューチャボラティリティを予想して計算する。

ブラックショールズの公式（Black Scholes formula）
ブラックショールズモデルにおいて、ヨーロピアン型のオプションに対する境界条件を課した上で得られるブラックショールズ方程式の解。

ブラックショールズ方程式（Black Scholes Merton partial differential equation）
ブラックショールズモデルにおいて、デリバティブ価格が満たすべき2階の偏微分方程式。ブラックショールズモデルでは、この方程式を適切な境界条件の下で解くことでデリバティブの価格を得ることができる。

ブラックショールズモデル（Black Scholes model）
フィッシャー・ブラック、マイロン・ショールズ、ロバート・マートンによって開発され、ヨーロピアン型の無配当のオプションプレミアムを求める上で採用されたモデル。

プレゼントバリュー（Present value）
資産の現在価値。

プレミアム（Premium）
オプションの価格。

ベガ（Vega）
インプライドボラティリティの変化にともなうオプションの価値の変化率。通常、インプライドボラティリティが1ポイント上昇したときにオプションの価値が何ドル上昇するかで表現される。1つのオプションは正のベガを持つ。

ボックス（Box）
行使価格の低いコンボをロングし、行使価格の高いコンボをショートすること。

ボックス・ミューラー変換（Box Muller transformation）
一様分布に従う変数から正規分布に従う変数を発生させる手法。モンテカルロシミュレーションを行う際によく用いられる。

ボラティリティ（Volatility）
年換算された連続複利表示リターンの標準偏差。

ボラティリティサーフィス（Volatility surface）
インプライドボラティリティを行使価格と満期までの時間に対してプロットした3次元的な構造。

ボラティリティスマイル（Volatility smile）
インプライドボラティリティの行使価格に対する変化の様子。

本質的価値（Intrinsic value）
現時点が満期であれば、オプションが持つであろう価値。インザマネーのオプションの行使価格と原資産価格の差の絶対値。アウトオブザマネーのオプションの

本質的価値はゼロとなる。

マーケットメイカー（Market maker）
常時、買値と売値およびその数量を提示するトレーダー。特に、証券取引所に登録されたマーケットメイカーをレジスタードマーケットメイカー（Registered Market Maker）と言う。

マリードプット（Married put）
プットを1つ買い、対応するコントラクトサイズ（例えば、プット1つに対して100株など）の株式を買うこと。

マルティプライア（Multiplier）
オプションの取引価格と実際に授受されるキャッシュの比。実際のオプション取引では、取引価格にマルティプライアを乗じた額のキャッシュの授受が発生する。コントラクトサイズが100であれば、通常マルティプライアも100となる。

満期日（Expiration date）
オプションを行使することができる最終期日。

無リスク金利（Risk free interest rate）
まったくリスクがないと見なされる資産が稼ぐ金利。

モンテカルロシミュレーション（Monte Carlo simulation）
変数をランダムに発生させ、得られた結果をサンプリングすることで解を推定する方法。

ヨーロピアン型オプション（European style option）
満期日のみに行使が可能となるオプション。

ライツイシュー（Rights issue）
既存の株主に大幅なディスカウントで新株を購入できる権利（ライツ）を与えること。欧米での一般的な資金調達手段。

リスクニュートラルの世界（Risk neutral world）
投資家が、投資判断をリターンの期待値のみで判断する仮想的な世界。現実には、リスクが高ければそれに応じて高いリターンが求められるが、リスクニュートラルの世界では投資家はそのような追加リターンを求めない。その結果リスクニュートラルの世界では、ありとあらゆる資産のリターンが無リスク金利に一致することになる。

リスクニュートラルバリュエーション（Risk neutral valuation）
世界がリスクニュートラルだと仮定した上で、将来のデリバティブの価値を無リスク金利でディスカウントして現在の価値を求める手法。得られた結果はリスクニュートラルでない現実の世界にも適用される。デリバティブの価値を求める上で非常な重要な原理。

リスクプレミアム（Risk premium）
投資家が、高リスクの資産に対して無リスク金利に追加して求める期待リターン。リスクニュートラルの世界ではリスクプレミアムはゼロであり、投資家はあらゆる資産を期待リターンのみで判断することになる。

リスクリバーサル（Risk reversal）
同じ限月の、行使価格の低いアウトオブザマネーのプット1つと行使価格の高いアウトオブザマネーのコール1つの、一方を買い、もう一方を売ること。異なる比率の数量で執行されることもある。

リバーサル（Reversal）
ある行使価格のコールを1つ買い、プットを1つ売る（ロングコンボ）と同時に、対応するコントラクトサイズの株式を売ること。言わば、現物を売り先物を買うことに相当する。

リバーサル・コンバージョン（Reversal conversion）
満期にKとなるキャッシュが現在から満期までに稼ぐ金利から、株が現在から満期までに支払う配当の現在価値を引いた値。r/cと表される。リバーサル・コンバージョン自体をトレードすることができる。

累積分布関数（Cumulative distribution function）
ある確率分布に対して、その分布に従う確率変数がある値x以下となる確率を返す関数。特に、標準正規分布の累積分布関数を一般に$\Phi(x)$と書く。

ロー（Rho）
金利の変化にともなうオプションの価値の変化率。コールは正、プットは負のローを持つ。

ロング（Long）
資産や契約に買いのポジションをとること。または買いのポジションをとった状態。

歪度（Skew）
スキューのこと。

索引

【アルファベット】

ARCH … 133
BATS … 16
BOX … 16
Brenner and Subrahmanyamの公式 … 155
CBOE … 16, 18, 327
CBOT … 16
CFE … 344
CME … 16
C2 … 16
Efficient Market Hypothesis … 48, 358
ETF … 306
ETN … 344
EUREX … 263, 321
Euro Stoxx 500 … 263
EWMA … 125, 133
FRB … 136
GARCH … 125, 133
ISE … 16
JPモルガン … 73
Korea Exchange … 263
KOSPI200 … 262
LTCM … 134
M&A … 320
NASDAQ … 16, 325
NYMEX … 16
NYSE-Amex … 16, 18
NYSE-Arca … 16
OCC … 15, 248, 305, 358
OTC … 345
PHLX … 16
S&P500 … 263, 306, 339
SGX … 151
Simex … 151
SPAN … 7
SPY … 306
State Street … 306
TOB … 146
UBS … 151
VaR … 134
VIX … 340, 358
VIX先物 … 343
Weeklys … 4

【あ行】

アービトラージ … 12, 358
相対取引 … 14
アウトオブザマネー … 8, 358
アスク … 5, 358
アップワードなタームストラクチャ … 147
アトザフォワード … 14, 358
アトザマネー … 8, 358
アメリカン型 … 2, 358
一日先物 … 263
一様分布 … 107
伊藤過程 … 70
伊藤の補題 … 60
イベントボラティリティ … 313, 358
インザマネー … 8, 358
インタラクティブブローカーズ … 320
インドの株式オプション … 2
イントリンジックバリュー … 9
インプライドボラティリティ … 127, 358
ヴァンナ … 234
ウィーナー過程 … 70
ウイング … 160
ウェルズファーゴ … 73
エキゾチックオプション … 2, 113, 359
エドワード・ソープ … 117

大阪証券取引所…………………… 16, 151
オープンアウトクライ ……………… 18
オープンインタレスト ……… 15, 295, 359
オファー ……………………………… 5, 359
オプショナリティ ………………… 9, 359
オプション
　オプション ………………………………1
　オプションアービトラージ ……… 265
　オプション取引の仕方 ……………… 5
　オプションに関する用語 …………… 7
　オプションの調整（アジャスト）
　　………………………………… 15, 320
　オプションの持つ価値 ……………… 9
　オプションマーケットの構造 ……… 14

【か行】
カートシス ……………………… 139, 359
カウンターパーティリスク … 14, 248, 359
ガッツストラングル ………………… 158
カバードコール …………………… 166
株式合併 ……………………………… 4
株式公開買い付け ………………… 146
株式分割 ……………………… 4, 15, 320
カレンダースプレッド …… 173, 242, 359
為替オプション …………………… 142
ガンマ
　ガンマ ………………………… 187, 359
　ドルパーセントガンマ …………… 223
　ドルワンシグマガンマ …………… 223
幾何ブラウン運動 ……………… 57, 359
期待ショートフォール ……………… 136
ギルサノフの定理 …………………… 115
金オプション ………………………… 142
金利
　金利の表現 ………………………… 27
　プレミアムにかかる金利 ………… 68
　金利差収入 ………………………… 72
　金利スプレッド ……………… 298, 359

金利スワップ ……………………… 135
　原資産にかかる金利 ……………… 67
　無リスク金利 ………………………… 30
クウェク・アドボリ ……………… 151
クリアリング ………………………… 72
グリーク
　グリーク ……………………… 179
　グリークによる損益計算 ………… 220
　グリークの規格化 ………………… 221
　サードオーダーグリーク ………… 234
　セカンドオーダーグリーク ……… 234
　ファーストオーダーグリーク …… 234
限月 …………………………………… 4
現在価値 ……………………………… 31
原資産 ………………………… 1, 360
現物決済 ……………………… 2, 360
行使価格 ……………………… 2, 360
コーポレートアクション … 4, 15, 320, 360
コール ………………………… 1, 360
コールカレンダー ………… 173, 243, 360
コールスチューピッド ……………… 177
コールスプレッド ……………… 158, 360
ゴールドマンサックス ……………… 73
コストオブキャリー ………………… 35
コックス・ロス・ルビンスタインモデル
　………………………………… 95, 360
コンシダレーション ……………… 4, 360
コントラクトサイズ ……………… 3, 360
コンバージョン ……………… 171, 361
コンボ ………………………… 170, 361

【さ行】
債券アービトラージ ………………… 134
裁定取引 ……………………… 12, 361
最頻値 ………………………………… 65
先物 …………………………………… 14
先渡契約 …………………………… 12
差金決済 ……………………… 2, 361

3次のモーメント	138
シェアズパーコントラクト	3, 361
ジェリーロール	174, 361
ジェローム・ケルビエル	151
時間的価値	9, 361
時間優先ルール	16
自然対数の底	30
ジャンプ	104, 145
証拠金	7
ショート	5, 361
ショートレート	73
ジョン・メリウェザー	134
スキュー	138, 361
ストライクバリアンス	346
ストラドル	153, 237, 285, 361
ストラドルスワップ	173, 361
ストラングル	157, 362
ストレステスト	136
スピード	234
スプレッド	153, 362
正規分布	
正規分布	50, 362
正規分布における1σ	56
正規分布の表現	54
正規分布表	355
標準正規分布	100, 365
セータ	208, 362
ゼロドリフトボラティリティ	122
ゼロ平均ボラティリティ	122
尖度	139, 362
相加平均	43, 64
早期行使	
コールの早期行使	289
早期行使	362
二項分布モデルにおける早期行使	89
プットの早期行使	292
相乗平均	43, 64

想定元本	152
測度変換	115
ソシエテジェネラル	151
ソロモンブラザーズ	134

【た行】

タームストラクチャ	146, 362
対数正規分布	62, 362
対数リターン	41
ダイナミックヘッジ	89, 362
タイムバリュー	9
ダウンワードなタームストラクチャ	147, 309
単利	27
中央値	65
ディープインザマネー	8, 362
ディスカウントレート	31, 363
テイルリスク	117, 135, 363
ティンバーヒル	320
デジタルオプション	2
デリバラブル	4, 363
デルタ	
デルタ	181, 363
デルタニュートラルトレード	285
デルタヘッジ	89
デルタヘッジの実際	224
デルタリスク	186
ドルデルタ	222
ヘッジレシオとしてのデルタ	185
転換社債	136
東京証券取引所	2
同時呼値ルール	16
特別配当	320
トマス・ペタフィ	324

【な行】

ナシム・タレブ	118

二項分布モデル
　　二項分布モデル・・・・・・・・・・・・・・・　75, 363
　　二項分布モデルへのボラティリティの
　　　導入・・・・・・・・・・・・・・・・・・・・・・・・・・　92
　　ワンステップ二項分布モデル・・・・・・　76
　　マルチステップ二項分布モデル・・・　86
ニック・リーソン・・・・・・・・・・・・・・・・・・・・・・　151
日経オプション
　　・・・・・・・ 2, 16, 142, 151, 180, 263, 283, 349
日経VIX先物・・・・・・・・・・・・・・・・・・・・・・・・・　349
日本国債先物・・・・・・・・・・・・・・・・・・・・・　17, 152
ネイピア数・・・・・・・・・・・・・・・・・・・・・・・・・・・・　30
ネガティブレート・・・・・・・・・・・・・・・・・・・・・・　73
ノーショナル・・・・・・・・・・・・・・・・　152, 262, 363
ノーショナルサイズ・・・・・・・・・・・・・・・・・・・　346
ノックアウトオプション・・・・・・・・・・・・・・・　113
ノックインオプション・・・・・・・・・・・・・・・・・　113

【は行】
配当
　　配当落ち・・・・・・・・・・・・・・・・・・・・・・　66, 363
　　配当落ち日・・・・・・・・・・・・・・・・・・・・　67, 363
　　配当基準日・・・・・・・・・・・・・・・・・・・・・・・　67
　　配当スプレッド・・・・・・・・・・・　294, 305, 363
　　配当リスク・・・・・・・・・・・・・・・・・・・・・・・　219
バイモダル分布・・・・・・・・・・・・・・・・・・・・・・　150
バイライト・・・・・・・・・・・・・・・・・・・・・・・　166, 363
パスディペンデントオプション・・・　113, 364
バタフライ・・・・・・・・・・・・・・・・・・・　160, 239, 364
バニラオプション・・・・・・・・・・・・・・・・・・　2, 364
バミューダ型・・・・・・・・・・・・・・・・・・・・・・・・・・　2
バリアオプション・・・・・・・・・・・・・・・・・・・・　113
バリアンス・・・・・・・・・・・・・・・・・・・・・・・　310, 364
バリアンス先物・・・・・・・・・・・・・・・・・・・　344, 364
バリアンスストリップ・・・・・・・・・・・・・　331, 364
バリアンススワップ・・・・・・・・・・・・・・・　344, 364
パリティ・・・・・・・・・・・・・・・・・・・・・・・・・・・　9, 364
ヒストリカルボラティリティ・・・　120, 364

ビッド・・・・・・・・・・・・・・・・・・・・・・・・・・・・・　5, 365
ファーアウトオブザマネー・・・・・・・・　8, 365
フィッシャー・ブラック・・・・・・・・・・・・・・　97
フェデラルファンドレート・・・・・・・・・・・　247
フォワード・・・・・・・・・・・・・・・・・・・・・・・　12, 365
フォワードボラティリティ・・・・・・　309, 365
複利・・・・・・・・・・・・・・・・・・・・・・・・・・・・・・・・・　27
プット・・・・・・・・・・・・・・・・・・・・・・・・・・・・・　1, 365
プットカレンダー・・・・・・・・・・・・・・・・　173, 365
プットコールパリティ
　　アメリカン型オプションのプットコー
　　　ルパリティ・・・・・・・・・・・・・・・・・・・・・　36
　　一般のプットコールパリティ・・・・・・　33
　　金利と配当のない場合のプットコール
　　　パリティ・・・・・・・・・・・・・・・・・・・・・・・　23
　　プットコールパリティ・・・・・・・・　23, 365
プットスチューピッド・・・・・・・・・・・・・・・・　178
プットスプレッド・・・・・・・・・・・・・・・・　159, 365
普遍標準偏差・・・・・・・・・・・・・・・・・・・・　139, 140
普遍分散・・・・・・・・・・・・・・・・・・・・・・・・・・・・　122
フューチャボラティリティ
　　フューチャボラティリティ・・・　120, 365
　　フューチャボラティリティの予測
　　　・・・・・・・・・・・・・・・・・・・・・・・・・・　120, 125
ブラックショールズモデル
　　二項分布モデルのブラックショールズ
　　　モデルへの収束・・・・・・・・・・・・・・・　102
　　ブラックショールズの公式・・・　97, 365
　　ブラックショールズ方程式・・・　99, 366
　　ブラックショールズモデル・・・　97, 366
　　ブラックショールズモデルの仮定
　　　・・・・・・・・・・・・・・・・・・・・・・・・・・・・・・　103
フラットなタームストラクチャ・・・・・・　147
フリクションレス・・・・・・・・・・・・・・・・・・・・　104
プレゼントバリュー・・・・・・・・・・・・・・・　31, 366
プレミアム・・・・・・・・・・・・・・・・・・・・・・・・・・　366
ベアリングバンク・・・・・・・・・・・・・・・・・・・・　151
ベガ・・・・・・・・・・・・・・・・・・・・・・・・・・・・・　215, 366

ボックス·················· 172, 247, 366
ボックス・ミューラー法 ········ 107, 366
ボディ························ 160
ボラティリティ
　ブラックショールズモデルにおけるボ
　　ラティリティに対する仮定 ······ 104
　ボラティリティデリバティブ ······ 344
　ボラティリティの感覚的理解 ······ 125
　ボラティリティの定義 ········ 60, 366
ボラティリティサーフィス ······ 147, 366
ボラティリティスマイル
　ボラティリティスマイル ······ 141, 366
　ボラティリティスマイルの形 ······ 143
　ボラティリティスマイルの規格化
　　·································· 316
　ボラティリティスマイルの理由 ··· 144
本質的価値·························· 9, 366

【ま行】

マーケットクラッシュ ··············· 145
マーケットメイカー ········ 18, 305, 367
マージン···························· 7
マージンコール ······················ 7
マイロン・ショールズ ·········· 97, 134
マニピュレーション ················ 324
マリードプット ··············· 168, 367
マルコフ性·························· 70
マルティプライア ················ 3, 367
マルティンゲール測度·············· 115
満期日······························ 1
ミート···························· 160
無リスク金利 ··················· 30, 367
無リスク資産 ······················· 30
無リスク成分 ······················ 105
無リスクリターン ·················· 31
メディアン·························· 65
メリルリンチ ······················ 306
モード····························· 65

モンテカルロシミュレーション ··· 105, 367

【や行】

ヨーロピアン型················· 2, 367
4次のモーメント ··················· 139

【ら行】

ライツイシュー ············ 15, 303, 367
ランダム··························· 49
リアライズドボラティリティ ········ 120
リスク成分························· 105
リスクニュートラル
　リスクニュートラルの世界 ······59, 367
　リスクニュートラルバリュエーション
　　···························· 81, 368
リスクプレミアム ·············33, 368
リスクリバーサル ············· 169, 368
リバーサル ··················· 172, 368
リバーサル・コンバージョン
　······················· 34, 170, 368
累積分布関数 ················· 100, 368
ルックバックオプション ·········· 2, 113
レシオスプレッド ··················· 159
連続複利··························29
ロー ··························· 218, 368
ローグトレーダー ··················· 151
ロール···························· 283
ロシアのデフォルト ················ 135
ロバート・マートン ············ 97, 134
ロング························· 4, 368
ロングレート························ 73

【わ行】

歪度·························· 138, 368
ワラント··························· 136
割り当て···························· 7
割引率····························31

［著者］
佐藤茂（さとう・しげる）
東京大学理学系研究科修士課程修了。理学修士。米系ヘッジファンドにてオプショントレーダーとなる（現職）。米証券取引所にてマーケットメーカー（常時オプションの買値と売値を提示し、取引の流動性を保証する責任を負った証券取引所指定の自己勘定トレーダー）を務めた経験を持つ。株式、為替、債券、コモディティなどあらゆるオプションをトレードしている。

実務家のためのオプション取引入門
――基本理論と戦略

2013年3月22日　第1刷発行
2025年2月3日　第6刷発行

著　者──佐藤茂
発行所──ダイヤモンド社
　　　　〒150-8409　東京都渋谷区神宮前6-12-17
　　　　https://www.diamond.co.jp/
　　　　電話／03・5778・7233（編集）03・5778・7240（販売）
装丁─────小口翔平＋西垂水敦（tobufune）
本文デザイン─岸 和泉（ディグ）
製作進行───ダイヤモンド・グラフィック社
印刷─────八光印刷（本文）・新藤慶昌堂（カバー）
製本─────ブックアート
編集担当───真田友美

Ⓒ2013 Shigeru Sato
ISBN 978-4-478-02245-0
落丁・乱丁本はお手数ですが小社営業局宛にお送りください。送料小社負担にてお取替えいたします。但し、古書店で購入されたものについてはお取替えできません。
無断転載・複製を禁ず
Printed in Japan